U0946281

金融服务实体经济丛书

中国居民市场化收入及其形成机制研究

任碧云　主编

南开大学出版社
天　津

图书在版编目(CIP)数据

中国居民市场化收入及其形成机制研究 / 任碧云主编.
—天津：南开大学出版社，2015.8
(金融服务实体经济丛书)
ISBN 978-7-310-04869-4

Ⅰ.①中… Ⅱ.①任… Ⅲ.①居民收入—研究—中国
Ⅳ.①F126.2

中国版本图书馆 CIP 数据核字(2015)第 185314 号

南开大学出版社出版发行
出版人:孙克强
地址:天津市南开区卫津路 94 号　　邮政编码:300071
营销部电话:(022)23508339　23500755
营销部传真:(022)23508542　　邮购部电话:(022)23502200
*
北京楠海印刷厂印刷
全国各地新华书店经销
*
2015 年 8 月第 1 版　　2015 年 8 月第 1 次印刷
240×170 毫米　16 开本　18.25 印张　2 插页　309 千字
定价:38.00 元

如遇图书印装质量问题,请与本社营销部联系调换,电话:(022)23507125

融与实体经济的关系出现了认识上的偏差，以及金融脱媒趋势的日益发展，导致国内某些地区出现了金融非理性发展的倾向，给宏观经济的整体运行带来了一定的潜在风险。因此，在互联网金融等新兴模式不断发展的今天，我们更加需要重新审视金融与实体经济之间的关系，正确认识金融在经济发展中的地位与作用，探讨协调我国金融与实体经济关系的路径选择。

毋庸置疑，中国改革开放30多年来，金融业获得了快速的发展；各种金融创新及衍生产品的出现，对宏观经济的高速发展起到了关键性作用。同时，为了提升金融产业对实体经济的服务能力，新一届中央政府已表现出巨大的决心来推动金融改革。最近一个时期，金融改革已呈现出明显加速的迹象。从全面放开金融机构贷款利率管制，到存款保险制度日益浮出水面，再到大额可转让存单方案的探讨，利率市场化正在取得实质性突破；上海自贸区正式挂牌，将成为人民币可兑换的试验田；资产证券化和银行真实出表业务的推动，正在加速金融脱媒的进程；从资本市场到整个金融市场都在加快多层次市场体系建设，并在积极探索改变目前各类市场割裂发展的现状；金融机构业务合作与创新也在不断深化，业务边界日渐消解。可以说，利率市场化、金融体系层次化、金融创新规范化、金融与科技融合化，正在成为我国金融发展和改革的基本取向。这不仅是金融本身进一步发展和改革的需要，更是我国正处于经济结构战略性调整关键时期的必然选择。原因在于：经济平衡、协调、可持续发展，需要资金的优化配置，必须加快推进利率市场化改革，更好地发挥利率的价格信号作用；我国金融市场起步较晚、体系还不健全，许多领域还处于探索创建阶段，必须加快发展金融市场，完善多层次资本市场体系，让更多的企业进入到金融市场；金融创新是推动金融改革发展的重要动力，是提高金融资源配置效率的有力杠杆，必须通过制度创新、组织创新和业务创新，将金融资源及时高效地投放到实体经济最需要、综合效益最优的领域中去，更好地促进实体经济与金融业良性互动；随着计算机、互联网、物联网、大数据、云计算等技术的进步，以互联网金融为代表的新兴金融体系将会以超过人们预料的速度颠覆传统金融服务的理念和模式，也会以超过人们预料的速度侵占传统金融服务的市场份额。

那么，我们应该如何顺应这种趋势并探索出金融进一步改革的方向和思路呢？我们又应该运用什么样的金融策略、通过什么样的路径来促进实体经济健康发展呢？这些都是需要我们深入研究和探讨的重要课题。这套《金融服务实

金融服务实体经济丛书序

近年来，在深受由美国次贷危机引致的全球性金融危机以及经济衰退的冲击后，各国痛定思痛、正本清源。其中，最为重要的当属对金融与经济的关系、虚拟经济与实体经济的关系所做的深度思考。

随着经济与金融发展阶段的变化，金融与实体经济的关系也在不断地演变着。早期的实体经济交易需求产生了金融，那时金融的功能仅仅是支付与汇兑中介，并不能发挥助推实体经济发展的作用；随着实体经济规模的不断扩张，金融与实体经济开始走向融合。金融通过聚集实体经济的资本积累而发展成了信用的中介，并通过对这些资本的优化配置来促进实体经济发展。现代金融的各种功能创新和结构转变，以及实体经济内部的科学技术、组织形式、管理模式等领域的变革，使金融与实体经济互为对方的外部环境，也将二者发展成为相互控制与相互制约的关系。需要指出的是，金融与实体经济的关系是金融与经济关系的一个分支，与其相对应的是金融与虚拟经济的关系。虚拟经济中有很多不稳定的因素，其与金融的关系一旦过度发展，便极有可能会引燃金融系统内部的不稳定性和高风险性。因此，虚拟经济不能作为金融存在的基础，金融也不应为其配置过多的资源；实体经济是金融发展的物质基础，金融必须也只有依托实体经济，并推动实体经济走向“生产——积累——扩大再生产”的良性循环，才能使金融与实体经济呈现良性循环。也就是说，金融发展和创新必须服务于实体经济的需求，并以此为基础增强金融的稳定性，实体经济是金融稳定之锚。

在面对本次比过去影响范围更大、持续时间更长、形式更加复杂、程度更加激烈的全球性金融风暴的局面时，我国的金融业之所以还能够表现稳定、应对有效，关键也在于我国实体经济的基础尚好。但是，近1—2年来，由于对金体经济丛书》，希望能就上述问题做些探讨，并能抛砖引玉；如能对为此探索和实践的人们给予一些启示和启发，我们将深感荣幸和欣慰！

张碧云

2014年10月28日

前　言

2008 年国际金融危机的爆发以及危机后世界经济运行格局的变化，一方面，使得国内政府投资拉动加出口导向型战略越来越显现出不可持续性，另一方面，也凸显出促进居民收入长期稳定增长，扩大国内消费需求的必要性和紧迫性。与此同时，中国共产党第十八次全国代表大会报告进一步提出“到 2020 年要实现城乡居民人均收入比 2010 年翻一番”的目标。显见，提高居民收入水平是提升居民生活质量、实现共同富裕的必经之路，同时也是扩大居民消费、实现经济转型的重要选择。

然而，目前我国居民收入增长与经济发展速度不相匹配问题严重，居民收入增长缓慢已经制约了居民消费能力、甚至是生活幸福感的提升。何以促进居民收入的长期增长，何以实现国民收入分配的公平性，何以利用市场对资源的配置能力、加大市场对居民收入的影响力度，是金融工作者应该深入思考的问题。本书编者不揣浅陋，试图在这一方面做一点努力。

本书在天津市哲学社会科学规划课题《中国居民市场化收入及其形成机制研究》研究报告的基础上，进行了内容充实和数据更新并做了相应的修改和完善。按照居民收入形成机制，首次将居民收入分为居民市场化收入与非市场化收入。之所以强调市场化收入，是因为在市场经济背景下，市场的作用更加关键，提升居民的市场化收入更具有持续性。我们在仔细研究了发达经济体、新兴经济体居民收入结构的阶段性特征后，总结了国外居民市场化收入的变化规律，这为提升我国居民的市场化收入水平提供了重要借鉴。此外，我们认真分析了我国居民市场化收入的阶段性特征和现阶段我国经济的运行格局，探讨了我国居民市场化收入的增长路径和长效保障机制的构建思路。

本书由天津财经大学研究生院院长、金融与保险研究中心主任任碧云教授担任主编，负责全书的内容设计、结构安排、内容写作、总纂和修订，并最终定稿。天津财经大学经济学院夏华副教授、博士研究生张彤进和王智茂、关筱谨老师以及姚博等研究生参与了内容写作、数据整理和文字校对工作。其中：第一章由任碧云撰写，第二章由任碧云、王智茂、夏华共同撰写，第三章由关筱谨撰写；第四章由关筱谨、黄功、戴林园共同撰写，第五章由任碧云、张彤进、姚博共同撰写，第六章由任碧云、张彤进、夏华共同撰写。张彤进、杨秋霞、游倬源、沈金牛、张宁、戴林园做了大量的数据搜集和整理工作；张彤进、薛启亮、王升、周晓玉、马小青、管春亮、巨兴凯做了大量的文字校对工作。本书的前期研究成果，得到了天津市哲学社会科学规划办公室的资助；本书的最终出版，得到了南开大学出版社王乃和主任的大力支持。在此一并致谢！

写作和出版本书的目的是，希望能够在中国现行经济运行背景下，寻求提升我国居民市场化收入的现实路径，切实为提高城乡居民收入水平建言献策。当然，本书仍然存在不足，一些问题还有待进一步研究。其一：市场化收入的提升是一个涉及多因素、多维度的复杂问题，本书缺乏对各影响因素相互作用机制以及该机制作用于市场化收入的传导路径的相关研究；其二：本书对我国居民市场化收入研究主要集中于理论分析，相比较而言，缺乏对居民市场化收入影响因素的实证检验。这也是作者今后的研究方向和重点。

由于编者水平有限，疏误之处在所难免，敬请各界同仁批评指正。

编者

2014 年 7 月 28 日

目 录

第一章　导　　论

本章是全文的统领，主要介绍选题的背景以及选题的意义，并概括与选题相关的国内外研究现状，在此基础上确立全文研究的思路方法以及创新之处。

第一节　研究背景及意义

本文的选题背景着眼于近来中国国内较为复杂的经济环境以及收入分配现状；研究意义集中于探讨转型期，我国居民市场化收入的影响因素以及增长路径。

一、本课题研究背景

自 2008 年金融危机以来，我国国内经济发展矛盾日益凸显：出口量下滑、产业结构失衡、居民收入增加与经济发展速度不匹配、城乡居民收入差距逐渐拉大。这些问题的存在不仅会抑制居民收入的增长、影响居民生活质量水平的提升、阻碍我国共同富裕目标的实现，同时，也会间接抑制我国居民的消费水平，进一步地，影响到我国经济发展的可持续性。因此，如何增加居民的可支配收入、如何构建居民收入增长的长效保障机制，是个值得深入研究的问题。

居民收入主要分为两类：一类是以政府为主导的非市场化收入，另一类是以市场为主导的市场化收入。本课题拟从居民收入的组成部分及其形成过程入手，在理论上探讨政府与市场在居民市场化收入形成中的职能和作用，分析市场主导型居民收入的形成机制；在实践中，分析发达经济体、新兴经济体不同经济发展阶段下，居民收入的结构变化及其变动规律，以寻求我国居民市场化收入增长的路径及长效保障机制。

二、本课题研究意义

增加居民市场化收入，是提高居民收入水平、提升居民生活质量、实现共同富裕的必经之路，同时也是扩大居民消费、实现经济转型的重要选择。

（一）现实意义

课题将深入分析中国经济的阶段性特征及居民收入的结构特点，探究生产要素、金融发展、制度因素、财政政策、经济发展因素对居民市场化收入的影响，并构建我国现阶段经济运行格局下，提升我国居民市场化收入水平的有效路径。从而能够较好地弥补现有研究中仅关注居民收入构成、市场化与居民收入关系等的不足，有助于为中国经济结构的调整和经济发展方式的转变给出更为全面的建议和参考。这不仅有利于形成居民收入的长效增长机制，更将为经济可持续发展探索出一条较好的路径。

（二）理论意义

本课题将综合经济发展阶段理论、政府与市场职责分工研究、居民收入形成机制研究、金融发展的相关研究，从理论上分析居民市场化收入的影响因素，以及增长路径。本课题将在这些方面进行有益尝试，这将拓宽经济发展阶段理论、收入分配结构理论和新型居民收入增长理论的研究视野。

第二节　市场化收入研究现状

本节主要对市场化收入的研究现状进行系统归纳，包括相关国外研究和相关国内研究，最后对已有研究成果进行简单的述评。

一、相关国外研究

总结国外学者关于居民市场化收入的研究成果，主要集中在以下三个方面：

（一）关于市场化收入的概念

按照加拿大国家统计局的界定，市场化收入是指就业收入（工资与薪水、净农业收入、非农业非合作企业或专业行为的净收入）、投资收入、退休金、养老金和其他货币市场收入。它等于税前总收入减去所有政府转移，也可以看作是转移和税前的收入。根据欧盟委员会社会形势观测（Inequality of market income, www.socialsituation.eu/monitoring-report/income-distribution）的报告，就业收入（工资和薪水）是所有国家的市场收入的主要来源，大约占市场收入的三分之二。家庭收入除来自于工资外，还包括自我就业的收入和资本收入（租金、红利、利息等）。尽管后者的测量要比就业收入难，但家庭收入的问题都来自于市场收入的分配变化。把自我就业加入到工资或薪水中会减少家庭收入的不平等，但在罗马尼亚、卢森堡、波兰、希腊和英国却加剧了不平等；而把资本盈利加入到收入中会增加所有国家的不平等，特别是马耳他、比利时和法国等国家。

（二）关于市场化收入与收入不均等的研究

根据 Stefan Bach、Giocomo Corneo 和 Viktor Steiner（From bottom to Top: The entire distribution of market income in Germany, 1993-2001. IZA Discussion Papers, No. 2723, April 2007）的研究结果，以往收入不均等的实证研究主要集中于收入的分配（Gottschalk and Danzinger; 2005. Autor, Katz and Kearsey, 2005），而最近的研究则转到市场化收入的不均等问题，特别是最富有的人的收

入分配问题。Piketty and Saez（2003, 2006）以及 Dew-Becker and Gordon（2005）曾用收入税收统计显示最近几十年美国收入不平等大幅度增加，而这种增加源于顶层阶层收入的增加。此外，顶层阶层的收入是由于工资收入的增加，而非资本性收入。英国和加拿大也出现类似的情况，而其他欧洲国家不明显。

近些年来西方经济发达体的收入差距也在逐年扩大，如在 OECD 国家，不仅原有收入不平等国家（美国、以色列）的收入差距仍在扩大，而且在传统收入差距较低的国家（德国、丹麦、瑞典等）也在近 10 年出现了收入差距扩大化的趋势。家庭收入不平等增加的原因主要是工资和薪水分配的变化，工资和薪水大约占成年人家庭收入的 75%。Divided We Stand（An Overview of Growing Income Inequalities in OECD Countries:Main Findings, OECD Report, 2011）的研究认为，近年来导致收入不平等的原因主要有：第一，经济全球化。全球劳动分工导致 OECD 国家高技术的人们收入增加，而发展中国家全力融入世界贸易体系，导致全球劳动力供应激增，劳动力价格降低；第二，技术进步，如信息和通讯技术的进步，导致工资水平差距加大；第三，政策的选择也对收入非均等起重要作用，如产品市场放松管制，让产品市场自由竞争，企业更愿意使用技术更高的工人，这又扩大了收入的不平等。除此之外，一些学者认为，家庭结构是形成收入不平等的主要原因。Daly and Valletta（2006）认为，单身家庭的增多是导致美国收入不平等的主要原因。

英国《金融时报》首席经济评论员马丁·沃尔夫（英国比美国平等？金融时报中文网，2012 年 1 月 4 日）认为，我们需要一个宏大的议程，它必须涵盖就业、教育、公司治理和金融改革，而且无论有多大困难，还应包括再分配的内容。英国《金融时报》的罗宾·哈丁（美国劳动收入份额为何下降？金融时报中文网，2011 年 12 月 16 日）指出，劳动收入份额下降，加上劳动收入向高薪阶层转移，或许是本次美国经济复苏如此乏力的一个重要原因。低薪工作人群的大部分收入会用于消费，而高薪工作人群和有资本收入的人更倾向于储蓄。如果储蓄者向有意消费或投资于建筑和初创企业的人们提供贷款，就不会影响总体需求，然而在本次衰退之后，投资复苏很慢。

（三）关于市场化收入的影响因素

欧盟委员会社会形势观测报告指出：（1）市场收入，不管是从就业、贸易活动还是资本行为（即从金融投资）获得，其分配是家庭可支配收入分配的主要因素。家庭可支配收入也决定于税收和转移体系再分配的程度。市场收入分配越不合理，要想达到可支配收入的预定平等目标越难，因此，市场收入的分配对于税收和救济金政策有重要影响；（2）一般家庭最重要的市场收入来自于就业收入。就业收入的分配除了受劳动力市场的供求因素影响，还受制度因素的影响，如劳动力关系的性质。个人收入分配和市场收入分配之间的关系不仅决定于劳动力市场因素（如业余时间工作的程度），而且决定于家庭的构成和所有家庭成员就业的状况，以及自我就业与资本收入的收入状况。多种因素同时起作用，有的会减少收入的不平等，有的反而会加剧不平等，因此这些关系比较复杂；（3）家庭的市场收入还包括自我就业和资本收入，但比工资和薪水要少得多。把自我就业加进市场收入会减少家庭之间的总收入的不平等，但加入资本收入会增加不平等。罗马尼亚和葡萄牙的市场收入分配最不平等，而塞浦路斯和斯洛文尼亚比较平等。

二、相关国内研究

国内学者关于居民市场化收入的研究成果，主要集中在市场化与居民收入的关系方面。张维迎（2008）指出，在不损害 GDP 增长的同时，提高经济的市场化程度、减少政府行为所导致的不确定性是最大限度地减少收入分配差距和收入不公的关键。张义博、付明卫（2011）以市场化改革对居民收入的影响以及在此过程中居民收入分配的变化问题为核心，从社会学的分层理论入手，结合经济学的研究方法，提出了市场化改革阶段性假说。李实、赵人伟（2010）通过实证分析，认为在中国居民收入差距扩大的过程中，政府因素所产生的作用是主要的也是主导性的。沈坤荣、余吉祥（2011）的实证研究结果显示，农村移民可以对城镇居民的收入产生正向影响，但这严重依赖于市场化的进程。马宇（2009）选择我国 1980—2002 年农村居民收入分配的基尼系数和市场化指数两个变量，运用协整理论的有关方法对农村居民收入分配与市场化程度之间的关系进行实证检验，检验结果表明市场化指数是居民收入分配差距拉大的原因。汪茂泰、徐柳凡（2009）选取 2001—2005 年我国 31 个省市区的面板数据，通过实证分析发现，市场化程度越高的地区，城乡收入差距总水平也越低，但是市场化程度的提高会导致城乡居民收入差距进一步拉大。

阎大颖（2007）通过实证分析发现，21 世纪以来中国各地区内城乡居民之间的收入差距与本地区市场化程度确实呈显著的负相关关系。杜旭宇（2007）

认为市场化对收入分配公平具有双重影响，这种影响既有积极方面的，有助于缩小收入差距，也有消极方面的，导致收入差距扩大，每一方面又有很多具体的表现及其成因。姚先国、李晓华（2007）认为，城市经济的市场化程度不够，劳动力市场的分割和隔离是工资差异变大、工资分布分散化的重要原因之一。陈美衍（2006）从微观角度讨论了市场经济内生的导致收入分配差距扩大的机理，在此基础上分析了市场化收入分配差距变化的若干特点。陈文泽（2005）认为，“非市场化”收入分化的深层原因在于市场无序和制度缺失，解决的办法是深化经济政治体制改革，推进和完善各项与之相关的制度建设。倪青山(2005)从劳动力跨部门流动的角度，对市场化过程中的收入分配进行了初步的研究，认为劳动力跨部门流动模型表明，库兹涅茨倒U假说可能是成立的。

三、文献述评

上述研究给本课题提供了有益启发，但同时也存在如下缺陷：

其一，有关中国居民市场化收入及其影响路径的研究有待完善。表现在：对居民收入构成的研究多，但系统的对居民市场化影响路径的研究少；对市场化与居民收入关系的研究多，但对居民市场化收入与非市场化收入形成机理的研究少。从而无法理论上反映市场对居民收入的影响作用。

其二，缺乏将居民收入分解为政府经济政策的（直接）冲击性收入和市场经济环境变迁的（间接）冲击性收入时，对各类收入驱动因素和演化行为的宏、微观整体性研究。表现在：虽然已有关于政府、市场对居民收入影响的研究，但是没有针对居民收入差距的形成而进行的；虽然已有关于居民收入与居民收入增长长效机制的研究，但并没有将居民收入区分为市场化收入与非市场化收入视角的研究。而将收入进行分解研究，有益于抓住提高收入的根本环节。

第三节　研究内容及方法

本节主要阐述课题的研究内容以及方法，试图厘清本课题的整体研究思路以及研究框架。

一、研究内容

本课题研究的基本内容包括以下四个方面：

第一部分，居民收入及居民收入形成机制的经济学分析。本部分将通过对居民收入的构成及居民收入形成机制、居民收入形成机制中的政府与市场、居民市场化收入与非市场化收入及其特征等进行研究，为分析居民市场化收入水平的决定因素、寻求居民收入水平长期稳定提高的路径奠定理论基础。

第二部分，居民市场化收入形成的阶段性特征及变化规律的跨国比较。考虑到罗斯托经济发展阶段理论对发展中国家的可借鉴价值，本部分将按照罗斯托经济发展阶段理论中不同发展阶段的政府与市场的经济职能不同、从而居民收入水平与结构也就不同的观点，分析和判断发达经济体、新兴市场经济体各国经济发展不同阶段下，居民收入的结构性变化及阶段性特征；结合我国现阶段经济转型期的特殊复杂性及主要目标和任务，重点考察我国经济体制改革不同阶段居民收入的构成及形成机制的变化，分析中国居民收入形成机制的一般性与特殊性。从而为分析中国居民市场化收入水平的决定因素奠定事实基础。

第三部分，中国居民市场化收入水平的决定因素分析。本部分将利用居民收入及政府与市场在居民收入形成中的作用机理，从生产要素、金融发展、制度因素、财政政策、经济发展因素五个维度分析提高居民市场化收入水平、寻求居民收入水平长期稳定的决定因素。从而为设计提高中国居民市场化收入水平的制度框架，并提出相应的实施路径和策略安排奠定基础。

第四部分，我国居民市场化收入稳定增长的路径选择与长效保障机制的构建。本部分将依照第三部分对居民市场化收入影响因素的分析，在充分考虑我国经济转型期经济结构的变化、居民收入的构成及其特征的基础上，坚持政府与市场“双重效应”原则，从完善要素市场建设、深化金融体制改革、提高初次分配效率、加强制度创新、加强财政政策制定等方面提出提高居民市场化收入水平的具体措施和手段。

二、研究方法

本课题的研究目的不仅要在理论上寻求突破，更重要的是借鉴国外相关经验，结合我国现阶段经济运行的特点，为提升我国居民市场化收入提出具体可行的政策建议。因此，本课题在研究方法上，突出以下几个特点：

（1）横向分析和纵向分析相结合。一方面，通过纵向分析我国居民市场化收入的变化，揭示其主要表现特征和形成因素；另一方面，通过横向比较分析其他国家和地区居民市场化收入变化的具体实践，为我国居民市场化收入的可持续增长提供有力的理论依据和可行经验。

（2）总量分析和结构分析相结合。在对居民市场化收入的分析过程中，既考察了经济和收入的总体指标特征，又具体分析了经济发展的不同阶段下，收入的结构特点，从而有利于发现市场化收入的形成规律。

（3）抽象分析与具体分析相结合。居民市场化收入是一个全新的界定，不仅是理论上的创新，而且为建立居民收入长效机制指出了更明确的方向。对于理论研究，需要采用抽象研究的方法。主要对居民收入结构、市场化收入形成机制进行分析探讨；对于提升我国居民收入的问题，需要结合我国实际情况，提出有价值，可行性强的策略安排。因此，需要采用具体分析法。

第四节　拟突破的重点和创新之处

本课题的难点与创新之一：在不确定市场条件下探究居民市场化收入的影

响因素与增长路径。传统的收入形成机制都是针对居民整体收入而言，很少对收入构成按照市场化程度重新分类。本课题是在明确收入构成的市场化程度后，对收入的形成过程有区别的进行针对性分析，通过市场机制建立收入形成体系，而市场运行的诸多不确定性，以及在不确定市场条件下分析居民市场化的增长路径和如何构建长效保障机制就成为本课题研究的重点和难点。

本课题的难点与创新之二：如何在政府宏观调控下保证居民市场化收入的可持续增长。政府与市场既是经济运行的互补发展工具，又是经济运行的对立调控手段，两者如何保持有效的联动关系是居民市场化收入长效增长的基本条件，那么在建立居民市场化收入增长的长效保障机制中，政府对市场的参与程度以及对市场的调节程度应该如何把握将是本课题研究的又一大重点和难点。

第二章　居民收入及市场化收入形成的经济学分析

"公有制为主体，多种所有制经济共同发展"的基本经济制度和"按劳分配为主体、多种分配方式并存"的分配制度的确立，标志着我国社会主义市场经济的发展进入一个新的阶段。在新时期，我国国民经济得到了持续快速健康的发展，居民的收入水平显著提高，居民收入来源多元化趋势显著。居民收入水平的变动反映了经济增长程度，收入结构中各收入要素的此消彼长映射着宏观收入分配和经济体制的变动情况。

本章运用经济学的基本原理对居民收入和居民收入形成机制进行阐述。首先，概括了居民收入的概念及各组成部分的内涵，并对国民收入分配过程进行介绍；其次，对居民收入分配的相关理论基础进行梳理，在此基础上分析了我国的收入分配演变过程，有助于理解收入形成的机理；然后，进一步探讨市场和政府在居民收入形成机制中的作用，为研究居民市场化收入奠定理论基础；最后，对居民收入影响因素的相关文献进行归纳整理，为分析居民市场化收入的形成机制与影响路径提供思路与参考。

第一节　居民收入概念与形成

研究居民收入的形成，首先要明确居民收入的概念及其构成，然后在此基础上，从政府与市场的角度，探讨居民收入的形成机制。

一、居民收入的概念及其构成

居民收入是居民从各种来源所取得的现期收入的总和。从国民经济统计的角度，居民收入由工资性收入、转移性收入、财产性收入和经营性收入四部分构成。

（一）工资性收入

伴随着经济的发展和现代企业管理制度的建立和发展，专门针对劳动的管理在人力资源管理中占据的位置越来越重要，企业的工资制度、薪酬体系和结构逐渐呈现多样化的趋势。工资性收入作为衡量个人在单位劳动报酬的专门指标也更加广泛地被使用。工资性收入是指居民个人受雇于单位或个人，靠出卖劳动而获得的收入，也就是用人单位根据国家有关规定和劳动合同的约定，以货币形式直接支付给员工的劳动报酬的部分，包括月薪酬、季度奖、半年奖、年终奖等。

国家统计局规定，工资总额的计算原则应以直接支付给职工的全部劳动报酬为根据。各单位支付给职工的劳动报酬以及其他根据有关规定支付的工资，不论是计入成本的还是不计入成本的，不论是按国家规定列入计征奖金税项目的，还是未列入计征奖金税项目的，不论是以货币形式支付的还是以实物形式支付的，均包括在工资总额内。根据《关于工资总额组成的规定》（1989 年 9 月 30 日国务院批准 1990 年 1 月 1 日国家统计局令第 1 号发布）的规定，工资性收入大体可以分为以下六个部分：

（1）计时工资。计时工资是指按计时工资标准（包括地区生活费补贴）和工作时间支付给个人的劳动报酬。包括：对已做工作按计时工资标准支付的工资；实行结构工资制的单位支付给职工的基础工资和职务（岗位）工资；新参加工作职工的见习工资（学徒的生活费）；运动员体育津贴等。

（2）计件工资。计件工资是指对已做工作按计件单价支付的劳动报酬。包括：实行超额累进计件、直接无限计件、限额计件、超定额计件等工资制，按劳动部门或主管部门批准的定额和计件单价支付给个人的工资；按工作任务包干方法支付给个人的工资；按营业额提成或利润提成办法支付给个人的工资等。

（3）奖金。奖金是指支付给职工的超额劳动报酬和增收节支的劳动报酬。

包括：生产奖；节约奖；劳动竞赛奖；机关、事业单位的奖励工资；其他奖金等。

（4）津贴和补贴。津贴和补贴是指为了补偿职工特殊或额外的劳动消耗和因其他特殊原因支付给职工的津贴，以及为了保证职工工资水平不受物价影响支付给职工的物价补贴。其中，津贴包括补偿职工特殊或额外劳动消耗的津贴、保健性津贴、技术性津贴、年功性津贴及其他津贴；物价补贴包括为保证职工工资水平不受物价上涨或变动影响而支付的各种补贴。

（5）加班加点工资。加班加点工资是指按规定支付的加班工资和加点工资。

（6）特殊情况下支付的工资。特殊情况下支付的工资包括：根据国家法律、法规和政策规定，因病、工伤、产假、计划生育假、婚丧假、事假、探亲假、定期休假、停工学习、执行国家或社会义务等原因按计时工资标准或计时工资标准的一定比例支付的工资和附加工资、保留工资等。

凡不属于上述范围内的，如国务院发布的发明创造奖，国家星火奖、自然科学奖等；有关劳动保险和职工福利方面的费用；有关离休、退休、退职人员的各项支出；劳动保护的各种支出；计划生育独生子女补贴等，按现行统计制度未明确规定不统计为工资的都应作为工资统计。

工资性收入是大部分居民和家庭收入的主要来源，受到不同行业和不同部门的影响，直接影响一般家庭的生活水平和质量，也直接影响到国家和社会的稳定。因此各个国家政府都不同程度的参与了工资制度的制定，造成了工资性收入受市场和政府的双重影响的现状。

（二）转移性收入

转移性收入包括国家、单位、社会团体对居民家庭的各种转移支付和居民家庭间的收入转移，是补贴给居民个人和家庭的各项福利，居民个人无须付出任何对应物所获得的货物、服务、资金或资产所有权等，不包括无偿提供的用于固定资本形成的资金。一般情况下，转移性收入是居民个人或家庭在二次分配中的所有收入，包括政府对个人收入转移的离退休金、失业救济金、赔偿和单位对个人收入转移的辞退金、保险索赔、住房公积金、家庭间的赠送和赡养等。

居民的转移性收入主要由以下部分组成：

（1）离退休金。离退休金是居民转移性收入中的主要组成部分，其所占份额大约在 60%～70%之间。根据支付对象的不同，离退休金又可分为“行政事业单位离退休金”和“国有、集体企业离退休金”两部分。其中，行政事业单位离退休金由国家财政对国家行政事业单位离退休人员进行支出，国有、集体企业离退休金由（国有、集体）企业对企业内部离退休职工进行转移性支付。如果考虑到国有、集体企业与政府财政的关系，国有、集体企业离退休金可视为间接性的政府转移性支出。事实上，在国家财政中尚有一部分支出用于补助国有、集体企业由于效益滑坡而无法支付其企业职工的离退休金。

（2）价格补贴。价格补贴主要是来自国家财政的“政策性补贴”中对城镇居民的“肉食品价格补贴”部分，近年来随着相关农产品的价格下跌，基本上每年呈下降的趋势。

（3）抚恤和社会福利救济。国家财政用于抚恤和社会福利救济主要包括抚恤支出、离退休费、社会救济福利费、救灾支出等。

（4）赡养收入。赡养收入主要指父母或者长辈从子女或者晚辈处获得的在物质上和生活上的帮助的收入。

（5）赠送收入。

（6）亲友搭伙费。

（7）记账补贴。指调查户因承担记账工作从统计部门、工作单位和其他途径所得到的现金，不包括实物部分。

（8）出售财物收入。

（9）其他。

上述转移性收入的构成中，离退休金、价格补贴和抚恤以及社会福利救济可视为属于政府的转移性支付，其余的一般存在于居民家庭之间的收入转移。值得注意的是，政府主导的转移性收入在总转移收入中占主导地位，我们主要研究市场主导的收入的形成机制与提高路径。

（三）财产性收入

财产性收入是指通过资本、技术和管理等要素在社会生产和生活中产生的收入，是金融资产或有形非生产性资产的所有者向其他机构单位提供资金或将有形非生产性资产供其支配，作为回报而从中获得的收入。财产性收入本质上是权利租金的一种，作为居民收入增长、财富积累的重要渠道，一般是指家庭拥有的动产（如银行存款、有价证券、收藏品等）、不动产（如房屋、车辆、土地等）所获得的收入，包括出让财产使用权所获得的利息、租金、专利收入等；财产营运所获得的红利收入、财产增值收益等。

党的十七大报告首次提出“创造条件让更多群众拥有财产性收入。”增加居民财产性收入是我国经济发展的需要：贫困时期，绝大多数家庭入不敷出，在基本生存线上徘徊，经常欠债；温饱时期，绝大多数家庭衣食无忧，但也没有多少节余；随着我国经济全面向小康社会迈进，除去其他必要的开支，家庭有了越来越多的节余，需要找到投资的有效途径，实现更好的保值增值，这就需要创造一个获得财产性收入的良好经济环境和社会环境。长期以来，人们通过对自己动产或不动产的交易、出租等方式来获得财产性收入，随着时代的发展和金融产业的成熟，人们逐渐增加了新的财产性收入的来源，储蓄、股票、债券、基金、保险、理财产品等金融产品成为大家的选择。

居民财产性收入的增加也有其产生的条件，首先随着居民家庭财产日益增加，居民投资渠道多元化，财产投资收入稳步增长；其次证券市场复苏，部分城镇居民将银行定期存款提前支取，投资转向股票及基金市场，城镇居民利息收入大幅增加，来自证券投资的收益明显提高；最后是经济快速发展，人口流动量加大，对住房需求旺盛，城镇居民出租房屋收入增加。增加居民的财产性收入有助于拓宽中低收入阶层增收渠道，增加中低收入阶层的收入，让更多的居民成为中等收入者，完善收入分配制度，同时有利于促进共同富裕。

（四）经营性收入

经营性收入是生产资料归个人所有，以个人劳动为基础，劳动所得归劳动者个人所有的一种收入形式。居民以家庭或者个人为生产经营单位进行生产、筹划和管理而获得的收入，包括家庭或个人从事的商业买卖收入、服务性收入等。从税收角度来说，纳税人通过经常性的生产经营活动取得收益，包括销售货物、提供劳务以及让渡资产使用权获得的现金流入、资产的增加或者负债的减少，都属于经营性收入的范畴。

由于我国经济发展中城乡“二元结构”的出现，经营性收入在城镇和农村居民收入构成中的含义有较大差异，因而我国对城镇居民和农村居民在经营性收入的统计上采用的是不同的统计口径：城镇居民家庭经营性收入主要指居民个人或者家庭为企业进行生产、经营所获得的收入以及居民进行个体商业买卖所获得的收入，由于城镇经济结构的特殊性，城镇居民的经营性收入主要来源于产业结构中的第二、三产业。农村居民家庭经营性收入主要是指农民通过进行农业生产、农产品经营销售所获得的收入，农村居民家庭经营活动按行业划分为农业、林业、牧业、渔业、工业、建筑业、交通运输业邮电业、批发和零售贸易餐饮业、社会服务业、文教卫生业和其他家庭经营。目前来看，农村居民的经营性收入主要来源于产业结构中的第一产业。

经营性收入与其他收入类型相比更加发散，受市场影响比较直接，收入弹性较大，对居民收入的增长有潜在的巨大促进作用。随着非公有制经济的快速发展和国家政策的大力扶持，城镇企业和个体私营队伍不断壮大，经营性收入快速增加，为我国居民收入的增加和收入分配制度的改革做出巨大贡献。

二、居民收入的形成

社会总生产过程分为生产、分配、交换、消费四个环节。生产创造价值；价值创造之后，在国家、企业、个人之间进行分配，从而形成政府可支配收入、企业可支配收入和居民个人可支配收入；通过交换与消费，国家购买公共品实现服务职能，企业购买生产资料实现再生产，居民个人通过购买生活用品满足物质需求和精神需求。消费在满足社会需求的同时也刺激了社会再生产，它是生产的主要动力，而消费的基础是收入。

（一）生产过程

通常衡量一个国家总收入的指标是国内生产总值（Gross Domestic Prduction，GDP），GDP 是指在本国领土生产的最终产品的市场价值总和。

与 GDP 有关的收入指标还有四种：

（1）国内生产净值（Net Domestic Prduct，NDP），是指一国之内的一定时期新创造的价值，它等于 GDP 减去折旧后的余额。

（2）国民收入（National Income，NI），指按生产要素报酬计算的国民收入，相当于一国生产要素（劳动、资本、土地、企业家才能）在一定时期提供生产性服务所得报酬即工资、利息、租金和利润的总额。公式为：国民收入（NI）=国内生产净值（NDP）－间接税－企业的转移支付+政府补助金。

（3）个人收入（Personal Income，PI），是个人和非公司企业纳税前得到的收入，它是从国民收入中扣除公司未分配利润、公司所得税和社会保险税，然后加上政府给个人的转移支付后的收入。

（4）个人可支配收入（Disposable Personal Income，DPI），指个人缴纳各种税收后（所得税、财产税、遗产税等）剩下的收入，从国民经济统计的角度，个人可支配收入即居民收入。公式为：居民个人可支配收入（DPI）=个人收入

（PI）一个人所得税－非税支出。对这种收入人们有充分的支配权，人们可据以决定消费和储蓄的水平。

我们可以用图 2-1 来表示以上五个收入指标的相互关系。通过图 2-1 和公式可以知道，一国的国民收入是国内生产总值扣除资本折旧、间接税（增值税、营业税等）和企业的转移性支付之后加上政府补助金所得到的收入，也就是一国生产要素在一定时期内提供生产性服务所得报酬即工资、利息、租金和利润的总和。而居民收入主要是通过上述国民收入进行初次分配、再次分配和最终分配得到的可支配收入，是居民可以用来消费或者储蓄的收入。在其他因素不变或者变动幅度不大的情况下，一国经济发展水平高，国内生产总值相应增加，体现在收入上就是国民收入增加，在一定的收入分配制度下，分配到国家、企业和居民个人部分的收入也会不同幅度的增加，也就是政府的财政收入、企业利润和居民的可支配收入相应提高。

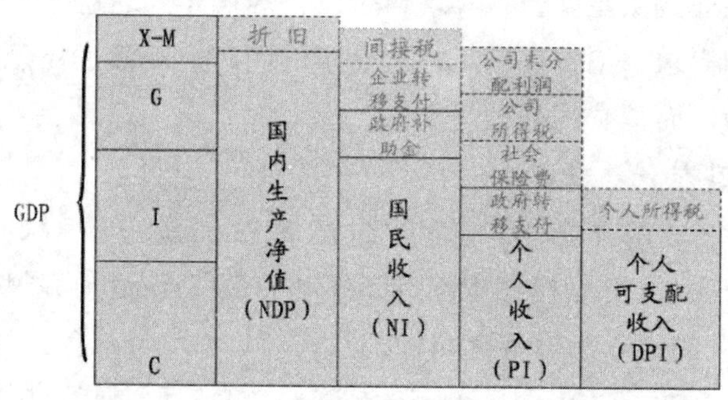

图 2-1　从 GDP 到居民个人可支配收入

（二）国民收入分配过程

国民收入分配广义上指一国在一定时期内经济活动成果在各经济主体之间的分配；狭义上指国民收入在国民经济各部门、各生产单位和非生产单位以及居民中的分配过程。它是社会再生产过程的一个环节，是联系生产和消费的中介。按收入的顺序、层次、主体，可以建立两个收入分配结构：即微观上的初次分配和宏观上的再分配。在市场经济中，市场在初次分配中起主导作用，初次分配是市场竞争的结果，是生产活动形成的“净成果”在参与生产活动的生产要素的所有者及政府之间的分配，因此初次分配被称为要素收入分配。再分配是政府纠正初次分配中产生的收入分配差距、实现社会公平的过程，政府在再分配中起主导作用。

1. 初次分配过程

初次分配是在产品和劳务的生产当中，按照各种要素对产出做出贡献的大小给予的货币补偿。初次分配关系主要由市场机制形成，它仅仅发生在微观经济领域，是基础性的分配。

从微观主体分析，一方面，居民作为生产要素的供给者，在要素市场上为企业提供劳动力、土地和资本等生产要素并获得相应的报酬，企业购买要素的总价格等于工资、利息、地租和利润的总和。当然，提供要素的方式并不一定是直接输向企业，一般情况下居民直接向企业提供劳动力，通过金融市场把闲散资金用于储蓄或者投资从而间接向社会生产提供资本等生产要素，分享企业利润，获得利息收入，需要注意的是在此我们把居民以家庭或者个人为主体的生产经营单位也列入企业的范畴。

在不考虑国外部门的三部门经济中，三个经济主体（政府、企业和居民个人）都不同程度影响居民收入的各组成部分，政府和企业（不是以居民自身和家庭为生产经营单位的企业）直接影响居民的工资性收入，而居民个人通过自身积累和在金融市场上通过借贷等方式获得的资金，进行储蓄和投资活动，创办企业，影响居民的财产性收入和经营性收入。三部门经济中收入循环图如图 2-2 所示。

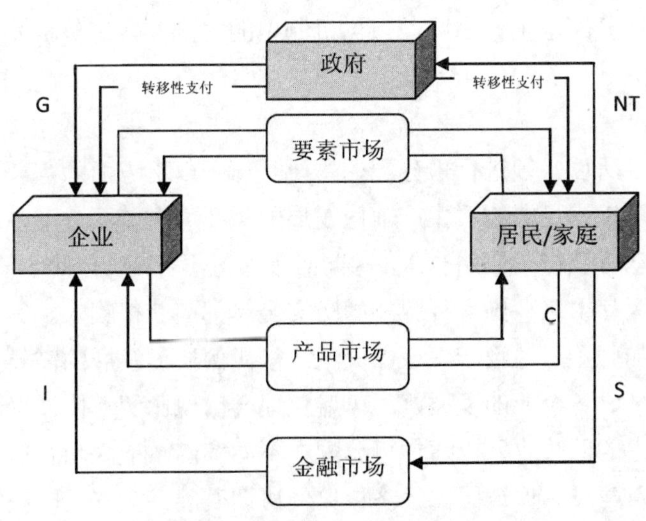

图 2-2　三部门经济中收入循环图

市场经济条件下参与初次分配的主体，就是各种生产要素的所有者，包括资本所有者、劳动力所有者、土地所有者及技术专利所有者。参与初次分配的形式主要有所有者和经营者的收入、红利、股息、利息、工资、地租、租金、费用等。因此如何发挥市场的作用，使劳动、资本、技术、管理等各生产要素按市场供求关系形成收入分配比例，是调整和优化初次分配的关键所在。

在市场经济中，要素价格不仅是配置资源的基础性手段，也是收入分配的基础性手段。因为要素价格在决定生产什么、生产多少和如何生产的同时，也决定了为谁生产即收入分配的问题。人们可以通过要素价格来评价各种生产要素在生产过程中的贡献，为确定生产要素的报酬提供有效标准。所以市场经济体制下的初次分配是通过市场机制的调节来实现的。在初次分配中，分配主体是根据各生产要素在生产中发挥的效率带来的总收益多少进行分配，政府通过法律法规和税收进行调节和规范，不直接干预初次分配。

在国民收入的初次分配中，之所以要讲求效率，是因为市场经济是追求效率的经济体制，实现效率最大化是市场经济运行的目标和内在要求。在市场经济条件下，国民收入的初次分配就是要在市场机制的作用下实现效率的最大化，由于国民收入初次分配是体现经济增长功能的收入分配，而国民收入初次分配总量取决于生产要素配置效率，其最优状态是资源配置的最优状态。只有充分发挥各种生产要素的潜能，最大限度地提高微观的生产经营效率，其最终结果必然会导致宏观效率的不断提高。这样才能不断增加国民收入总量，不断提高国民收入的初次分配水平。因此，市场机制中的生产要素定价机制是初次分配的基本机制。

2. 再分配过程

国民收入之所以必须进行再分配，主要是出于以下方面的需要：第一，国民收入再分配可以满足非物质生产部门发展的需要。在初次分配中，只有物质生产部门的劳动者获得了原始收入，因此必须通过再分配，使非物质生产部门，如文化教育、医疗卫生、国家行政和国防安全等部门获得收入。第二，国民收入再分配可以加强重点建设和保证国民经济按比例协调发展的需要。国民经济各部门、各地区、各企业的发展，不可避免地会出现比例不协调现象。因此，必须将国家集中的财政收入，通过再分配在不同部门、地区和企业之间调节使用，以加强重点建设，保证国民经济按比例协调发展。第三，国民收入再分配可以满足社会养老、医疗、失业等保证基金以及社会救济、社会福利、优抚安置等基金的需要。第四，国民收入再分配可以建立社会后备基金，以应付各种突发事故和自然灾害的需要。

总之，在社会主义市场经济条件下，国民收入再分配有两种基本职能，即分配的职能和调节的职能。分配的职能，是指保证和满足非营利性、为社会公共需要服务部门消费需要的职能。因为它们不能参与国民收入的初次分配，只有通过国民收入的再分配获得收入，满足正常消费的需要。调节的职能，是指政府在国民收入再分配中，通过税收和转移支付，协调经济发展，合理调节高收入群体与低收入群体的利益关系，保证社会经济均衡发展和社会公平的实现。

第二节　居民收入分配的理论基础

本节主要介绍西方学者关于收入分配的研究成果，以及马克思主义学说中关于收入分配的相关理论。

一、西方学者关于收入分配的理论

西方经济学者对收入分配问题的研究起步很早，古典学派的经济学家认为，经济理论的核心部分是分配理论。随着经济的不断发展，经济理论的不断充实，关于收入分配的理论也越来越多。本部分内容对收入分配的主要相关理论进行梳理、归纳，为下文收入分配的各个阶段中居民市场化收入的形成机制分析奠定理论基础。

收入分配问题是西方经济学中的一个重要问题，随着西方经济学中经济理论的不断发展，各个学派基于自身的理论假设和理论基础，对收入分配问题进行了分析和研究。按照研究时期的不同，西方关于收入分配的理论主要分为几个流派，包括以亚当·斯密、大卫·李嘉图等为代表的古典学派的收入分配理论，以马歇尔等为代表的新古典学派的收入分配理论，以及制度经济学、福利经济学等学派的当代西方收入分配理论等。

（一）古典主义学派关于收入分配的理论

古典主义学派的收入分配理论重点研究劳动、资本和土地三种生产要素的分配。在15世纪，西方国家积累原始资本的方式主要是利用商人夺取资源、对外扩张。重商主义学派的收入分配理论认为，商人是最主要的财富创造者，所有财富和收入都来源于商人进行的商业活动，因而商人应该是收入最多的群体。法国等重商轻农的国家不断扩张商业和制造业，牺牲了农业的发展，给国内经济造成了巨大的损害。伴随着“重农学派”的出现，商业的重要性逐渐减弱，人们开始认为，商业虽然能使一部分人的财富增加，但财富的增加来自于财富的转移，而不是新财富的创造，全社会的财富总量不会增加。只有农业才能创造新财富，才能使全社会的财富总量增加，因此，从事农业劳动的农民应该得到较多的收入。产业革命之后，社会财富不断增加，土地却没有增加，经济学家们开始认为，不仅仅是农业生产创造财富，人们为了满足自身的需要而进行的改造自然的活动，都会创造财富，随之产生了新的财富创造理论——劳动价值论[①]。

具有“政治经济学之父”的威廉·配第最早提出了劳动价值论[②]。他认为，农业产品的生产费用主要是工资和种子等，总产品扣除生产费用的剩余部分就是地租。工资只是劳动总产品的一部分，工人的剩余劳动是创造社会收入的主要来源。古典经济学的创始人亚当·斯密在《国民财富的性质与原因问题的研究》中，对劳动价值理论进行了比较系统的阐述。他认为，劳动是财富的源泉，商品价值是劳动创造的。在原始的社会状态里，劳动者的工资等同于他全部的劳动生产值，但出现了资本公积和私有土地之后，劳动者就必须和资本家、地主分配劳动产品，工资只是全部劳动产品的一部分，其他部分以利润、地租等形式被资本家和地主占有，利润在劳动生产物中被扣除。这样，劳动者的劳动创造的财富被分为两部分，一部分是支付给劳动者的工资，另一部分是支付给雇主的利润。由此看来，亚当·斯密认为，利润是资本家无偿占有的工人通过劳动创造的剩余价值的一部分。劳动者占有全部劳动价值的这种初始状态，到了土地私有和资本积累出现时，就结束了。由此可知，亚当·斯密把利润看做一个历史性的范畴，它产生的条件是私有制和资本积累的存在，即生产者和劳

---

① 于国安．我国现阶段收入分配问题研究[M]．北京：中国财政经济出版社，2010：8-9.

② 威廉·配第．赋税论[M]．北京：商务印书馆，1972：43.

动条件相分离是利润产生的前提条件。他还考察了资本主义地租的衡量方式，认为作为土地使用报酬的地租，是租地人按照土地实际使用情况所支付的最高的价格。签订租约时，租地人设法使他所得到的土地生成物份额，能够补偿他提供种子、支付工资、购置和维持农业资本，并得到当地农业资本的平均利润；地主则设法获得更多的地租留给自己。随着社会生产分工的不断发展，社会对劳动的需求增加，工资也相应上涨，并且上涨的幅度与资本积累水平有关。资本积累不断扩大，才能使更多的利润转化为资本，工资才会上涨。

古典主义学派的另一个代表人物是大卫·李嘉图，他修正了劳动价值理论，认为劳动是价值的源泉，价值的分配滞后于价值的生产，劳动者通过劳动创造的价值是各种价值的唯一源泉。和普通商品一样，劳动也具有自然价格和市场价格。劳动的自然价格是维持劳动者自身和后代生活所必须的价格，而劳动者的市场价格是与供求关系相关的实际支付价格，工人数量的自然变动会自动调节工资水平，使工资水平等于工人最低生活资料的价值。所以，尽管劳动的市场价格常常与其自然价格相背离，但总有一种力量使得劳动的市场价格与其自然价格相平衡。大卫·李嘉图基于劳动价值理论的内容分析了利润，他认为，工人以工资的形式得到的收入，仅仅是他在劳动过程中所创造的价值的一部分，其余的价值是被资本家无偿占有的部分，即利润部分，利润是商品价值中扣除工资后的余额。关于地租的性质，李嘉图认为地租是地主阶级没有支付任何代价而无偿获得的报酬。地租是商品价值超过工资和利润的余额，是资本主义社会中存在的级差地租。他还基于分配方式，揭示了资本主义社会中三大阶级之间的矛盾。他认为在分配方面，起决定作用的是各个阶级按何种方式决定分配关系。在资本主义社会中，工资和利润是反比例变化的，工资增加，利润就会减少。地租和利润也是反比例变化的，地租等增长，会影响到货币工资的提高，进而会使利润降低。这样，工人、资本家和地主阶级就处于对立的地位，经济利益上也必然存在矛盾。

以萨伊为代表的一部分经济学家提出了“三位一体”公式和与之相联系的收入分配理论。他认为，生产过程可以归结为一般的物质资料生产过程，有三个一般要素，即劳动、资本和土地。物质资料生产过程就是通过各种要素协调配合，使自然界本身就有的各种物质能够更好地用来满足人们需要的过程。生产过程不是创造物质的过程，而是创造使用价值的过程，而使用价值是商品价值的基础，商品价值的大小取决于其使用价值的大小。因此，他既把劳动、资本和土地三个生产要素看作是创造商品使用价值的要素，也看做是创造商品价值的要素。基于此，萨伊认为，各种要素的所有者都应该依据自己所付出的劳动取得收入，以取得相适应的报酬。也就是说，工人应该得到与劳动相应的工资，资本家应该得到与资本相适应的利息，地主应得到与出租土地相适应的地租。工人、资本家和地主的收入都是根据其拥有的要素得到的合理公平的报酬。同时，萨伊还认为，利润应分解为两个部分，一部分是资本的利息，另一部分是企业家自身的工资。①

综上所述，以斯密、李嘉图等为代表的古典收入分配理论主要论述收入的功能性分配。在他们看来，生产是创造价值的过程，更是创造剩余价值的过程。他们以成本的角度理解价值，认为工资应该由生活费用，或者劳动者生存的工资水平决定，工资是生存的核心要素。这样分析的主要作用在于，可以解释随着经济的增长，社会总产品在各生产要素，以及要素所有者之间的分配所遵循的规律。

（二）新古典主义学派关于收入分配的理论

不同于古典主义的收入分配理论，新古典主义从另一角度研究了收入分配的过程，即从需求的角度重新理解、分析了价值的创造，并将资本、劳动和土地作为补充的生产要素加入新的生产函数之中。他们的研究不限于收入如何在地租、工资和利润间进行分配，而是更深入地研究了假定在完全竞争的条件下，如何根据生产要素对生产的边际贡献大小来将收入在生产要素间进行分配。

新古典主义的收入分配理论以萨伊的生产三要素论和效用价值论为基础展开。萨伊的“三位一体”公式把三个要素的所有者，也就是工人、资本家和地主都看成是创造使用价值和价值的劳动者，并把生产的三要素及相应的收入看作是长久存在的。这个分配公式明确表明了各生产要素对资本主义经济增长和发展的重要作用，也就为生产活动中除了劳动以外的其他要素获得收入提供了有力依据。“边际革命”后，萨伊的三要素论进一步发展为完善的要素分配论。在“边际革命”的发起人之一，奥地利学派的创始人卡尔·门格尔看来，生产资料的价值决定于其最终产成品的边际效用，其价值是以最终产成品的效用逐级传递到所有作为生产手段的产品组合上，每一级生产资料的价值都由其下一级生产性产品的价值来衡量，直到最终产出的消费产品。奥地利学派的另一个

① 于国安．我国现阶段收入分配问题研究[M]．北京：中国财政经济出版社，2010：8-23.

代表人物维塞尔认为，研究产成品在各生产要素之间的分配，就是研究各生产要素在社会所得中应占的份额问题，生产资料价值决定的理论和分配理论是同一个命题。维塞尔采用了门格尔的想法，设计出计算方法，用方程式的方法衡量生产资料的价值。

在 19 世纪末期，美国经济学家克拉克提出了边际生产力分配论，更深入地对要素分配理论进行了发展和完善。克拉克指出，所有生产要素在参加生产的过程中都有其特殊的作用，也都应该得到相应的报酬，这就是自然的分配规律。克拉克把土地报酬递减规律延伸使用到土地以外的其他各个生产要素，并提出了一个一般条件下的生产力递减规律，他把边际分析方法运用于生产力递减规律，就产生了边际生产力分配论，他还认为边际生产力决定要素之间如何进行收入分配，工资和利息由劳动和资本的边际生产率决定，在自由竞争的条件下，工资等于边际劳动力，以及利息等于资本边际生产力就是自然的收入分配的规律。这样，在竞争市场条件下，以工人和投资者所创造的价值的大小，来支付报酬的边际生产力理论，简单地说，就是投入多少便获得多少，在当时被认为是“收入分配中的自然规律”。在 20 世纪初，这个分配理论被当时的社会思想家认为是竞争经济中最公正的原则和分配方式。

马歇尔以均衡价格理论为基础，用供给和需求的关系说明价格的决定关系。他认为原有的价值理论只侧重供给方面或者只侧重需求方面，结合原有的价值理论创建了新的均衡价格理论，以新的均衡的框架，阐述了一个完整的，所谓公平、合理的收入分配理论。和萨伊一样，马歇尔将分配与生产要素的投入结合起来进行考虑，并且同时肯定了萨伊的要素分配理论。同时，马歇尔还发展了萨伊的三要素说，在其基础上提出了四要素说。在劳动、土地和资本三要素的基础上，马歇尔加入了“企业家才能”这个要素。他认为，国民收入是各要素协同配合，共同创造出来的，在创造社会财富的过程中，各个生产要素相互间是一种共同合作与彼此依赖的关系，所以国民收入是一国全部生产要素的所有生产总额，也是一国全部生产要素创造的财富的唯一源泉，生产要素各自相适应的份额，就等于它们各自的价格。马歇尔认为，生产要素价格的确定方式和方法，与一般商品的价格决定的方式和方法相同，决定于各个生产要素的供给和需求关系。分配份额的大小也就是所有生产要素的价格问题。在市场经济条件下，要生产首先必须购买生产要素，也就是要首先付出生产要素的价格和生产成本，生产要素的购买者也应该在收入分配中收回他所付出的价格或生产成本，同时在生产成本之外还应获取一部分投资的利润，并且“在其他条件不变的情况下，国民收益越大，则他们各自的份额也越大”①。

（三）当代西方关于收入分配的理论

1. 福利经济学中关于收入分配的理论

20 世纪初期，意大利经济学家基尼，提出了根据洛伦兹曲线判断平等程度的指标，也就是基尼系数。虽然基尼系数没有解释造成收入差距或收入分配不平等的原因，但这种新的衡量平等程度的指标的产生，使原先难以衡量的社会分配平等问题，得以简化和衡量。基尼系数的出现，使衡量社会分配公平与否有了新的衡量标准，但并不能解决实际生活中的收入分配不平等问题。洛桑学派创建人维尔费雷多・帕累托，通过定量计算的技术概念，将个人收入分配公平问题转变为福利问题，又使福利问题转变成了社会总量增加的效率问题。由此得出，生产和交换的最优条件，就是使社会福利达到最大程度的条件②。根据这个原理，当社会资源的重新配置使每个人的福利都变好，或至少使一个人的福利变好而其他人的福利都没有变坏，就是社会福利的改善，也就是实现了帕累托最优。基于帕累托最优，西方学者提出了福利经济学，专门解决实际生活中分配不平等，也在此基础上产生了福利国家。福利经济学的创始人阿瑟・塞西尔・庇古认为，“国民收入”是衡量社会经济福利的尺度，包括国民收入的数量，及其在社会成员之间的分配状况。庇古的福利经济学主要由两大部分组成，其一是一国的经济福利可以用国民收入的多少来表示，即一国的国民收入量越大，则经济福利也越大。经济福利的增加表现为国民收入的增加。其二，一国的经济福利是国民中每个人的经济福利的总和，而每个人的经济福利由他自身的效用构成。同时根据边际效用原理，一定数量的收入或者货币对于穷人的边际效用比对富人的边际效用大。因此，一国政府可以采取国民收入的再分配政策，如实行累进税以实现国民收入再分配；把富人缴纳的一部分税款转让给包括老年人在内的低收入者，实行收入相对均衡以达到社会福利的均等化和极大化。

庇古的福利经济学将收入分配问题转变为扩大社会经济总量的问题，同时也使得个人收入分配问题的理论探讨更加政策化和制度化。这一转变既是福利经济学不同于之前个人收入分配理论的明显标志，同时也成为了社会福利制度

---

① 马歇尔．经济学原理[M]．北京：商务印书馆，1965：208.
② 厉以宁．当代西方经济学说[M]．北京：北京大学出版社，1989：381-383.

的建立和完善福利国家产生的理论基础。随后，以庇古为代表的福利经济理论被广泛地应用于政府调节经济的政策活动之中。也就是说，就经济增长的目的是为发展与提高社会经济福利这一目标来说，在长期的增长过程中，通过运用政府的收入均等化政策来缩小收入差距，对于改善福利状况、促进经济增长无疑具有非常重要的作用。但是，是不是应该采取庇古的这一思路来指导政策调节的思路和均等化的分配政策，这一问题还有待于进一步研究，因为运用这种强制转移收入的办法，势必会压抑社会成员的积极性，并降低效率，难免造成“劫富济贫”的状况。其实，改善社会福利的收入均等化政策可以有很多种。经济增长中，只有首先保持较高的效率和活力，才能保持经济的持续增长，也才能更好地奠定收入分配的物质基础。因此，在当代新自由主义的代表人物弗里德曼看来，消除贫困，对生活困难的人群给予补助是政府应尽的职责。但他同时指出，如果一个国家向贫穷开战，必须选择一种最有效而又简洁的武器。即使是靠政府推进公共福利，也可以运用市场运作来提高增进社会福利的效率。他也提出了教育券理论，该理论指出，应该改变目前对公立学校的直接补助的教育投入方式，政府可以向学生家庭直接发放教育券，即政府可以把本该投入到教育中的资金经过适当的折算，以教育券的形式发放给每个学生，学生可以凭券进行自主选择是到公立学校还是私立学校就读。

虽然以凯恩斯为代表的宏观经济理论，并没有直接探讨个人收入分配均等的相关问题，但是在凯恩斯的有效需求理论中，结合为增进有效需求而设计的宏观经济政策，指明了一个事实，即通过提高居民收入而增加的有效需求，能够促进一国经济的增长和国民财富的增加。凯恩斯理论的核心就是，它指出了消费和投资的有效需求不足是导致经济危机的直接原因。凯恩斯主张以国家干预经济的方式，配合国家宏观政策措施，增加全社会所有要素的收入，以刺激和促进消费。例如，可以以政府直接举办公共工程的方式解决就业不足问题；以改变国家税收体系，即用累进税制的方式来实行转移支付，缩小收入差距，刺激消费需求和提高就业水平。从表面上看，凯恩斯主义研究的是生产问题，但实质上来看，是探讨了如何促进收入增长的问题，以建立宏观调节个人收入差距的经济制度来改进福利增长。

2. 发展经济学的收入分配理论

20 世纪 50 年代以来，收入分配研究的侧重点转向以个人收入分配为主的规模收入分配，并重点对经济增长过程中的收入分配长期变动趋势，以及收入变动对经济发展影响进行了实证分析，这一时期的代表人物主要有研究发展经济学的库兹涅茨和刘易斯等人。对社会经济发展阶段与收入分配状况相关关系进行了实证分析，是发展经济学研究的一个重要内容。

美国著名经济学家、统计学家库兹涅茨在1955年发表的《经济发展与收入不平等》的论文中，提出了著名的收入差距“倒 U 曲线”。他通过对二战后一些发达国家和发展中国家的收入分配状况的实证分析得出经济发展与收入结构不均等的长期变动趋势是：在经济发展的早期阶段，持久收入结构的不均等会不断扩大，当一个社会从前工业文明向工业文明转变的时候，不均等的扩大会更迅速，随后出现一个稳定时期，在后一阶段不均等缩小，即在长期的经济增长过程中，个人收入分配不均等的变化趋势，遵循着一种“倒 U”型轨迹。该假说提出后，随着分析方法的完善和实证资料的完备，该假说基本得到了大多数经济学家的认同。

刘易斯在他的二元经济结构理论中，得出了与库兹涅茨一致的看法。以刘易斯为代表的“二元经济论”对经济结构的演进过程与居民收入差距的变动关系进行了研究，结果表明，发展中国家存在传统农业和现代工业两大部门，由于大量过剩劳动力等因素的存在，农业只是一个“糊口”的部门，农民收入低；而现代工业则是一个盈利部门，其劳动者收入较高。如果劳动力可自由流动，大量农业剩余劳动力必然向工业部门转移。这样，发展中国家在工业化初期，现代工业部门能在不变的工资水平上获得大量廉价劳动力，从而使其资本积累不断扩大；但随着现代工业部门的扩张，两部门存在的收入差距进一步扩大；经济结构的不断演进，使上述收入差距扩大的趋势发生逆转，即随着现代工业部门的扩张，最终所有剩余劳动力都被现代工业部门所吸收，以至于劳动逐渐成为稀缺要素致使劳动者的工资水平都上升，而资本则变为相对宽裕的要素，导致资本效率下降，从而使城乡居民收入差距由原来趋于扩大变为趋于缩小。

3. 新制度经济学的收入分配理论

20 世纪 80 年代以来，新制度经济学的兴起为现代经济理论创新和发展注入了新的活力。制度分析早在他们的研究之前就已经有马克思、康芒斯等人作了开创性的研究，只是他们的研究大多都未从一般意义上说明制度与收入分配的关系。新制度经济学家科斯、诺斯等人则从更一般意义上对制度、制度创新与变迁、制度与经济发展等作了深入分析和研究。

按照新制度经济学家的看法，制度是一个社会中的一些游戏规则。诺斯认为，制度是一系列被认为制定出来的规则、守法秩序、行为道德和伦理规范，它的存在可以约束那些旨在追求利益或效用最大化的个人行为。制度的基本功能在于它通过法律、规范或者习惯、道德调节人们之间的利益关系，从而对追求利益最大化的个体行为进行有效约束。新制度经济学指出，在各种制度安排下，制度是最重要的，无论是生产性制度，还是一种分配性制度安排，都是决定经济效益和社会进步的最重要因素。就收入分配制度而言，有效率的制度安排应当以多数人追求自身利益为前提，这才有利于促进经济增长。有效率、合理的收入分配制度也可为每个经济行为主体提供充分的利益激励，并使人们最大限度地从事生产性活动，同时又有一定的约束条件。这就是所谓有效的激励和约束机制的形成。相反，一种不合理的收入分配制度既无法为利益主体提供有效的激励，又不能形成一定的约束条件，无法确保经济高效率地增长。从动态的、发展的角度看，合理的收入分配制度还能够激励人们不断采用新技术并鼓励人们不断进行技术创新。一种不合理的收入分配制度，可能是绝对平均主义分配，或者这种分配制度安排根本不与劳动贡献有任何关系，在经济系统内无法形成任何有效的激励机制和约束机制，这就将抑制个体创新精神和创新活动。简言之，新制度经济学家从制度分析的角度认定任何一种有效率的组织制度，包括有效率的收入分配制度安排都是现代经济高效率增长的关键。经济增长中必须高度重视制度的作用，尤其是合理的分配制度在现代经济中提供的激励约束机制，对促进效率的增长具有重要意义。

二、马克思主义学说中收入分配的理论

与西方传统的收入分配理论相比，马克思主义的劳动价值理论更突出了劳动的作用。它继承和发展了斯密、李嘉图等人承认人类财富主要来源于劳动的理论，但在表明劳动与物的共性的同时，又说明了劳动与物的区别，为我们建立适合我国现今生产力发展要求和最广大劳动人民根本利益的收入分配理论，奠定了最重要的理论基础。

（一）马克思对价值论的理论贡献

马克思的收入分配理论是建立在劳动价值理论基础之上的。要分析马克思的收入分配理论，首先要讨论价值理论。古典价值论在古典政治经济学产生、发展和完善的过程中先后得到了威廉·配第、亚当·斯密和大卫·李嘉图等人

的继承和发展。马克思进一步继承了古典政治经济学中有关价值论的科学成分，并在对古典价值论中威廉·配第的理论、斯密理论的“教条”、李嘉图理论体系的矛盾以及边际效用学派的所谓边际效用价值论进行修正、批判和否定的基础上，创造了自己的价值理论。马克思对劳动价值论的贡献，可以概括为几个方面：一是通过对商品二因素的分析确立了作为商品经济的范畴——价值概念；二是通过对生产商品价值的劳动进行分析首创了劳动二重性理论，解决了古典劳动价值论的难题——价值创造与价值转移的关系；三是通过从交换价值抽象出价值这一范畴，全面论述了价值形式理论；四是通过对价值和商品拜物教的论述，深刻地分析资本主义生产关系的实质。马克思建立了不同于古典经济学派的劳动价值学说，并在此基础上创立了剩余价值论，从理论上揭示了资本主义条件下收入分配的根本性质。

（二）马克思对收入分配的制度分析

马克思分析收入分配问题与古典经济学派的最大不同在于他不仅始终坚持劳动价值论，还把制度因素与收入分配结合起来分析。尤其是马克思在对资本主义分配关系的剖析过程中，把剩余价值学说同资本主义私有产权制度紧密地联系起来，从理论上理清了财产制度，理顺了生产方式和分配方式之间的关系，使收入分配理论分析更具说服力。

马克思从劳动价值论出发，对劳动和劳动力进行了区分。他认为，在由商品生产过渡到资本主义商品生产的过程中，生产资料的私人占有制度造成等价交换制度的异化，并由此形成雇佣劳动市场。在雇佣劳动市场上，劳动者除了劳动力之外一无所有，只有依靠出卖劳动力为生。由于劳动者在财产私人占有制下形成的雇佣劳动关系中依附于资本，属于从属地位，所以劳动者根本不可能富裕，只能陷入贫困。马克思进一步指出，劳动者在雇佣劳动下出卖的不是劳动而是劳动力。恩格斯在《政治经济学批判大纲》中也指出，资本主义私有制使劳动分裂为活劳动和积累劳动，并使积累劳动变化为资本与劳动相对立。在资本和劳动分裂之后，资本又分为原始资本和利润，利润也分裂为利息和利润本身。恩格斯指出，无论是资本、利润，还是利息，都是由私有制下劳动派生出来的。由此可见，在资本主义财产私有制下，劳动和生产资料是分离的。结果，劳动成为商品，而作为商品的这种劳动是私有制下所特有的劳动，即“异化劳动”，其实质就是雇佣劳动。

马克思在《哥达纲领批判》中指出，消费资料的任何一种分配，都是生产条件本身分配的结果，而生产条件的分配，则表现出生产方式本身的性质，例如资本主义生产方式的基础就在于物质的生产条件以资本和地产的形式掌握在非劳动者手中，而人民大众只有人身的生产条件，即劳动力。既然生产的要素是这样分配的，那么自然而然地就产生消费资料这样的分配。产权制度及生产方式决定分配方式的理论几乎成为马克思主义者分析收入分配问题的一个基本前提和出发点。马克思主义对收入分配问题从制度层面进行分析，这是与以往古典学派在分析方法上的一个重大区别与历史性的进步。马克思还运用这一方法从制度根源上，探寻了资本主义社会收入分配不合理的根本原因就在于生产资料私人占有制度以及由此形成的雇佣劳动制。因此，其最终结果必然是收入分配严重不平等与两极分化。

（三）剩余价值论与收入分配两极分化

马克思对资本主义私有制中收入分配与经济增长的关系分析集中体现在他的剩余价值理论和收入分配两极分化理论，其主要的理论可以概括为：第一，从劳动价值论出发，认为生产商品价值的劳动具有二重性，且分为可变资本和不可变资本，而生产价值的劳动是雇佣劳动；第二，在资本主义私有制条件下，劳动力成为商品后可以生产出大于其自身价值的价值部分即剩余价值，但都被无偿占有；第三，不变资本只是旧价值转移，其自身不创造价值，只有可变资本，即工人的活劳动创造价值；第四，资本是能够带来剩余价值的价值，资本的运动过程是剩余价值不断被创造的过程，资本主义生产的变化规律是剩余价值生产的规律；第五，工人阶级在创造出的全部价值中仅分配到相当于可变资本即工资部分，其大小取决于工人及其养活家庭的最低生活资料水平，而另一部分即剩余价值则全部被资本家阶级无偿占有；第六，在资本主义生产过程中，资本积累越多，剩余价值生产就越大，产业后备军越多。劳动者不管工资高低，他们劳动的痛苦和贫困化程度必将以同一比例增加。因此，资本积累必然带来无产阶级贫困化；最后，在剩余价值规律作用下，资本有机构成不断提高，大量产业后备军面临失业和更加贫困。在上述理论分析中，马克思进一步阐明了资本积累和无产阶级贫困化之间的内在联系。他指出，资本家为追求更多的剩余价值便不断加快资本积累，而资本积累的发展通过资本集中出现了资本家剥夺工人、大资本家吞并小资本家的过程，生产社会化程度越来越高，企业规模越来越大，资本日益集中在少数人手中，同时无产阶级的贫困失业程度不断加剧。在此情况下，不管工人的报酬高低，工人的状况必然随着资本的积累而日趋恶化，这样使相对过剩人口或产业后备军同积累的规模和能力始终保持平衡。因此，在一极是财富的积累，同时在另一极，把自己产品作为资本来生产的阶级方面，是贫困、劳动折磨、受奴役、无知、粗野和道德堕落的积累。由以上分析可以看出，资本主义生产方式中，私人占有与社会化大生产的基本矛盾一方面导致经济增长过程中财富和收入分配出现两极分化，另一方面两极化分配的结果会导致经济危机的爆发，最终达到了同它们的资本主义外壳不能相容的地步。剥夺者就要被剥夺了。资本主义生产方式的基本矛盾促使资本主义灭亡。

以上就是马克思运用制度分析方法探讨了资本主义经济增长过程中收入分配的变化趋势即两极分化情形。毫无疑问，马克思的上述分析从劳动价值论出发，从资本主义财产私人占有和社会化大生产这一基本矛盾入手进行剖析，指出了资本主义经济发展过程中两极化趋势并由此带来的全面经济危机和政治危机，即无产阶级最终推翻资本主义制度，建立社会主义制度。这一分析在当时时代背景下无疑是正确和科学的，处在马克思时代的资本主义阶级矛盾和利益对抗已经呈现上升的势头，当时科学技术及生产力发展水平还尚未提供一种较为科学的解决矛盾的方式和手段。因此，这一研究具有十分重要的理论意义和科学价值。

第三节　我国社会主义市场经济中的收入分配理论基础

我国的收入分配理论是在长期探索中形成的，其形成过程具有比较明显的中国特色，本节先介绍了我国收入分配思想的发展过程，然后阐述收入分配理论的具体形成过程，最后对收入分配理论进行述评。

一、我国收入分配思想发展的四个阶段

在传统的计划经济体制下，我国实行的是单一的按劳分配制度。改革开放以后，随着经济社会的发展，我国逐渐放弃了单一的按劳分配制度，探索新的

个人收入分配制度，人民群众的收入水平有了不同程度的提高。这种提高离不开对收入分配认识的不断深化和分配理论的不断创新。改革开放之后，我国收入分配思想的发展可分为四个阶段。

第一个阶段，是落实按劳分配制度阶段。在改革开放之前，我国在社会主义公有制前提下实行按劳分配的制度。这种分配制度的理论基础是劳动价值论。但是，在实践中并没有认真贯彻按劳分配的原则。表面上看是社会成员根据劳动贡献索取劳动成果，但事实上是一个平均主义盛行的社会，个人收入均等化程度很高，其背后掩盖着极端的不公正。这一时期分配形式的单一扼杀了劳动者的积极性，不利于经济发展和社会进步。

十一届三中全会不仅在理论上突破了传统的框架，而且实现了马克思主义按劳分配的原则，广泛调动了广大劳动者的积极性，提高了劳动效率和生产率。为落实按劳分配的原则，纠正分配中的平均主义，邓小平果断地提出了让一部分人先富起来的思想。这种思想的着眼点首先是解放生产力，长远目标是实现共同富裕。在这一阶段，理论界主要围绕按劳分配的实现形式问题进行了深入探讨，如对劳动与报酬的关系问题，公平与效率的关系问题，首次提出了“效率优先，兼顾公平”的主张。

第二个阶段，是以按劳分配为主体，其他分配方式并存的阶段。随着经济体制改革的深入，我国出现了多种经济成分并存和发展的现象。为适应新的形势发展，社会主义的分配方式也需要调整。中共十三大报告明确指出要以按劳分配为主体，多种分配方式并存，这在相当程度上发展了马克思主义的按劳分配理论，提出了实现收入分配方式的非劳动性和多样性，提出了按劳分配的最终目标是实现共同富裕。这一阶段，理论界在分析计划经济时代按劳分配特点和存在缺陷的基础之上，主要围绕按劳分配与商品经济的关系，提出市场经济下按劳分配实现形式应该是按贡献分配。

第三个阶段，是按劳分配和按要素分配相结合，不断完善分配结构阶段。中共十四大明确提出了个人资本等生产要素可以参与分配；中共十五大将按要素分配作为社会主义崭新的分配方式，从根本上解决了我国分配方式多样化的问题。这是我国个人收入分配理论的重大突破。理论界在这一时期主要从按劳分配与按要素分配的关系出发，对按要素分配的理论依据及其与劳动价值论的关系进行了探讨，提出了社会主义市场经济条件下按要素分配的新观点。

第四个阶段，是构建和谐社会阶段。实现共同富裕是我国社会主义建设的奋斗目标。但是，在历经20余年的经济高速增长之后，我国出现了严重的贫富分化现象。所以，单纯追求GDP的高增长已经不再是我国经济建设的首要任务。在“十一五”期间，我国政府将更多地关注经济增长究竟能给社会带来怎样的效应，如促进就业、增加收入、提高消费等，经济的增长应该反映更多的人文和社会关怀。也就是说，在增强对经济增长的认同感和自豪感的同时，要避免因经济增长不合理带来的贫富分化和其他社会问题。也正是在这种背景下，中央提出了科学发展观、构建和谐社会等战略思想。

二、我国社会主义收入分配理论的演变

改革开放前的20多年我国实行的是高度集中的计划经济体制，采用平均主义分配模式。以打破平均主义为突破口，十一届三中全会正式开启了我国收入分配制度的改革进程。改革开放以来，我们党根据现代化建设和改革开放的客观实际，对收入分配制度进行了卓有成效的探索。我国的收入分配制度改革的步伐稳步推进，收入分配的体制和机制都发生了根本性的变化。

（一）反对平均主义，落实按劳分配制度

随着三大改造的完成，我国由建国初的多种所有制经济成分转变为单一的生产资料公有制结构，与公有制结构相适应，在个人收入分配结构上表现为按劳分配形式。此后，由于受到“一大二公”的影响，公平在收入分配制度中所占的比重发生明显变化，片面强调结果公平的平均主义思想在收入分配中占据主导。偏重结果公平形成了单一按劳分配的收入分配制度。在一段很长的时间内，我国一直实行的是高度集中的计划分配制度，社会上存在着严重的平均主义倾向。1978年12月党的十一届三中全会召开，大会决定以农村为突破口，提出切实贯彻按劳分配的原则，克服平均主义。这次大会制定了针对当前农业发展生产的一系列政策和措施：生产队的劳力、资金、产品和物资都是有偿使用的，不能无偿占有；必须贯彻执行按劳分配的社会主义原则，克服平均主义思想，根据劳动的数量和质量来分配。这次大会以后，我国农村普遍推行了家庭联产承包责任制。家庭联产承包责任制成了农村贯彻按劳分配原则的一种实现形式。

1984年10月党的十二届三中全会召开，通过了《中共中央关于经济体制改革的决定》，这次大会提出经济体制改革的侧重点要从农村转移到城市，加快

城市建设的步伐，全面发展城市经济。在深化分配制度改革方面，也做出了一些具体规定，这些规定都是为了进一步贯彻落实按劳分配的社会主义原则而提出的。第一是“企业职工的奖金由企业根据经营状况自行决定，国家只对企业适当征收超限额奖金税”。第二是“制定奖励政策，鼓励企业职工更好的工作，根据他们为企业创造的经济效益来规定他们的工资和奖金，提高企业的经济效益”。第三是“由于劳动种类繁多，分脑力劳动和体力劳动（脑力劳动是复杂劳动，体力劳动是简单劳动）、繁重劳动和非繁重劳动等，为了体现劳动数量和劳动质量的区别，在企业内部，工资的标准也是不一样的，要提高脑力劳动的报酬，奖优罚劣”。第四是“国家机关、事业单位的工作人员的工资也要根据他们肩负的责任和做出的贡献、劳绩来分配”。

（二）实行按劳分配为主体，其他分配方式并存的制度

1987 年 10 月召开的中国共产党第十三次全国代表大会，明确提出，社会主义初级阶段必须实行以按劳分配为主体的多种分配方式和正确的分配原则。大会指出“现阶段我们必须坚持的原则是，以按劳分配为主体，其他分配方式为补充。除了按劳分配这种主要方式和个体劳动所得以外，企业发行债券筹集资金，就会出现凭债券取得利息……”。党的十三大第一次提出了以按劳分配为主体，其他分配方式为补充的原则，这是对分配制度的重大改革，另外，这次大会还提出允许合法的非劳动收入，要在促进效率的前提下体现社会公平等具有意义的政策主张。

1992 年 10 月，中国共产党第十四次全国代表大会召开，在分配制度上依旧坚持以按劳分配为主体，其他分配方式为补充的原则，但根据现实状况对如何处理公平与效率问题做出了规定，提出“兼顾效率与公平。要促进效率，鼓励先进，同时也要重视公平问题，运用包括市场在内的各种调节手段，防止两极分化，逐步实现共同富裕”。为了建立社会主义市场经济体制，这次大会确立了把企业推向市场，实行政企分开的制度，深化分配制度和社会保障制度的改革，加快工资制度改革。这些制度的改革对加快社会主义市场经济体制的建立都起到了重要的作用。

（三）实行按劳分配与按生产要素分配相结合的原则

1997 年 9 月党的十五大报告明确提出，把按劳分配和按生产要素分配结合起来，第一次把其他分配方式科学地总结为按生产要素分配，这是在社会主义分配方式问题上的又一进步。另外，提出了“坚持效率优先，兼顾公平”的原则，把效率放在了突出的位置。在收入分配问题上，这次大会提出："坚持按劳分配为主体、多种分配方式并存的制度。把按劳分配和按生产要素分配结合起来，坚持效率优先，兼顾公平，有利于优化资源配置，促进经济发展，保持社会稳定。鼓励通过合法途径获取收入，允许和鼓励一部分人通过诚实劳动和合法经营先富起来，允许和鼓励资本、技术等生产要素参与收益分配。取缔非法收入，对侵吞公有财产和用偷税漏税、权钱交易等非法手段牟取利益的，坚决依法惩处。整顿不合理收入，调节过高收入，完善个人所得税制，缩小收入差距，防止两极分化"。这些原则的提出对整顿分配格局有重大的意义。十五大报告解决了生产要素是否能参与收入分配的问题，对收入分配改革作了比较系统的阐述，为收入分配的变革提供了理论依据，使我国收入分配改革有了进一步发展。

（四）生产要素按贡献参与收入分配原则的确立

2002 年 11 月党的十六大对如何深化我国分配制度改革的问题做了进一步的说明。第一，要"调整和规范国家、企业和个人的分配关系"。第二，要"确立劳动、资本、技术和管理等生产要素按贡献参与分配的原则，完善按劳分配为主体、多种分配方式并存的分配制度"。第三，"坚持效率优先、兼顾公平，既要提倡奉献精神，又要落实分配政策，既要反对平均主义，又要防止收入悬殊。初次分配注重效率，发挥市场的作用，鼓励一部分人通过诚实劳动、合法经营先富起来。再分配注重公平，加强政府对收入分配的调节职能，调节差距过大的收入"。第四，"规范分配秩序，合理调节少数垄断性行业的过高收入，取缔非法收入"。第五，"加大中等收入者比重，提高低收入者收入水平，实现共同富裕"。十六大在分配制度改革方面的最大贡献就是确立了劳动、资本、技术和管理等生产要素按贡献参与分配的原则，在十五大基础上进一步解决了其他生产要素如何参与收入分配的问题，即按贡献大小参与收入的分配。十六大提出，我国的分配制度改革的目标是加大中等收入者比重，提高低收入者收入水平，实现共同富裕。它指明了今后我国要努力形成的收入分配新格局，即占人口多数的中等收入者占有大部分收入和财富的格局。这样的收入分配格局，不仅符合社会主义要共同富裕的本质，而且有利于扩大内需和保持社会的稳定。

2007 年 11 月党的十七大对收入分配制度的基本观点是初次分配和再分配都要处理好效率和公平的关系，再分配更加注重公平。创新提出合理的收入分配制度是社会公平的重要体现，把社会公平作为合理的收入分配制度的本质要求。第一次明确提出提高居民收入在国民收入分配中的比重，提高劳动报酬在初次分配中的比重。这是为了更好地处理政府、企业和居民，劳动要素与资本等要素的收入分配关系。另外，还提出了逐步提高扶贫标准和最低工资标准，建立企业职工工资正常增长机制和支付保障机制；创造条件让更多群众拥有财产性收入；强调创造机会公平，整顿分配秩序。从起点到终点都要遵循公平的原则，为和谐社会创造条件，为我们进行收入分配制度改革指明了战略方向。

2010年召开的全国政协十一届三次会议上指出，2010年政协的重点工作是调研、关注收入差距过大带来的社会稳定问题，就调整国民收入分配格局、推进基本服务均等化，以及群众关心的就业、住房、社保问题，展开深入调研。收入分配问题是2010年“两会”最关注的问题，调整收入分配已经成为了官方的通用词。政协委员郭松海认为，当前住房保障成为影响收入分配的一个很大的问题，应该重视住房权，住房因素是首要因素。蔡继明提出调整收入分配就要解决好居民的基本权问题，包括公共服务问题、民生问题、就业问题等，城市弱势群体和农民工与农民收入分配问题也引起了大家的关注。会议提出了两大措施：着力提高城乡低收入群众的基本收入；稳步提升职工最低工资、企业退休人员基本养老金和城乡居民最低生活保障标准；建立健全职工工资正常增长机制，严格执行最低工资制度；加大收入分配调节力度。提高个人所得税工薪所得费用扣除标准，合理调整税率结构，切实减轻中低收入者税收负担。有效调节过高收入，加强对收入过高行业工资总额和工资水平的双重调控，严格规范国有企业、金融机构高管人员薪酬管理；大力整顿和规范收入分配秩序，坚决取缔非法收入，加快建立收入分配监测系统；通过持续不断的努力，尽快扭转收入分配差距扩大趋势，努力使广大人民群众更多的分享改革发展成果。

2012年第十一届全国人民代表大会第五次会议召开。在这次会议上，很多委员都提出中国收入分配领域已经出现了结构失衡，必须改革收入分配制度。国务院总理温家宝指出，要大力调整收入分配格局，增加中低收入者收入，扩大中等收入者比重，提高居民消费能力；完善工资制度，建立工资正常增长机制，稳步提高最低工资标准；创造条件增加居民财产性收入；建立公共资源出让收益的全民共享机制。如果能够把公共资源收益共享，将这部分收益投入到民生领域，不仅可以提高居民收入比重，还可以改善低收入人群的生活水平，进一步缩小收入差距。委员刘克崮指出，逐步提高“劳动报酬在初次分配中的比重”和“居民收入在国民收入分配中的比重”是当前面临的突出问题。加快完善再分配调节机制，首先需要改进完善财政税收制度。一些代表委员认为，个税起征点需根据具体情况动态调整。全国人大代表王霞建议应该研究居民收入、生活成本、地域差异和个人调节税起征点之间的联动机制，不能让收入增长的效应被抵消，还应该设立一个标准，人均家庭收入低于多少，缴纳的税可以按比例返回。许善达委员也提出，个税不必要规定具体的起征点，它应随着CPI的变化，动态调整，并且与CPI挂钩。梅兴保建议，总体上降低企业和个人税负，加快实施结构性减税，使国民收入分配向企业、向个人倾斜。

三、我国收入分配理论述评

我国现阶段的收入分配体制是从传统的计划体制下演变而来的。改革开放前，我国实行高度集中的计划经济体制，采用单一的按劳分配方式，其中在农村以“分工制”为特征，在城市以“工资制”为特征。虽然当时的生产力水平较低，人们的收入差异较小，但是那个时期计划经济的“城市偏向”收入分配的格局已经十分明显。具体表现在：收入来源方面，农村居民的收入来源单纯是劳动收入，城市职工除了工资外，还有奖金、补贴等；从分配方式看，分工制依据的是不同条件下的产出，不同的集体分工的含量不同，农民的实际收入不稳定，而工资制的工资等级、数量是由国家统一规定的，城镇职工的收入相对稳定。从再分配看，国家的财政收入更多地向城市倾斜，而这种偏斜的城乡分配历史格局为我国城乡收入差距的扩大埋下了隐患。单一的经济结构和分配格局，使得我国改革前的收入分配理论研究相对薄弱，研究主要集中在对按劳分配理论的探讨上。如20世纪50年代初期主要讨论按劳分配理论的内涵、意义等，20世纪60年代进一步涉及按劳分配的原则、依据，按劳分配与生产资料公有制、资产阶级法权、物质利益原则之间的关系等内容，后来由于受文革等极“左”的思潮的影响，收入分配的理论与实践讨论受到干扰，发展停滞不前。

改革开放之后，随着理论探讨“百花齐放、百家争鸣”方针的落实，收入分配研究领域也出现了活跃的迹象。当我国社会主义经济理论经历了社会主义商品经济理论、社会主义初级阶段理论到社会主义市场经济理论的重大转变时，收入分配理论也有了很大突破。许多学者对按要素分配问题进行了探讨，围绕按要素分配与按劳分配的关系、按要素分配的依据及其劳动价值论之间的关系提出了不少见解和主张。如在 20 世纪 80 年代，计划体制向市场经济的过渡期，商品经济与按劳分配的关系受到学者的关注，他们通过分析计划体制下按劳分配体制存在的问题，提出了市场经济下按劳分配的新主张以及按劳动贡献分配等新的观点。党的十五大后逐渐形成了“以按劳分配为主体，多种分配方式并存，坚持效率优先、兼顾公平，各种生产要素按贡献参与分配”的分配制度。这一理论突破不仅表现在对生产要素参与分配的认同，而且还对按劳分配的内涵有了新的、深刻的认识。与此同时，有关对马克思的劳动价值论的创新和再认识方面的文章也日趋增多，并导致了实践上的创新和突破。

20 世纪 90 年代以后，对收入分配理论问题探讨的焦点就是“公平与效率”问题。经济学者认为，收入分配有三种标准，一是贡献标准，即按社会成员的贡献分配国民收入。这种分配标准能够保证经济效益，但由于各成员能力、机遇的差别，又会引起收入分配的不平等。二是需要标准，即按社会成员对生活必需品的需要分配国民收入。三是平等标准，即按公平的准则来分配国民收入。后两个标准有利于收入分配的平等化，但不利于经济效益的提高。可以说我国收入分配理论的每一次新的突破都是对公平与效率的重新认识过程。特别是 21 世纪之后，随着城乡之间、地区之间贫富差距的逐步扩大，收入分配不公平问题更成为我国经济学界研究的焦点。收入分配理论研究更加关注现实分配，更加联系经济政策，研究的方法也更加多样化，定量分析、实证分析开始大量应用。

第四节　市场化收入以及收入分配过程中政府与市场的作用分析

居民的收入形成过程中，市场和政府都发挥了重要的作用，而在不同的收入分配阶段，他们发挥的作用有所不同。

一、居民市场化收入概念提出

国民收入通过初次分配和再分配形成政府收入、企业收入和居民收入。从形成机制来看，居民收入的四种构成形态可以划分为两种形式的收入：即由市场主导形成的市场化收入，由政府主导形成的非市场化收入。居民收入形成过程中市场和政府发挥作用的程度不同，二者对经济社会的影响也不相同，产生不同的经济效应，具有不同的特征。

在初次分配中，市场起主导作用，主要是依靠市场运行机制而形成收入，也就是通过供求关系和价值规律、竞争规律形成收入，这是市场经济环境下最主要的收入形成机制。市场机制对收入分配的基础性调节作用表现在劳动力作为一种生产要素的投入，必然要受到劳动力市场的影响，劳动者报酬平均水平的高低必然受到劳动力市场供求状况好坏的制约。同样，生产要素参与分配的程度也受市场供求关系的影响。企业或劳动者个人从事经营活动的经济效益和经营收入也受市场的调节。这就是说，企业及其劳动者的收入受到社会必要劳动时间的制约，按照其市场实现的价值即所产生的经济效益来进行分配。在市场机制用下，收入分配遵循价值规律，企业根据供求关系优化产业结构，提高生产效率。对政府而言，经济市场化要求其尊重各微观经济主体的利益，尊重市场规则，尊重价值规律，政府职能应放在维护市场总量平衡和市场竞争秩序上①。该种机制下居民的收入来自于市场交换的利润，我们将通过由市场主导形成的收入定义为市场化收入，主要包括工资性收入的市场化部分、财产性收入以及经营性收入。其中，工资性收入中的市场化部分主要指不在受国家财政拨付的国家机关和国有事业单位任职以及工资在政府制定的各个职业工资指导线或最低工资线以上的劳动者，根据自身的劳动获得的工资收入，劳动者的工资主要受到企业或单位经营效益的影响，企业经营活动的成败、经营成果的好坏直接影响到个人的工资性收入②③。

工资中的非市场化部分以及转移性收入为非市场化收入。工资中的非市场化部分主要是指受国家财政拨付的国家机关和国有事业单位职工获得的工资收

---

① 任碧云，王智茂．从中国国民收入增长路径看居民收入长效增长机制的建立[J]．中国特色社会主义研究，2009（2）．

② 任碧云．居民收入形成机制的区域结构分析[J]．中国经济问题，2010（2）．

③ 夏华．我国的市场化收入与非市场化收入研究[J]．现代经济探讨，2013（04）．

入以及由政府制定的各个职业工资指导线和最低工资等，其中，由政府制定的工资指导线是政府向社会公布的工资价格信号，虽然并没有要求企业强制执行，不具有指令性，但是具有很强的指导性，在企业用人和劳动者求职中常常作为参考信息和制定工资的参考依据。由于行业的特殊性和在国家经济建设中的特殊地位，这些单位中的各个职工工资具有一定的稳定性，以市场规律作用下的价格为标杆，工资收入具有相对的稳定性和刚性，受政府的指导作用影响较大。而对于国家转移性收入来说，国家给予居民个人和家庭福利支出，个人和家庭无需进行任何支付，完全是按照国家意志为了社会稳定和社会公平进行的国家支出，属于二次收入分配的范围，直接受市场规律的影响更小。因此，转移性收入不在市场化收入的分析范围之内。

市场化收入的获得完全以价格为导向，较少受到包括政府在内的其他干预，市场交换的唯一目的就是获取尽可能多的利润。市场化收入取决于企业的利润率，遵循“优胜劣汰、适者生存”的原则，通过市场主导形成机制取得的收入的难易，取决于社会总供求是否均衡、市场竞争的强弱程度、价格体系是否合理以及市场主体的行为和政府对市场的干预是否规范等因素，市场化机制能够最大限度地保证效率。

二、收入初次分配以市场为主导

社会主义市场经济体制下，居民收入的形成离不开市场。市场是指产品市场和要素市场，要素市场由生产资料市场、劳动市场、资本市场、土地市场组成，产品市场与要素市场构成了完整、庞大与统一的市场体系。在此基础上，市场机制的运行通过供求机制、价格机制（包括各种要素价格），竞争机制、信用机制、利率机制和工资机制共同作用，调节经济的运行，是市场经济机体内的供求、竞争、价格等要素之间的有机联系。

市场配置是经济资源配置的主要方式，即各种资源通过市场调节实现组合和再组合，通过参与市场交换在全社会范围内自由流动；按照市场价格信号反映的供求比例流向最有利的部门和地区，在市场主导形成机制自动配置组合资源的基础上，推动实现产业结构和产品结构的合理化。市场资源配置的作用就是通过市场把各种资源在社会范围内进行安排，人们在经济利益的驱动下，必然把自己所拥有的资源投入到能够获得最大利益的领域中。居民收入的形成，尤其是居民收入中市场化收入的形成主要就是受到市场力量的影响。

众所周知，一般市场主导形成机制是指在任何市场都存在并发生作用的机制，主要包括供求机制、价格机制、竞争机制和风险机制。市场主导形成机制发挥作用，主要是依靠三大规律，也就是价值规律、竞争规律和供求规律，市场正是通过这三大规律指导着收入机制的形成，自动调节社会经济的运行过程，调节劳动力市场的供给与需求，最终成为居民收入各构成要素确定的标杆，这同时也是市场收入分配功能发挥作用的体现。

从上文界定可以看出，市场化收入主要包括工资性收入中的市场化部分、财产性收入以及经营性收入，主要形成于收入的初次分配过程。下面针对上述几部分进行具体分析：

关于工资性收入中的市场化部分。企业对劳动的需求是一种派生需求，也就是说，劳动服务不是作为最终产品提供给消费者享用的，而是作为生产成本投入到其他物品的生产中去，对劳动的需求是从它向另一个市场供给物品的决策中派生出来的。

在市场主导形成机制的指导下，企业以利润最大化或者成本最小化为经营目标，一切经营活动均遵循价值准则，职工的工资性收入对于企业来说正是成本的一部分。工资性收入中的市场化部分会随着企业经营状况的好坏上下波动，当企业所处行业处于成长期，经营业绩持续上升时，企业会扩大生产规模，提高生产效率，对劳动力的需求就会增加，在供给相对不变的情况下，处于该类企业的居民的工资性收入就会上升；反之，当企业处于成熟期或者衰落期，经营业绩稳定不变或者呈下滑趋势，企业就会转变生产方式，改善经营管理，提高生产技术水平，对劳动力的需求可能会降低，同样在劳动力供给一段时间保持不变的情况下，处于该类企业的居民的工资性收入可能会降低；极端情况下，企业由于市场的竞争作用的影响，在优胜劣汰的大潮流中破产或被兼并收购，居民面临失业的问题，工资性收入中的市场化部分变为零。

关于财产性收入。随着市场经济的发展和居民家庭收入的增长，个人除了必要的衣食住行生存需求外，有了富裕的资金可以用于投资性需求。也是由于市场经济的发展，资本市场日益完善，证券市场更加规范，居民的投资渠道和途径趋于多元化，再加上居民投资消费理念的转变和对金融资产产品认识的加深，无论是以房屋、车辆、土地为代表的不动产市场还是以银行存款、有价证券为代表的动产市场，交易量和成交额都稳步上升，致使居民的财产性收入近年来成上升趋势。

关于经营性收入。经营性收入受市场的影响比较直接：生产资料和劳动收入均归个人所有，个体经营业主经营状况的好坏直接受市场供求因素的影响，进而影响居民的经营性收入。市场具有的调节经济活动的作用就是通过市场去影响人们的生产、分配、交换、消费活动。从调节生产活动来看，人们生产什么、生产多少都要受到市场的调节；从调节分配活动来看，人们的收入分配状况和分配数量受到市场的调节；从调节交换活动来看，人们是否进行交换，在多大程度上参与交换要受到市场的调节；从调节消费活动来看，人们的消费状况和消费数量要受到市场的调节。市场调节生产、分配、交换和消费活动的过程同样也是市场影响居民市场化收入构成的过程。

在由市场主导形成的市场化收入中，市场发挥了主导作用，它主要有以下特征：

①不确定性和自主性大。市场主导形成机制是一种结构精巧最富有效率的资源配置方式，这已经为西方经济发达国家几百年的经济发展过程所证实。市场主导形成机制下形成的收入直接受市场规律的影响，各个微观经济主体基于不同的目的和判断进入市场参与经济活动，由于拥有的生产要素、经济资源的稀缺程度和区域行业等差异，居民的收入具有很大的不确定性。同时，市场参与者同时也是收入的获得者也可以通过积极的策略参与市场竞争创造收益，价值的大小最终都会在市场中得到体现，主体的能动性和自主性较大。

②注重经济效益和效率。经济学原理告诉我们，公平主要是指社会公平，就是政府要力争为社会提供均等机会和公平结果；效率则主要是指市场效率，就是要通过市场机制来提高经济效益，并要尽力避免因强调社会公平而产生的效率损失。从我国的经济实践的政策选择来看，长期以来始终强调的是“效率优先、兼顾公平”的原则，也就是说，在处理经济效益问题和公平问题两者的关系时，将经济效益问题放在第一位，对公平问题只是予以适当的兼顾。应该说，“效率优先、兼顾公平”原则的提出，不仅对于冲破原有的计划经济体制的束缚、强调经济及经济利益在整个社会生活中的中心地位有着重要的意义，而且有助于冲破、消解平均主义式的绝对的平等观，有助于在我国社会形成与市场经济相适应的、现代的公正理念，体现这一原则的经济政策及政策措施、手段和工具，对于塑造市场主体，增强企业活力，提高社会经济效益等都发挥了

十分重大的作用[①]。

经济效益是通过商品和劳动的对外交换所取得的劳动节约，即以尽量少的劳动耗费取得尽量多的经营成果,或者以同等的劳动耗费取得更多的经营成果。市场主导形成机制下形成的市场化收入遵循供求规律、竞争规律和价值规律，受市场作用的影响比较直接，个人和企业分别以获得效用最大化和利润最大化或成本最小化来指导自己的行为，时刻考虑自身的成本和收益。日益激烈的市场竞争迫使企业改进生产技术、改善经营管理水平，运用高新技术来促进生产，提高投入产出效率；针对个人也是如此，要想提高自身市场化收入，居民必须提高自己的专业素养和劳动素质，积极参加各种培训提高自身能力，提高对资本市场的认识和理财能力，应对市场的考验。所以，市场主导形成机制下形成的收入是最富有效率的。

③激励效应显著。市场主导形成机制下居民的劳动和报酬最大限度实现对等，市场强调投入和产出的对称，居民通过诚实劳动和合法经营取得收入受法律保护，劳动报酬和劳动投入相对称，具有正的激励效应，能更有效地把个人劳动转化为社会生产力，增加社会财富。

三、收入再次分配以政府为主导

市场不是万能的，也会存在失灵的情况，面对市场力量无法完全解决的问题，需要政府采取间接调控的方式进行宏观管理。政府进行宏观调控，主要在以下几种情况下进行：存在垄断、存在外部性、存在信息不对称、公共物品问题、社会公平问题、失业问题等。居民的可支配收入事关居民个人和家庭的生活水平和质量，事关社会公平和稳定问题，在市场调节的基础上需要政府发挥作用最大限度实现公平。

发达国家的实践表明，在市场经济条件下，社会财富分配不平等是客观存在的，但是如果政府能够依靠其掌握的社会资源，利用再分配手段，对分配中的不平等进行及时补救，也能有效地维持社会和谐和稳定。在再分配领域，各国通常通过税收、财政转移支付和强制性社会保险制度，达到调节收入分配不公平程度和减少贫困的目标。作为再分配重要手段的税收制度，由于多数国家

---

① 任碧云. 从贫富差距的扩大看我国收入分配中公平与效率关系的调整[J]. 财经理论与实践，2004（01）.

对收入所得实行累进税，先行扣除，同时加速累进，从而体现了高收入者从高税率多纳税，低收入者从低税率少纳税甚至不纳税的税收公平原则；除对收入征税外，在收入用于消费时，实行普通消费不纳税或少纳税，高消费多纳税；当个人收入减去消费形成个人财产时，对有关财产还要课税。这就在收入、消费到财产拥有等各个环节都进行了贫富差距的税收调节。再分配另一个有效手段是政府供给公共服务和社会保障，包括医疗、教育、住房、养老、救济等方面。世界上绝大多数国家均拥有完备的社会保障体系，虽然在项目构成、待遇标准等方面各国存在一定差异，但对社会保障制度的功能在认识上已经达成广泛共识，均认为健全的社会保障制度能够在市场竞争、优胜劣汰的情况下，构建起社会安全网，保护社会劳动力资源，保障居民的基本生存。

国际经验表明，无论是促进社会和谐社会政策的制定、法律法规的执行，还是在初次分配领域对公平竞争环境的保障、再分配环节对收入分配的调节，政府都发挥着不可替代的决定性作用。在现实生活中，即使初次分配制度制定了起点公平和机会公平等原则的制度，但每一个人的天赋、体力、身体状况、生存条件等不同，按照初次分配公正制度的规定实施分配还是会产生社会成员之间的收入差距，所以需要政府制定公正的政策通过适当的手段对收入分配进行调节，使社会成员的收入差距大致合理，保证人的尊严和基本权利，实现收入分配公正，我们在健全初次分配和再分配的同时，还要制定合理的制度完善第三次分配。东亚模式中很多国家能够在经济快速发展的同时保持收入分配差距相对合理，关键在于政府这只“看得见的手”的作用。政府应该站在裁判员的立场上，在制定社会政策、健全法律法规、提供平等的培训就业和教育等公共服务、制定公平的竞争规则、规范市场竞争秩序、健全社会保障制度、扶持弱势群体、鼓励民间参与、严格执法等方面积极采取措施，纠正因市场“看不见的手”引发的收入分配偏差，不断缩小城乡、地区差距，缓解两极分化引起的社会矛盾，促进社会和谐稳定。

在由政府主导形成的非市场化收入中，政府发挥了主导作用，主要是依靠政府计划而形成收入，也就是通过政府宏观调控和收入分配政策形成收入，这是计划经济时期占主导地位的收入形成机制。这种机制下居民的收入来自政府的宏观调控计划和企业的制度规定，通常把通过政府主导形成机制形成的收入称为非市场化收入，主要是工资性收入中的非市场化部分以及转移性收入。它主要有以下特征：

（1）弹性小，自主性差。政府主导形成机制形成的居民收入一经确定便不易变动，工资性收入中的非市场化部分对外部环境的变化反映迟钝，不能灵敏地对劳动供求关系的变化做出及时调整，弹性比较小，具有某种程度上的工资刚性和粘性，受市场因素的直接影响不明显；居民对转移性收入部分自主性比较差，不能按照自己的意愿进行增减，只能被动接受国家的行政指令和计划安排，转移性收入部门很难为居民个人和家庭所左右。

（2）注重社会效益和公平。政府主导形成机制下形成的居民收入更加注重社会效益，追求最大限度地利用有限的资源满足人们日益增长的物质文化需求，通过各项制度安排和强制性规定，从全社会的角度出发来考察收益，制定最低工资标准和进行转移性支付满足居民最基本的生存和生活需要。众所周知，市场主导形成机制下形成的收入分配的差距，一方面限制居民的有效需求，不利于社会生产的发展，另一方面不利于社会的稳定和长治久安。政府主导形成机制保障居民最基本的生存生活需要，同时使弱势群体享有更多的改革红利，有目的性的引导在国民经济中占有特殊地位的行业的发展，最大限度实现社会效益、保证公平。

（3）激励效应不明显。激励是管理过程中不可或缺的环节和活动，有效的激励可以成为组织发展的动力，加速实现组织目标。政府主导形成机制下的居民收入受市场的直接影响较小，政府计划特征明显，不受居民自身意愿的支配，非市场化收入的多少与职工自身素质、能力没有必然联系，与职工的勤奋程度也不必然挂钩，这样就会缺乏正的激励效应，做与不做、做多做少所获得的回报相差无几，内部竞争性不足，职工没有动力自发运用高新技术和全新的工作方法，无法调动职工的积极性和创造性，不利于企业和社会的发展。

四、收入分配中市场与政府的相互关系

资源是指社会经济活动中人力、物力、财力的总和。资源配置是对相对稀缺的资源在各种可能的生产用途之间做出选择，或者说是各种资源在不同使用方向上的分配，以获得最佳效率的过程。合理配置资源，使其得到充分利用，避免不必要的闲置和浪费，是任何社会经济活动的中心问题。我们知道，政府和市场是两种不同的资源配置方式，他们在居民收入的形成过程中均发挥着关键性作用：非市场化收入主要依靠政府的宏观调控，市场化收入则主要依赖于

价值规律、竞争规律和供求规律等市场主导形成机制来得以实现。在不同的收入形成机制中，政府和市场扮演着不同的角色，发挥着不同程度的作用，二者在居民收入的形成过程中各有分工，体现着一种合作的关系。

收入分配既要发挥市场机制的作用，又要发挥国家的宏观调控作用。社会主义市场经济条件下的分配与传统的无市场的分配不同，除分配主体、分配方式多元化以外，就是市场要对分配发生作用，劳动力的配置必然通过劳动力市场，劳动者个人收入是在竞争性的劳动力市场上形成的，劳动者所在企业的经济效益和经营收入必然受市场调节，从而制约着收入的实现及其水平。收入分配发挥市场机制的作用，有利于市场竞争、优胜劣汰，提高效率。但市场竞争的结果必然扩大收入差距，引起收入分配不公。为形成社会成员获得工作和收入机会公平的制度，并保障低收入群体的基本生活，要求发挥国家的宏观调控作用，尤其在当前分配领域紊乱、无序、差距过分拉大的情况下，更要加强国家对分配过程的宏观调控和收入调节。

在初次分配的过程中，政府要为市场经济的发展营造良好的制度环境，能够引导市场经济坚持公正的价值理念，健康有序地向前发展。政府要创造自由公平竞争的市场环境，规范市场经济秩序，建立起点公平、机会公平和规则公平的机制；还要加强制度建设和健全法制，使人民群众能够依靠合理合法的制度获得个人应得收入的公正环境。各国实践表明，政府在现代市场经济运行中的作用是举足轻重的，在对宏观经济进行调控，制定市场规则，提供公共服务等领域，政府的作用与功能具有一定的不可替代性。在市场经济条件下，个人之间、企业之间、各种社会组织之间的经济交往越来越多，公民的权利交易和让渡越来越频繁，就需要由政府这样的公共权力机构通过一视同仁的法制来保护各自的产权，调节各种经济纠纷，有效地保护公民权利。产权界定得越清楚，市场上每个行为主体的责、权、利就越明确，市场运行就越有秩序，效率必然提高。

在传统体制的影响下，政府对经济的干预和管理多采用行政规制、行政命令、行政指示、行政介入等行政手段。政府对微观经济生活直接参与的现象比较严重，对原本属于企业自主权的生产经营活动进行了直接的干预。又由于法律体系尚不健全，执法水平不够高，政府对市场的介入缺乏制度化的基础。在一定条件下，这种行政直接干预的方式会取得一些效果。但从长远看，其合理性与有效性的丧失则不可避免。市场经济内在地要求我们转变政府的管理方式和干预手段，变以行政手段为主为法律、经济手段为主，变微观管理为宏观调控，变直接管理为间接管理。变指令性计划为指导性计划。通过政府行为方式的变化，使政府对市场的干预趋向理性化、规范化，从而实现政府与市场的相互配合、有机结合。

第五节　居民收入影响因素的相关文献归纳

居民市场化收入的形成是一个复杂的过程，生产要素、金融发展、制度因素和经济政策都会对其产生重要的影响，有的主要通过影响收入分配间接影响市场化收入水平，有的直接作用于工资性收入中的市场化部分、财产性收入以及经营性收入，本节主要对居民收入影响因素的相关研究文献进行归纳，以期对研究居民市场化收入增长路径提供参考。

一、生产要素对居民收入影响的相关研究

（一）生产要素的内涵

卫兴华（1999）认为，生产要素分为三个层次，第一层次是实体性因素层次，包括劳动力、劳动对象和劳动资料；第二层次是附着性因素层次，指科技、教育、信息等没有实物形态的因素；第三层次是运行性因素层次，主要指生产管理[①]。卢嘉瑞（2000）认为，生产要素就是进入生产过程并最终将发挥作用的各种资源，目前包括“劳动、劳动力、资金、资本、经营、知识、形象、网络等”[②]。

周为民、陆宁（2002）认为，各种生产要素的价格由市场供求关系决定，要素所有者提供生产要素所获得的报酬（收入）由要素的市场价格决定，是为按要素分配[③]。余陶生（1994）认为，按生产要素分配，就是按生产要素的“贡献”分配[④]。柳欣、林木西（2009）认为，按生产要素分配就是按生产要素在社会财富创造过程中的贡献进行分配的制度[⑤]。杨欢进（1999）从质和量两方面来规定按生产要素分配，他认为，从质的规定性上来说，是按生产要素的所

① 卫兴华．马克思主义政治经济学原理[M]．北京：中国人民大学出版社，2003．
② 卢嘉瑞．论按劳分配与按生产要素分配相结合[J]．河北经贸大学学报，2000．
③ 周为民，陆宁．按劳分配与按要素分配—从马克思的逻辑来看[J]．中国社会科学，2002（4）：4-12．
④ 余陶生．按生产要素分配不是真正的按劳分配[J]．江海学刊，1994．
⑤ 柳欣，林木西．政治经济学[M]．西安：陕西人民出版社，2009．

有权分配；从量的规定性上来说，可以是按生产要素的数量和质量分配，也可以是按生产要素的贡献分配。在这两者当中，按生产要素的贡献分配是基本的，按生产要素的数量和质量分配是由按生产要素的贡献分配派生出来的[①]。

（二）生产要素分配对居民收入的影响

学界对于生产要素与居民收入的研究主要集中于生产要素对收入差距的作用。一方面，主要从整体上探讨生产要素市场对居民收入差距的影响。

徐红梅（2004）认为，按生产要素分配会拉大社会成员的收入差距，但是对缩小社会收入差距产生积极作用，只要政府的税收征收和社会保障机制能够稳定运作[②]。王为、杜建菊（2012）认为，按生产要素分配在短期内会拉大我国居民收入差距；从长期来看，按生产要素分配可以调动劳动者的生产积极性，促进生产效率的提高，可以减少我国居民收入差距[③]。苏雪串（2002）认为，短期内居民收入按要素不同可分为劳动收入和资产收入。资产收入具有累计效应，所以资产收入增加远比劳动收入增长快。随着资产收入在居民收入中份额的增加导致居民收入差距扩大。而长期内按生产要素分配可以通过提高资源配置效率和使用效率，能够实现高收入水平[④]。陈永志（2004）指出，对不同的劳动者来说，由于各自体力、智力不同，每个人得到的消费品也不会相同。因此，生产要素按贡献参与分配的实施会由于人们能力和抚养人口的不同会造成不同劳动者之间收入分配的差别，会使财富差距进一步扩大。陈永志又在《生产要素按贡献参与居民收入差距问题探讨》中阐述，在市场经济条件下，收入分配的多少取决于要素所有者所提供生产要素的质量和数量，以及市场供求关系的变换。拥有不同生产要素的差异是造成收入分配差距的基本原因，因此，在这些差异客观条件下，生产要素按贡献参与分配必然会影响居民的收入分配，造成居民收入差距的扩大[⑤]。马丰收（2007）从三方面解释按生产要素分配对个人收入差距的影响：第一，按生产要素分配具有累积性特点，会拉大个人收入差距；第二，通过生产要素市场来看，生产要素的稀缺程度、质量以及重要程度的不同也会在收入实现上产生较大差异；第三，生产要素的种类往往会拉

---

① 杨欢进．马克思逻辑中的按生产要素分配[J]．当代经济科学，2004（1）．

② 徐红梅．按生产要素分配缩小收入差距的有效途径[J]．理论探讨，2004（4）．

③ 王为，杜建菊．按生产要素分配与我国居民收入差距研究[J]．宏观经济，2012.

④ 苏雪串．论按生产要素分配与居民收入差距[J]．现代经济探讨，2002（6）．

⑤ 陈永志．论生产要素按贡献参与分配与居民收入差距[J]．经济评论，2004（2）：12-15.

大收入的差距[①]。

另一方面则从具体的要素市场角度出发，分别探讨了各要素对收入差距的影响。张琛琛（2012）与林建辉（2009）基于要素市场分别从劳动要素市场、资本要素市场、土地要素市场三个最基本的生产要素出发研究了对收入差距的影响。首先，我国城乡存在明显的二元化经济结构劳动要素的差异会拉大城乡收入差距，市场化促进劳动力自由流动，使得发达地区的要素边际报酬相对于不发达的地区较高，因此会拉大地区收入差距；行业间因人力资本水平的高低和垄断程度不同导致行业的收入差距。其次，资本要素所有者的收益通过不同的方式实现，存在着马太效应，拉大居民收入的差距。最后，现行的土地征收补偿不能反映土地的要素的生产资料功能和社会保障功能，使得农民的财产收入无法实现，是城乡收入差距的重要原因[②]。

关于人力资本要素，学者们对其进行了长期的研究，七十年代以前的人力资本研究重点是人力投资和增长，七十年代以后的研究重点转向了收入分配视角，并且总体上沿着两条主线展开：一是用人力资本理论来分析生产和增长的源泉，如 Schultz（1975）和 Griliches（1974）的相关研究；二是研究人力资本的一般理论和收入分配理论，如 Becker（1967）和 Mincer（1977）的相关研究。现有研究表明，人力资本与非人力资本的增长率的比值与经济增长率显著正相关（Schultz，1977），而人力资本增长与收入分配密切相关，故应该将人力资本因素纳入收入分配理论中来。但是，用人力资本理论来解释个人收入分配在许多方面还有待进一步完善，如 Griliches（1976）认为人力资本理论很少研究人力投资为何会增长，Meade（1976）认为现有的人力资本理论对收入分配而言还不是一个完整的理论，Bronfenbrenner（1971）认为教育于收入分配而言不仅仅只是具有信号筛选的功能。

郭庆旺，吕冰洋（2012）通过实证分析研究发现，我国税后劳动分配份额的下降，是城乡居民收入比和城乡居民消费扩大的重要原因。如果居民收入中劳动要素收入不平等程度低于资本要素收入的不平等程度，那么劳动要素分配份额相对资本要素分配份额的上升，将缩小居民收入差距[③]。杨俊、张宗益、李晓羽（2005）采用不同时期、不同样本的实证研究发现，人力资本具有缩减收

① 马丰收．试论按生产要素分配对个人收入差距的影响[J]．金融经济（理论版），2007：74-75.

② 张琛琛．基于要素市场的我国收入分配差距分析[D]．中南民族大学，2012.

③ 郭庆旺，吕冰洋．论要素收入分配对居民收入的影响[J]．中国社会科学，2012（12）：46-62.

入分配差距的作用，尤其是初、中等教育程度以上的人力资本的影响更为显著[①]。

二、金融发展对居民收入影响的相关研究

国外学者进行金融发展与居民收入关系的研究时间较早，形成的结论主要包括以下三个方面。

（一）金融发展与收入差距服从倒“U”型库兹涅茨关系

1955 年，著名经济学家库兹涅茨在其《经济增长与收入不均等》一文中提出了著名的库兹涅茨假说，认为经济发展对收入差距的影响是非线性的，即随着经济水平的增长，居民收入差距呈现先扩大后缩小的趋势，呈倒“U”形状。

在随后的 40 年中，许多学者围绕库兹涅茨假说展开了对经济增长与收入差距关系的研究，但是一直没有学者将金融发展独立出来进行相关的探讨，直到 1990 年 Greenwood 和 Jovanovic 发表了《金融发展、增长和收入分配》一文，众多学者才开始关注金融发展与收入分配的关系。在这篇文章中，Greenwood 和 Jovanovic 建立了一个动态模型（GJ 模型），探讨了金融发展、经济增长与收入分配三者间的关系。他们认为：在经济发展早期，金融市场不发达，个人加入金融中介需要支付一定的成本而具有风险性，所以只有一小部分人有能力并且愿意加入进来享受金融服务，穷人则被排斥在金融市场之外，收入差距因而扩大。金融市场随着经济发展也日渐壮大，穷人在逐渐积累财富的情况下有能力加入到金融活动中去，人们都能获得较高的投资收益，收入差距因此渐渐缩小，收入分配格局最终趋于稳定。这就是金融发展和收入分配差距的倒“U”型库兹涅茨关系[②]。

Aghion 和 Bolton（1997）在他们的研究中分析了资本积累的“涓流效应”，认为金融市场的不完善导致了道德风险和信贷限制，进而造成了收入差距的出现。在最开始，富人拥有比较多的原始资本积累，可以进行投资而获得高收益，而穷人没有较多资本无法获得投资回报，造成了贫富间收入更不合理。但经济的不断发展使社会资本得到积累，穷人也有了足够的资本以进入金融中介市场，投资收益不断增加，所以穷人和富人之间的收入差距被不断缩小，所以金融发

① 杨俊，张宗益，李晓羽．收入分配、人力资本与经济增长：来自中国的经验（1995-2003）[J]．经济科学，2005（5）：5-17.

② Jeremy Greenwood and Boyan Jovanovic. 1990, Financial Development, Growth, and the Distribution of Income[J]. Journal of Political Economy, 1998, 1076-1107.

展和收入差距在长期中呈现“倒 U”型库兹涅茨关系①。

Piketty（1997）研究了信贷配给下利率与财富分配的动态关系。他认为不均衡的信贷配给和较高的利率会导致资本积累过慢，此时穷人无法获得丰富的信贷数额，而富人却可通过投资以增加资本，从而收入分配差距被拉大。反之，市场上的利率较低，贫困家庭也很容易获得信贷资源，贫富之间的收入差距逐渐缩小。因为金融发展初期利率普遍较高，而高度发达的金融市场利率相对也更低一些，所以这篇文章也暗示了金融发展和收入差距在长期中呈现倒“U”型关系②。

Matsuyama（2000）假设金融市场初期存在投资门槛，穷人无法进入，相反富人却可进行更多的投资增加收入，前期两者的收入差距会扩大；长期来看金融市场发展相对更加完善，门槛逐渐消失，穷人可以从中获益，收入分配趋向平等。他的研究同样证明了金融发展与收入差距在长期内服从倒“U”型关系。总之，Aghion 和 Bolton、Piketty、Matsuyama 从不同的角度出发探讨了金融发展过程与收入分配情况变化的相互依存关系，他们的思想都是对库兹涅茨关系的完善与延伸③。

其后，学者对金融发展与收入分配差距的研究开始偏向于实证方面。Townsend 和 Ueda（2003）在 GJ 模型的基础上建立了 TU 动态模型，通过数量模拟，论证了发展中国家金融发展与收入差距存在库兹涅茨关系④。Iyigun 和 Owen（2004）则以发达国家作为研究对象，对其金融发展水平与收入差距间的关系进行了实证检验，从计量结果看两者同样呈现出倒“U”关系⑤。

（二）负效应论——金融发展扩大了居民收入差距

通过对一些发展中国家近 20 年来金融市场发展的实践分析，一些学者得出了金融发展扩大收入差距的观点。发展中国家的金融市场相对不完善，存在着金融抑制现象，政府为了缓解信贷资金供求不均衡而进行信贷配给，这就使原本不占优势的中小企业和穷人更加难以在金融市场上进行融资，收入差距愈拉

---

① Beck, k. & R. levine. Finance, Inequality and Poverty: Cross-country evidence. World Bank Policy Research Working Paper, 2004:33-38.

② Piketty, Thomas. The Dynamics of the Wealth Distribution and the Interest Rate with CreditRationing[J]. Review of Economic Studies, 1997, 64:173-189.

③ Kiminori Matsuyama, 2000. Endogenous In-equality, The Review of Economic Studies, Vol.67, No.4,743-759.

④ Townsend, Robert Ml and Kenichi Ueda. Financial Deepening, Inequality, and Growth: A Model-Based Quantitative Evaluation [N]. IMF Working Paper, 2003, 03.

⑤ Iyigun, Murat F., Ann L. Owen. Income Inequality, Financial Development, and Macroeconomic Fluctuations[J]. The Economic Journal, 2004, 114(4): 352-376.

愈大，社会不平等日益凸显。

Murphy、Shleifer 和 Vishny（1988）从产业发展角度考察了金融发展与收入不平等的作用机制。他们认为，随着社会经济的发展，农业部门被不断淘汰，大多数的中产阶级及其财富被现代产业部门吸引了过去，收入差距便开始扩大，直至工业化完成贫富收入趋于合理[①]。Galbraith 和 Lu（1999）从金融危机的角度研究金融系统的不稳定性对收入差距的影响，他们重点考察了 1997 年亚洲金融危机给各个国家造成的经济损失，认为贫困家庭是金融危机负效应的最大受害者，贫富收入差距被不可避免的拉大[②]。

Maurer 和 Haber（2003）[③]认为在许多发展中国家，由于某些政治因素，金融服务只是针对一些富人和有背景的大型企业，这使得借贷在一定程度上形成了垄断，更加增进了富人的福利水平；相反，低收入者难以融资的局面没有得到改善，这样一来牺牲了穷人的利益，金融发展反而使收入分配更加不公。其后，Philip Arestis 和 Asena Caner（2004）从个人掌握的金融技能水平上解释了金融发展对收入差距产生负效应的原因。从金融发展的理论角度来看，金融深化与自由化使穷人更多的能够享受金融服务，也更易获得投资收益。但事实上由于低收入者缺乏相关金融操作技能而在金融市场中处于劣势，有时财富不但没有增加反而会缩水，这就加剧了收入的不平等[④]。

在实证方面，Dayal Gulati 和 Husain（2000）重点研究了区域金融发展的不平衡对不同地区间收入差距的影响。他们运用银行间的贷款余额数据进行计量模型分析，实证结果表明不同地区间的经济发展水平与金融资产转移的大小呈负相关关系，指出金融发展也许会放慢各地区缩小差距的脚步[⑤]。

（三）正效应论——金融发展缩小了居民收入差距

GJ 模型提出后，有些学者开始关注金融发展的正效应现象，认为随着金融的不断深化，收入差距将趋于缩小。1993 年，Galor 和 Zeira 出版的《收入分配与宏观经济》一书中，正式提出金融发展缩小收入差距的理论。文中假设在金

① Murphy, Andrei Shleifer, Robert Vishny. Income Distribution, Market Size and Industrialization. Quarterly Journal of Economics, 1988, August.

② Galbraith, Lu. Inequality and Financial Crises[R]. Some Early Findings, UTIP, Working Paper NO. 91999.

③ Maurer Noel, Haber Stephen. Bank Concentration, Related Lending and Economic Performance: Evidence from Mexico [M]. Stanford University Mimeo, 2003.

④ Philip Arestis, Asena Caner. Financial Liberalization and Poverty; Channels of Influence[R]. Working Paper NO.41l, The Levy Economics Institute of Band College, 2004.

⑤ Dayal-Gulati A, Husain A M. Centripetal Forces in China's Economic Take-off [R] IMF Working Paper, WP/00/86, 2000.

融市场不完善的情况下，穷人无力参与金融活动，富人却可更方便的取得融资，社会收入分配趋于两极化，高低收入者的差距越来越大；但是，如果金融处于自由化的状态，贫富均能享受金融服务，那么人们的收入都可以得到提高，收入差距得以缩小。由此可以看出，金融市场的不断健全和金融市场效率的提升有助于各行为主体都能享受信贷融资带来的好处，促进机会与收入的平等①。

Banerjee 和 Newman（1993）在 GZ 两部门模型的基础上建立三部门模型，考察了职业选择与财富分配的关系。他们同样假定金融市场不健全，初始财富的不同决定了个人的职业选择，也就决定了相对应的均衡工资，进而影响收入②。对比来看，Bannerjee 和 Newman（1993）与 Galor 和 Zeira（1993）的研究具有某些共同的特征，他们的研究都表明在金融体系不完善的情况下，初始财富的不同将极大影响后续收入分配，但金融的不断完善会使其影响路径发生改变，最终缩小贫富差距。

Imran Matin、Navid Hulme 和 Stuart Rutherford（1999）考察了向低收入者提供金融服务可以减少贫困的问题。Gross（2001）认为完善的金融市场能提供更多的工作机会，从而减少贫困。Jalilian 和 Kirkpatrick（2001）认为金融部门的扩展可以有效促进经济增长，改善社会贫困状况③。Shankha Chakraborty 和 Tridip Ray（2003）假设银行占主体地位的金融市场现状能为企业提供较多的信贷支持，促使传统企业向现代企业转型，全社会产能升级，居民整体收入得到提高，收入分配更加公平④。

一些学者从实证方面进行研究，其结论也支持了金融发展缩小收入差距的正效应论。Li、Squire 和 Zou（1997）实证分析了金融深度与基尼系数之间的关系。结果表明，金融深化有利于降低基尼系数，大部分的穷人收入水平得到提高。其理论依据在于金融深化有利于降低贫困家庭的信贷门槛，使高回报投资成为可能，由此缓解了收入差距。Clark、Xu 和 Zou（CXZ，2003）通过建立回归模型，对全世界 91 个国家金融中介发展和收入差距的数据进行实证分析，从得到的结果可以看出，即使在不太发达的市场体系中，收入差距也会随

---

① Galor Oded, Joseph Zeira. Income Distribution and Macroeconomics[J]. Review of Economic Studies, 1993, 60(1): 35-52.

② Banerjee Abhijit V, Andrew F Newman. Occupational Choice and process of Developments[J]. Journal of Political Economy, 1993, 102(2): 274-298.

③ Jalilian Hossein, Colin KirkPatrick. Financial Development and Poverty Reduction in Developing Countries[R], WorkingPaper, University of Manehester, 2001: 31-45.

④ Shankha Chakraborty, Tridip Ray. Bank-based versus Market-based Financial Systems: A Growth-theoretic Analysis[R]. University of Oregon Economics Department Working.2003:6-31.

着金融的不断深化而缩小[①]。在此基础上，Beek、Demirguc-Kunt 和 Levine（BDL，2004）[②]对全球 1960—1990 年间的数据进行搜集整理，从中选取了 99 个国家进行研究，对不同类型国家的金融发展水平与该国的收入差距情况进行考察，结果表明，金融深化不但是经济增长的重要因素，还有利于降低贫困，缩小贫富差距。P. Honohan（2004）以私人信贷/GDP、股票成交量/GDP 作为金融发展指标，选取多国数据进行回归分析，证实金融发展能够显著降低贫困比例。

国外学者对金融发展与居民收入关系的研究比较宏观，形成的观点结论多与本国金融经济的发展状况具有紧密联系。我国是发展中国家，金融和经济发展都具有鲜明的中国特色，国内学者对我国金融发展与居民收入关系的研究方法较多，研究方向较具体。学者们认为在经济高速发展的情况下，不同市场参与者必然出现资金余缺，因而有资金融通的需求。资金余缺方各有利益诉求，只有通过市场机制，在双方利益、风险对等的情况下实现资金的融通。金融市场的发展扩大了资金供求双方接触的机会，便利了金融交易。一方面，资金的融通便于给缺乏资金的企业提供资金支持，有利于扩大经营生产，促进经营性收入的增加。另一方面，发达的金融市场促进有价证券、股票等资产的自由交易，居民可以以较低的成本把一部分金融资源投资到收益率更高的产品上，从而增加居民的财产性收入。

金融的发展必然加速资本市场的发展，陈秀梅、韩和林（2008）认为随着资本市场化进程的加快，拥有更多收入的居民可以将剩余资金投资到金融工具上，以获取更多的收入，而收入较低的居民由于缺乏剩余资金，便无法获得相应的收入，由此，他指出资本市场化加快的趋势扩大了要素所有者之间的收入差距[③]。

康书生在《增加居民财产性收入的金融支持》（2010）中从城乡、不同收入群体两个角度对居民财产性收入的现状分析，发现居民财产性收入无论在城乡间，还是不同收入群体间都存在巨大的差距。结合在财产性收入的来源构成，他认为这种差距更多地体现在金融资产带来的财产性差距上。要让更多的人拥

---

① George Clark, Lixin Xu, Zou. Finance and Income Inequality:Test of Alternative Theories. World Bank Policy Research Working. 2003(3):2984.

② Beck, k. & R. levine. Finance, Inequality and Poverty: Cross-country evidence, World Bank Policy Research Working Paper, 2004:33-38.

③ 陈秀梅，韩和林．资本市场化作用于居民收入差距的机理分析[J]．经济问题，2008（10）：31-33.

有财产性收入就必须增加金融的支持[①]。

此外，基于我国城乡差距较大的现状，在营造良好的金融支持居民财产性收入增加的外部环境的时候要进一步发展和完善农村金融市场，但在农村金融市场与居民收入关系的研究成果中，不同学者也得到了不同的结论。温涛、冉光和、熊德平（2005）通过实证研究发现，中国农村金融发展对农民收入增长具有显著的负效应，农村金融在发展的过程中，过度追求利益，吸收了农村居民大量的储蓄，而没有就地转化为经济发展资本，却把这些资金推向城镇经济，所以他认为农村金融发展不但没有促进农村地区经济发展和农民收入增长，反而成了农村资金的大量转移和流失的助推器，进而抑制了农村居民收入的提高[②]。杨雯（2007）和谭燕芝（2009）建立相关模型，表明农村金融发展与农民收入增长之间存在显著的、复杂的及双向的因果关系，农村金融发展不是农村居民收入增加的格兰杰原因，也不利于农村居民收入的增加，但农村居民收入的增加却能促进农村金融的发展[③]。

康书生、李灵丽（2010）提出我国农村目前还面临着投资体系不发达、资本市场落后、农民可选择交易的金融产品有限等问题，因此必须健全农村金融市场，构建农村金融体系，加大对农村的投资力度，向农民普及金融知识，增强农民的投资理念[④]。郭志仪（2012）根据甘肃省1978—2011年的数据，建立VAR模型，采用协整检验、误差修正模型、格兰杰因果关系检验、脉冲响应分析和方差分解对甘肃省金融发展与农村居民收入的关系进行了实证分析。结果表明，长期内甘肃农村居民收入和金融发展及经济增长显著相关，农村居民收入和人均 GDP 存在双向的格兰杰因果关系，并且是金融发展规模的单向格兰杰原因[⑤]。

三、制度对居民收入差距影响的相关研究

国家或是各个行业制定的制度对居民收入具有直接的影响，例如工资等级制度，它指的是不同的企业根据职工工作的复杂程度、繁重程度、风险程度、

① 康书生．增加居民财产性收入的金融支持[J]．河北大学学报，2010（2）．
② 温涛，冉光和，熊德平．中国金融发展与农民收入增长[J]．经济研究，2005（9）．
③ 谭燕芝．农村金融发展与农村收入增长之关系的实证分析[J]．上海经济研究，2009（4）．
④ 康书生，李灵丽．增加居民财产性收入的金融支持．河北大学学报[J]，2010年（2）：28-31．
⑤ 郭志仪．区域金融发展与农村居民收入关系的实证[J]，统计与决策，2012（24）．

精确程度等因素将各类工作进行等级划分并规定相应工资标准，包含考核升级、自动增加工资、考核定级、提高工资标准等。我国工资制度是国家依据按劳分配原则所制定的劳动报酬制度，体现个人消费品的分配关系和分配原则，各个企业依据自身情况制定不一样的工资制度，有实行绩效工资制度、能力工资制度、资历工资制度、岗位工资制度和结构工资制度之分，这些直接关系到居民依靠自己的劳动获得报酬的水平，与居民的收入水平直接相关。

目前学界对中国特色社会主义制度的研究成果非常丰富，包括制度的构成、特点和完善等，但是就中国特色社会主义个人收入分配制度而言，研究成果并不多。邓洪（2000）指出，日益扩大的收入分配差距导致需求受到制约，并成了限制我国经济发展的关键因素，解决的途径便是通过调整收入分配政策来大力启动经济[①]。李太淼（2009）在《中国特色社会主义经济制度论》中指出，要构建公正、合理的具有中国特色的具体分配制度，必须充分考虑影响分配的各个环节和因素，尽量做到起点公平、机会公平、过程公平和结果公平，必须从经济社会基础条件、国民收入初次分配、国民收入再分配等诸多层面来构建，尽量做到符合社会主义价值取向、符合中国国情、符合生产力发展要求、符合中国广大人民群众的根本利益。索海军（2009）指出，中国特色社会主义分配制度的内涵体现为：按劳分配为主体，要素参与分配；平等原则；劳资协商分配；共同富裕。构建中国特色社会主义分配制度需妥善处理好劳动和资本、城市和农村、公有制与非公有制之间的关系[②]。何炼成、李忠民（2010）在《中国特色社会主义经济问题研究》中提到了现阶段的个人收入分配制度，认为这一制度既强调了按劳分配为主体、多种分配方式并存，又强调了多种生产要素按贡献参与分配，是对我国个人收入分配制度做出的最本质和最简明的概括，但是并没有论及这一制度的特色何在。

关于制度对居民收入的影响，学界也有许多探讨。李实、赵人伟（1999）认为，在整个经济体中，任何一个部分的收入分配和变化主要是由制度的变迁和经济的发展相互的影响或者是单独影响而来的，所以，收入分配格局和变化的直接以及间接影响因素就是制度变迁和经济发展两方面。尤其是在中国的居民收入分配方面，更应该对制度变迁的因素给予更多的重视。湛泳（2002）在《论我国城镇居民收入分配差距的制度效应》一文中也分析了制度对收入分配差

① 邓洪．当前启动经济关键在于调整收入分配政策[J]．黑龙江财专学报，2000（03）：67-70．

② 索海军．中国特色社会主义分配理论与制度研究[D]．南开大学，2009．

距的影响[①]。王璇（2013）在《中国社会保障制度对城镇居民收入分配的影响》通过分析社会保障制度与城镇居民收入分配的关系，从宏观与微观、正面与反面分别阐明社会保障制度对居民收入分配的影响。张影强（2012）在《再分配制度与居民收入差距——基于中美两国的比较研究》提出机会不平等也是导致收入差距的重要原因。单独的依靠分配制度或是市场的作用，不能有效的缩小居民收入差距，许多学者还研究了其他制度对居民收入差距的影响，同时提出不少可行性建议。陈美衍（2006）通过研究其微观机理，提出了在社会越来越市场化的条件下，需要有政府的力量和科学的政策，才能将收入分配差距控制在合理的范围内，保证国家可持续健康发展[②]。国家统计局城市司广东调查总队课题组在《城镇居民家庭财产性收入研究》（2009）中提出收入—财产—财产性收入三者相连关系，分析了家庭财产，居民个人因素，经济发展，制度安排和投资市场对居民财产性收入的影响，发现居民家庭投资型财产积累不高是财产性收入总量少、比重低的最根本原因。人力资本对居民财产性收入有一定影响，但其余财产性收入缺乏显著的相关性，高学历，高收入群体并不能显著地带来较高的投资回报，同时居民财产性收入还随着经济增长周期波动，其与宏观经济发展密切相关。社会保障制度，投资市场的法律法规建设，产权保护制度，股票市场的长期不稳定，投资渠道窄也会显著影响居民的投资策略，从而影响居民财产性收入。

此外，一些学者更进一步，从提升路径、解决问题的视角，为我们提供了现实参考。曾为群在《分配、金融制度与居民财产性收入增长》（2008）中提出提高财产性收入两条路径：一是通过分配制度，扩大普通居民的财产基数；二是通过金融制度，实现人与资源的优化配置，提高国民整体经济效率，从而提高居民消费剩余资产投资金融市场所获得的财产性收入[③]。曾国安（2008）认为工资性收入是造成城乡居民收入差距扩大最主要的原因，而经营性收入在缩小城乡差距方面有重要作用。据此他提出遏制城乡居民收入差距扩大的相关措施：其一是促进农村劳动力向非农产业转移，提高农民的工资性收入；其二是促进农民经营性收入的增长；其三是建立财产税制度，抑制城乡居民财产性收入的差距扩大；最后是逐步建立城乡一体的社会保证制度。

① 湛泳．论我国城镇居民收入分配差距的制度效应[J]．经济纵横，2002（11）17-19.
② 陈美衍．市场化收入差距变化机理与政策含义．经济学家，2006（6）：5-10.
③ 曾为群．分配、金融制度与居民财产性收入增长[J]．湖南社会科学，2008（02）：127-130.

王信在《工业化城市化进程中增加农民财产性收入的研究——以工业化进程中的厦门市为例》（2010）中，以厦门市为例分析了在工业化城市化进程中，土地、房屋、资金投资三方面为农民财产性收入的主要来源，进而提出促进农民财产性收入增长的主要途径为改革和创新土地制度，建立健全农村投融资体系以培育农村理财市场，实行以“村资分离”为核心的村级集体经济管理体制①。

张义博、付明卫（2011）提出在市场化改革过程中要建立完善的意见反馈机制和听证制度，在重要的决策中广泛征求各方面意见，以公开和透明的方式决策，力求减少利益集团的干预，让更多社会阶层的意见得到反映，同时，积极鼓励和扶持私有部门发展，减少对竞争性行业的垄断和干预，鼓励民营企业进入非关键性垄断性行业，减少公私部门间居民由于部门差异而产生的收入差异。在劳动力市场方面，建立竞争性的劳动力市场，打破行业进入障碍，促使人才流动，以减少高收入行业的非竞争性租金收入②。

四、财政政策与经济发展对居民收入影响的相关研究

关于财政政策对居民收入影响的文献研究，一般多从两个角度分别进行解释。首先，从支出角度来说，政府实施积极的财政支出政策，主要体现在购买性支出的增加上面，那么这一部分政府购买就会通过市场主导形成机制的作用影响社会的供求结构、产业结构进而影响居民的投资消费结构，最终增加居民的市场化收入部分。其次，从收入角度来说，对政府来说保持适度的税负水平是增加居民收入促进经济增长保持社会稳定的重要条件。张占贞，王兆君（2010）运用主成分回归法对影响农民工资性收入的因素的影响程度和方向进行了实证研究，结果表明农村的城镇化率、农村人均乡镇企业贷款额，人均财政支农支出等对农民工资性收入（作为市场化收入的组成部分）有显著影响。这充分体现出国家政策对居民市场性收入的影响③。吴振鹏（2013）通过对 1991—2010 年中国相关经济变量的分析，利用现代计量经济学中的协整理论及格兰杰因果

① 王信，丁少群．工业化城市化进程中增加农民财产性收入的研究——以工业化进程中的厦门市为例[J]．西北农林科技大学学报（社会科学版），2010（01）：22-26.

② 张义博，付明卫．市场化改革对居民收入差距的影响：基于社会阶层视角的分析[J]．世界经济，2011（3）：127-144.

③ 张占贞，王兆君．我国农民工资性收入影响因素的实证研究[J]．农业技术经济，2010（2）．

检验方法，证实财政支农支出与农民收入之间存在正向拉动关系。其中，财政支农支出对农民工资性收入没有显著影响，而对农民家庭经营纯收入和农民转移性及财产性收入有着显著的正向影响。从而得出结论，政府应进一步加大财政支农力度，增加资金投入，完善财政支农结构，优化财政支农方式，提高农民收入增加的幅度[①]。

在研究税收政策对居民收入的影响时，Peter J. Lambert（1989）考察了税收、政府支出对再分配的影响，得出的结论是递减税在积极的政府支出情况下，能明显地提高再分配效应。John Creedy（2002）比较分析了税收和转移支付制度对贫困、收入不平等以及目标效率的影响。张伟（2002）指出，间接税主要是对初次国民收入进行分配，并将其作为政府的收入，而直接税主要是对企业和家庭初次分配收入进行的分配，成为政府转移支付的收入，因而强调了直接税作为再分配手段对居民收入差距的调节功能。李绍荣、耿莹（2005）经过严谨的实证分析，认为我国税制中流转税类、资源税类、所得税类和财产税类份额的增加对资本所有者和劳动所有者市场分配差距的加大，但是特定目的税和行为税类份额的增加则会缩小资本要素与劳动要素的收入分配差距[②]。

在研究经济政策对贫困和收入分配的影响时，勃垦地（Bourguignon）和达·席尔瓦（Da Silva，2003）对发展中国家影响居民收入分配的经济政策做了归纳：（1）土地改革，如土地权利下放后可以自愿协商土地转移；（2）公共财政，养老金和公共保险系统的管理；（3）税收政策，税基、税率及补贴的调整；（4）财政部门改革政策，银行部门的行为准则、小额信贷的快捷提供等结构性改革政策；（5）其他的宏观经济政策，如货币政策、财政政策和汇率政策等[③]。

Bourguignon 和 Dasilva（2003）认为影响居民财产性收入的经济政策主要包括税收政策（包括改变税基、税率级次、直接税和间接税税率和补贴）、养老金和公共保险系统的管理等公共财政；土地改革（如自愿协商土地转移）、财政部门改革（如提供小额信贷、规范银行部门等）等结构性改革[④]。

经济政策的制定主要是为了给经济发展提供良好的环境保障，关于经济发

---

① 吴振鹏．财政支农支出与农民收入关系的实证研究[J]．江汉论坛，2013（1）．

② 李邵荣，耿莹．中国税收结构、经济增长与收入分配[J]．经济研究，2005（05）．

③ Bourguignon F, Da Silva L. The Impact of Economic Policies on Poverty and Income Distribution: Evaluation Techniques and Tools [M]. Washington, D.C.: World Bank, 2003.

④ Bourguigon, DaSilva. The Impact of Economic Policies on Poverty and Income Distribution: Evaluation Techniques and Tools. Washington, D.C.: World Bank. 2003.

展对居民收入影响的相关研究也有不少。郭熙保（2002）则认为，我国居民收入差距的扩大主要来源于经济发展的不平衡，并认为随着经济发展，我国的居民收入差距将呈现倒“U”变动趋势[①]；杨俊、张宗益（2005）则通过实证研究提出，经济发展不是决定收入分配变动的主要因素，也并不存在自发的“倒U”型过程，只有人力资本积累才具有缩小居民收入差距的明显促进作用[②]。

新疆财经大学课题组（2012）将影响收入分配的因素归纳成四个方面：一是经济因素，如经济增长率、投资率等；二是收入再分配和社会保障因素，如城市基本养老保险覆盖率、失业保险覆盖率等；三是公共产品和基础设施的提供，如人均受教育水平、公路分布密度等；四是制度因素，如市场化程度，灰色收入等。Noguera 和 Siscartb（2005）将地理控制因素引入收入方程式，发现外贸依存度增加将会导致人均收入以同等比例增加。此外，Weinhold 和 James（1997）通过研究发现，国际贸易能提高欠发达国家的专业化水平，进而提高生产率和收入水平，此外，张定胜和杨小凯（2004）采取超边际分析也证实了国际贸易对收入分配有显著影响。然而，就我国外贸对经济增长的效应，国内相关研究只是表明外贸能促进经济增长并且还能够影响收入格局，但都没有定量研究外贸对我国居民收入增长的影响。

对投资与收入增长的关系，国内学者从农业投资与农民收入的关联性进行研究，通常认为农业投资能提高农民收入水平，但政府往往采取“非农偏好”政策（李春米，1999），由此造成的投资不足拉大了城乡收入差距（赵友宝，2000）。因此，如何加大对农村的金融支持就被认为是提高农民收入和改善城乡收入差距的一个行之有效的途径。然而，信贷投资增加对农村居民收入增加虽有显著影响但时滞较长，并且农民收入变化对信贷的作用不显著（孙蕾，詹树，2006）。从理论上看，农民收入增加会增加储蓄，其财产和自有资金规模增大，进而使得农民对生产投资和生活现金的支付能力提高，最终促使农民发生信贷的可能性减少。但考虑到农民收入总体偏低而没有纳入信贷的考虑范畴和我国信贷秩序通常不考虑农民收入增长以及农村金融市场不发达等因素的影响，使得我国农民收入增加对信贷的影响与理论分析不一致。

---

① 郭熙保. 从发展经济学观点看待库兹涅茨假说——兼论中国收入不平等扩大的原因[J]. 管理世界，2002（3）.

② 杨俊，张宗益. 收入分配、人力资本与经济增长：来自中国的经验（1995—2003）[J]. 经济科学，2005（5）.

第三章 居民收入的阶段性特征及其结构变化规律的跨国比较

在对居民市场化收入形成有了理论上的了解之后，本章将进一步对发达经济体和新兴经济体的居民市场化收入的阶段性特征和结构性变化进行研究。主要结合罗斯托的经济发展阶段理论和居民市场化收入形成特点，运用世界银行、OECD 等官方网站的数据及图表，从理论和数据两个维度对国外居民的市场化收入特征进行分析，为研究我国现阶段经济运行条件下居民市场化收入的形成机制提供参考和依据。

第一节 罗斯托经济发展阶段理论及启示

当代美国著名的经济学家兼经济史学家罗斯托（W·W·Rostow）提出了经济成长阶段论：该理论从经济发展的角度，按照科学技术、工业发展水平、产业结构和主导部门的演变特征，将一个地区、一个国家，甚至全世界的经济发展历史分为六个“经济成长阶段”，即传统社会阶段、为起飞创造前提阶段、起飞阶段、成熟阶段、高额群众消费阶段和追求生活质量阶段。罗斯托对于经济发展阶段的划分明确了各个国家所处的发展状况，对于国家的正确定位及确立发展目标提供了理论依据。

一、罗斯托经济发展阶段理论

罗斯托经济发展阶段理论主要描述六个经济成长阶段的主要特征及演变历程，下面分别介绍六个阶段的定义及特点，从而对各个阶段进行系统性的理解和研究。

（一）传统社会阶段

在罗斯托的经济增长阶段论中，传统社会阶段是指近代科学技术产生以前的社会。

罗斯托认为："传统社会是这样一个社会，其结构是在生产功能有限的情况下发展起来的，它是以牛顿以前的科学和技术以及牛顿以前对物质世界的态度为基础的"①。可以看出，传统社会阶段的科学技术水平低下，而且人们普遍缺乏现代的科学意识及思想观念，以致于此阶段的最大特征就是生产技术水平落后，劳动生产率低下，人们生活水平很低，而且无法实现持续的经济增长。反过来，生活水平的低下促使人们在农业生产中投入更多的生产资源和劳动成本，更无法进行科技的创新。这样形成一个恶性循环，社会特征是无生命力、发展缓慢的。此阶段的主导产业是农业，社会组织是以家庭、氏族、种族为单位的森严等级制度，政治制度是尚未统一巩固的中央集权制，而其政治力量的重心是在各个地区的土地所有者手中。罗斯托列举了古代埃及文明、地中海文明、王朝时代的中国、中世纪欧洲等传统社会及当代的亚洲、非洲、中南美洲、北极圈等一些不发达地区，这些国家所处的阶段都是传统社会阶段。这些国家处于生产率低下、进步缓慢的状态，当进步逐渐积累为常态时，社会开始发生转变，进入下一个阶段。

（二）为起飞创造前提阶段

此阶段是由传统社会向"起飞"阶段发展的过渡阶段，又称起飞的准备阶段，不仅是为人均国民收入实现持续增长打基础的阶段，同时也是人类社会进入工业化的前夕，是实现持续成长的过渡时期。

此阶段的主要推动因素是政治因素，特别是此阶段出现的反应性民族主义，是一种比经济动机更有利的政治动机，有利促使了社会阶段的转变。这一时期为社会进入起飞阶段创造了三个前提条件：一是投资率的提高。近代科学知识开始在工业生产和农业革命中发挥作用，促使生产力水平提高，剩余产品增多，储蓄的欲望提高。金融机构开始出现，为资本的循环和积累创造条件，加上外国资本的流入，加速了资本市场的扩大，使得投资率有了很大的提高。二是部门结构的变化。这一阶段的社会在农业迅速发展的同时向工业化过渡，社会经

①罗斯托. 经济增长的阶段：非共产党宣言[M]. 郭熙保，王松茂，译. 北京：中国社会科学出版社，2001：4.

营资本或基础资本迅速积累，为现代工业结构准备一个可以持续存在的基础，即农业或者开采业和社会经营资本部门发生了革命性变化，社会结构开始向工业化过渡。三是致力于现代化的中央集权政府。为摆脱自给自足的区域性质、筹集现代化所需要的资金、制定促进现代化的政策，政治上成立了中央集权政府，建立和完善了法律制度和社会基础，新的财政制度使得资源得以充分利用。

对于如何拥有起飞条件，罗斯托列举了三种典型的实例：第一，英国的产业革命，就是在史无前例的条件下起飞的，这是创造纯粹的先决条件的范例。第二，除英国以外的西欧各国和日本，它们引进、模仿先进国家的产业技术和社会制度，有意识地创造了起飞的先决条件。第三，被称之为“新世界”的美国、澳大利亚、新西兰和加拿大等，这些国家在建国开始就接受了西欧发达国家的产业和技术。进入这些国家的迁居者是具备了欧洲先决条件的移民。虽然在新大陆上政治、教育、法律、警察和一系列基础设施还尚未建立，但由于移民是带着这些概念迁居的，所以这一切都较快地从无到有发展和健全起来。罗斯托把这称之为“无痛苦的分娩状态”。今天大多数贫穷国家正处在为起飞创造前提的阶段。

（三）起飞阶段

“起飞”在某种意义上可以看做是罗斯托经济增长阶段论中一个核心的概念，他在《经济增长的阶段：非共产党宣言》一书中曾经说过：“起飞是稳定增长的障碍和阻力得以最终克服的时期”[①]。另一方面，罗斯托把“起飞”定义为一种工业革命。是在较短的时期内，生产方法、经济和社会结构发生重大的性质上的变化，而不是程度上的变化，它是一个社会的历史上具有决定意义的过渡阶段。它和过渡阶段的区别在于：过渡时期的变化是缓慢的，而起飞阶段，成长成为社会的正常情况。

这一阶段是“近代社会生活中的大分水岭”，束缚经济成长的阻力最后被克服，传统的经济停滞状态已被突破，其开始于一种特别有利的刺激力量，诸如政治革命、技术革命、有利国际环境的出现等。判断一个社会是否处于起飞阶段决定于三个条件：第一，生产性投资率由国民收入的5%或不到5%增加到10%以上；第二，有一种或多种重要制造业部门成为主导部门，如纺织业和铁路运

① 罗斯托. 经济增长的阶段：非共产党宣言[M]. 郭熙保，王松茂，译. 北京：中国社会科学出版社，2001：8.

输业；第三，迅速出现一个有助于国内筹集资金的政治、社会和制度结构，以保证成长的持续性。对于第二个条件的实现，即作为主导部门的必备因素是：（1）社会对该产品需求大而且增长快；（2）该产业能通过技术革新降低成本，增加利润，从而具有较强的吸引投资的能力；（3）诱发其他产业发展的效果显著。当一个社会具备以上三个条件时，就可以判断这个社会进入了起飞阶段。

起飞阶段的特征是：人均国民收入开始了急速的持续增长，以产业革命的先决条件为基础，兴办了大规模的工业制造业，生产力得到迅猛发展，从农业转移到工业的资本和劳动力进一步支援了工业化。农业技术的改良、农产品的商品化和农村生活的变化等"排斥因素"，和工厂数量增加、工资提高等"吸收因素"，促进了劳动力的加速流动经济发展高效而持久。起飞阶段所需的时间大致为20—30年。

（四）成熟阶段

罗斯托认为，成熟阶段是经济表现出有超出原有的、推动它的发动的各种工业之外的能力和吸取现代（当时）技术的最先进成果并且把这些成果有效率地应用于自己很多种——如果不是全部的话——资源的时期。这就意味着整个经济领域的各个部门普遍发展，大多数资源都在高技术的基础上得到利用。由于现代工业技术日趋实用化，工业朝着多样化的方向发展，产业重心不再是起飞期的纺织业和铁路运输业等旧的主导部门，而是被这些产业诱发而壮大起来的钢铁、机械、化学等"重化工业"，产业之间对中间产品需要的相互联系迅速增加，较老的各工业部门趋于稳定，人均收入持续增长。伴随着工农业之间的劳动力转移，人口向城市集中，劳动力走向高学历化、熟练化和专业化。

成熟阶段的经济特征有三个：第一，投资率经常保持在占国民经济的10%~20%，使生产的增长超过人口的增长；第二，经济结构不断发生变化，工业向多元化发展，新主导部门代替旧的主导部门；第三，经济在国际经济中得到它应有的地位，即与它的资源潜力相适应的地位。他认为在成熟阶段接近结束的时候，再一次面临如何选择的问题。成熟阶段是一个提供新的富有希望的选择自由的时代，也是一个带有危险性的时代。此阶段左右经济风云的是被称为纺织大王、铁路天王、石油大王和钢铁大王等的创业者，出现了专门的经营者，加速资本家与其职能的分离，结果是经营自身越来越反映产业活动的要求。由于出口的扩大，新技术的引进和外资的流入，这一阶段也是经济的国际化时代，对外贸易的作用显著加强。

（五）高额群众消费阶段

罗斯托认为，当社会达到成熟后，其注意力就将从供应方面转到需求方面，从生产问题转到消费问题和最广义的福利问题。这一阶段的国民收入水平有了明显的提高，产生了超过衣食住行必要生活用品以上的消费需求。经济的主导部门转移到耐用消费品和服务业上面。高度发达的工业社会为耐用消费品的大量生产提供了可能，缝纫机、自行车、小汽车、家用电器和高档家具等新的主导产业崭露头角。

高额群众消费阶段有两个特征：第一，人均实际收入提高，使得众多的人可以消费耐用消费品、家用电器等各种服务；第二，劳动力结构改变，城市人口和脑力劳动者及熟练工种的人数比重增加。技术工人在劳动中的比例、城市人口占总人口的比例均大幅度上升，用来提供社会福利和保证之用的一部分资源逐渐增大。经济增长对消费需求以及对充分就业的依赖性并不强烈。值得注意的是这一阶段中，如果经济达不到充分就业，消费需求不足，主导部门就出现设备闲置，结果投资需求也将减弱。

（六）追求生活质量阶段

1971年，罗斯托在《经济增长阶段论——非共产党宣言》一书的基础上稍作修改，在最初对社会阶段划分的基础上又增加了一个阶段：追求生活质量阶段。之所以加入这个阶段，是因为社会的发展引起了他的思考。在经历高额群众消费阶段后，由于工业生产水平的高速进步，尤其是汽车工业迅速发展带来了一系列城市问题，诸如环境污染、交通拥挤、噪音污染等，使得人们不再一味追求耐用消费品，开始转向追求更高的生活质量，如优美的生存环境、舒适的生活和精神生活方面的享受。即人们开始把注意力由物质条件的改善转向生活质量的提高。在对这一社会现实进行观察研究的基础上，罗斯托提出了第六个阶段：追求生活质量阶段。

在这一阶段中，主导部门不再是生产有形产品的工业部门，而是提供劳务和改善生活质量的服务业，其中包括公共投资的教育、卫生保健设施、文化娱乐、旅游、市政建设、社会福利等。这个阶段把以劳务形式反映的生活质量程度作为衡量成就的标志。不可忽视的是在高额群众消费阶段提高了人们生活水平的同时，也带来了环境污染、犯罪增加、城市衰败等问题，而追求生活质量阶段正是要以改良和渐进的态度解决这类问题。人类社会将不再以物质产品数量的多少来衡量社会的成就，而以劳务形式所反映的“生活质量”的高低程度，作为衡量社会发展的标志。人们追求的也不仅仅是获得小汽车之类的耐用消费品，而是追求更高的生活质量。

在罗斯托的成长阶段理论中，经济起飞阶段是一个国家摆脱贫困和落后的关键和核心，也是一个国家经济发展最困难、最重要的阶段。欠发达国家只有实现了经济起飞，才能实现工业化，进入发达社会，实现社会经济的全面发展。罗斯托认为，跳出“贫困的恶性循环”，越过“低水平均衡陷阱”的过程，其实就是发展中国家突破收入低、资本短缺困境的过程。

罗斯托对经济增长阶段的划分对于如何理解一个落后国家的经济发展具有重要意义。但由于没有量化指标，缺乏实证分析，其应用范围受到限制。因此，罗斯托的理论应与钱纳里等人的相关理论相结合，这样更具有解释力。

二、经济发展阶段判断理论

罗斯托只是对经济发展阶段进行了划分与描述，缺乏具体量化指标，对此，钱纳里和库兹涅茨提出相应的判别理论。

（一）人均收入变动与工业化理论

钱纳里（H·B·Chenery）[①]等人从结构转变过程的角度将各国的人均收入水平划分为三个阶段六个变动时期。

第一阶段，初级产品生产，也是六个变动时期的第一个时期。在此阶段，占统治地位产业是农业，这也是可交易商品产出增长的主要来源。一般说来，初级产品生产增长的速度慢于制造业，但在低收入水平上，制成品的有限需求也不能使制造业成为产出的主要来源。

第二阶段，工业化。此阶段包括六个时期中的第二至第五个时期（也就是表 3-1 中工业化的第一~第四阶段）。工业化按人均收入水平可以分为四个阶段。从表 3-1 可以看到，由于国际美元币值的变动，工业化阶段以人均 GDP 的不同年份美元来反映有很大的差别。具体以各年不变价美元划分标准，如表 3-1 所示。

---

① 钱纳里．工业化和经济增长的比较研究[M]．上海：上海三联书店，1989.

表 3-1 人均 GDP 变动所反映的工业化阶段

工业化阶段	人均 GDP			
	1964 年美元	1970 年美元	1982 年美元	2004 年美元
第一阶段	200~400	280~560	728~1456	1179~2358
第二阶段	400~800	560~1120	1456~2912	2358~4717
第三阶段	800~1500	1120~2100	2912~5460	4717~8845
第四阶段	1500~2400	2100~3360	5460~8376	8845~13569

资料来源：钱纳里. 工业化和经济增长的比较研究. 上海：上海三联书店，1989：71.

第三阶段，发达经济。此阶段是六个变动时期的最后一个时期，即追求生活质量阶段。在此阶段，制成品的收入弹性开始降低，并从某一点起，制成品在国内总需求中所占的比重也开始下降。另外，与前两个阶段相比，要素投入的综合贡献减少了。

（二）产业结构变动与工业化阶段

库兹涅茨（1971）、Syrquin and Chenery（1989）[①]实证研究认为，工业化作为产业结构变化最迅速的时期，其演进的阶段也通过产业结构的变动过程表现出来。工业化进程中第二产业比重的上升是由于工业比重的上升，而工业比重的提高又是制造业比重的提高造成的。根据钱纳里等人的研究，准工业国家（第一个阶段）制造业产出在 GDP 中的比重，一般模式为 18%，大国模式为 19%。而随着工业化阶段的推进，当制造业产出在 GDP 中的比重上升到 36%，进入起飞阶段。当该比例继续上升到最高水平时（大概 50%），国家进入成熟阶段。这个最高水平又称为制造业比重上升的自然限制，过了此阶段后，该比重进入下降阶段，服务业进入上升阶段，而农业比重下降到 10%以内。[②]

与产值结构的变动相联系，就业结构的变动也表现出类似的趋势。但由于就业结构的变动不仅是人均收入水平变动的结果，而更多地是人均收入水平变动的原因，即就业人数从农业向工业和服务业的转移本身带动了人均收入水平的上升。因此，在一般情况下就业结构变动所反映的工业化阶段已经通过人均收入水平变化的阶段性表现出来。

① 库兹涅茨．现代经济增长[M]．北京：北京经济学院出版社，1989.
② 库兹涅茨．各国的经济增长[M]．北京：商务印书馆，1985.

三、罗斯托经济发展阶段理论的启示

罗斯托的发展理论主要反映在他于 1960 年出版的《经济增长的阶段：非共产党宣言》一书中。在该著作中，既不是以静态的观点，也不是从笼统的总量增长观点把握经济发展，而是从结构变化的动态角度将经济发展看作不同阶段更替的过程，并且，又把不同阶段更替的基础看作是由技术的不断创新和扩散决定的。从而认为“近代经济增长本质是一个部门成长的过程，它植根于现代技术所提供的生产函数的累积扩散之中”。经济成长阶段的更替就表现为主导部门系列的变化。换言之，不同成长阶段上便有不同的主导部门。这些看法无疑同赫尔希曼的“不平衡增长”模型是一致的。但罗斯托更明确地提出了主导部门的概念并发展了主导部门怎样通过技术和产品的扩散效应支配相应经济成长阶段更替的思想。而且，在分析主导部门扩散效应问题上，罗斯托不仅深化了主导部门前、后向联系的技术、组织效应，还增加了主导部门的旁侧联系效应和侧向关联效应，即主导部门对所在地区的影响。

但是，罗斯托所说的主导部门成长发展并带动整个经济起飞和持续增长的过程，又不是孤立于总量动态关系之外的。这一点在起飞阶段的认识上尤其突出。他认为，一系列达到某种既定规模水平的总量因素，包括投资水平、人口增长率、基础设施水平、社会先行资本等又是经济能否起飞以及带动起飞的主导部门能否形成和发展的前提条件，并且，起飞之后，经济能否进入自我持续增长阶段，能否形成和发展下一阶段的主导部门，也是与这些总量因素的制约、联系分不开的。除了总量因素，罗斯托还强调制度因素对于起飞、持续增长和主导部门作用的关键性影响。例如，罗斯托认为起飞阶段需要具备的三个互相有关的条件是：①生产性投资率提高，即由占国民收入 5%增加到 10%以上；②有一种或多种制造业部门发展起来，成长很快；③有一种政治、社会和制度结构存在，或迅速出现，这种结构利用了推动现代部门扩张的力量和起飞阶段的潜在对外经济影响，并且使成长具有不断前进的性质。第三个条件意味着有相当大的在国内筹集资本的能力。

20 多年后，罗斯托又增加了一组总量变量，包括人口增长速度、人口资源平衡、农业产出和农业生产率及增长速度、主导部门所采用的技术特征、资本的效率，特别是社会先行资本可用性及外贸的发展等。这些变量之间如何相关，尽管可以有很大的差别。但是，每一个变量都以某种途径对一般的发展进程产生影响，并且决定何种主导部门对于某个国家的起飞是合适的，以及这些主导部门在何时出现。而这些变量关系对于发展进程的影响作用，又在很大程度上要依赖于制度和人对它们的反应。

罗斯托的经济发展阶段理论已被实践证明是不可跨越的，它对发展中国家的经济发展具有普遍指导意义。

（1）作为发展中国家，能否选择以消费品工业发展为先导的发展战略去引导整个经济实行结构转换，走上新式工业化的成长道路的回答显然是否定的。世界各国新式工业化进程表明：发展中国家只有首先将稀缺的资本、技术、人才集中在那些对本国经济发展产生最关键影响的资本品产业（或生产资料工业）的发展，才能把停滞落后的传统自然经济或农业经济，最有效地改造为富有生机的新式工业经济；才能有效地摆脱投资水平低—经济增长率低—收入水平低—投资水平低的恶性循环。历史发展的逻辑是，发展中国家要进入发达国家的经济发展行列，就必须有高于本国传统自然经济和发达国家经济的工业增长速度（非单纯数量的增长速度），由此就必然要求用较高的投资来保证，而要保持这种投资率，就必然要求投资性工业产品，或者说生产资料工业产品的增长高于消费品工业产品的增长，以与较高的投资率相适应。对于发展中国家来说，投资性工业只能是能源、原材料、交通运输、机器设备制造等资本品产业。这也是罗斯托的为起飞创造先决条件的精髓。

（2）“重化工业”作为起飞阶段的一环不可跨越。在世界新技术革命和产业结构变化浪潮中，目前发展中国家只能以中间技术作为基点，以“重化工业”（或称中后期工业）作为结构转换的现实目标。当前，由于新的技术革命和产业革命的兴起，发达国家竞相发展技术（知识）密集的新兴产业，与这些“朝阳产业”相比，纺织、钢铁、机器制造、造船、煤炭工业等则成了“夕阳产业”。西方正通过各种政策对这些“夕阳产业”逐渐进行限制、削弱和部分转移到发展中国家中去。而对于发展中国家来说，“夕阳产业”正是发展中国家有能力发展，也极需发展的主导或支柱产业。制定产业政策必须对此有明确的认识。与发达国家竞争发展高技术产业的“迎头赶上”设想，固然激动人心，但脱离了发展中国家的经济实力、科学技术水平和文化教育水平等现实条件。这里也同样存在“循序渐进”的原则。在国际上，韩国和巴西都曾经过发展资本密集型的“重化工业”阶段，使之成为出口工业的核心。

（3）高收入增长率总是和事实上的自由贸易一致。第一，发展中国家应实行开放的自由贸易，这是因为历史的实践证明：实行贸易管制和贸易保护会造成对出口的歧视，并削弱出口工业的竞争能力，因而减少出口收入，而这又会进一步加强进口限制，加剧削弱出口的趋势，形成恶性循环；第二，贸易保护不会矫正国内价格的扭曲，而是使价格扭曲更为严重，与世界市场更加脱节；第三，贸易保护会使工业部门扩大机器设备的进口，大大提高工业部门的资本密集程度，不符合发展中国家最丰富的资源是劳动力的实际情况；第四，贸易保护会提高制成品价格，扩大工农业产品比价，使农民的地位和状况更加不利；最后，一些国家实行进口替代之下鼓励出口政策，但国家控制之下的出口鼓励（如出口补助等）只会使生产者追求简单产品出口的最大化，而不是促进出口商品附加值的提高。因而，发展中国家必须做到以下方面：①用关税逐步代替进口限额；②逐步降低关税税率；③建立有效的金融体系和货币管理制度。当前阻碍发展中国家实行贸易自由化的阻力来自既得利益集团的反对和工业生产的低效率。

罗斯托的理论集中代表了本世纪以来以发达国家的历史经验为基础，在落后国家发展资本主义的西方发展经济学的所有特征，所强调的主要条件是资本形成问题，并指出发展中国家“起飞”的困难主要有两个：一是人口增长率高，二是由国内政治动荡引起的人才和资金外流。有利条件也有两个：一是有现成的技术可以利用；二是有国际援助可以加快“起飞”过程。罗斯托的这些观点，对发展中国家实现经济的高速增长有普遍指导意义。

罗斯托的理论视野很好，视角很宽；但由于缺乏实证数据的支持，这个理论的应用受到限制。钱纳里和库兹涅茨提出了具体的量化指标和实证分析数据，为划分一个经济体工业化演化的阶段和消费结构演化的进程提供了依据。罗斯托富有历史眼光的经济增长阶段的理论与钱纳里、库兹涅茨的理论结合起来，对于理解一个经济体的经济增长的阶段更具有解释力，也更有实践意义。对于分析一个国家所处经济阶段及其居民收入特征具有重要的借鉴意义。

第二节 发达经济体经济发展阶段及居民收入阶段性特征

本节以美、英、日三个国家作为发达国家的典型代表，重点阐述发达经济体经济发展阶段特征、居民收入特征，并运用经济发展阶段指标和居民收入的相关数据，深入分析其居民收入变动的原因。通过对罗斯托经济发展阶段理论的分析，总体来说发达经济体现阶段都处于追求生活质量阶段，居民收入水平较高。但是在不同的经济发展阶段，美、英、日三国的居民收入水平与结构呈现出了不同的特征，这对于研究我国居民市场化收入的特征以及影响因素具有重要的借鉴意义。

一、美国经济发展阶段及其居民收入阶段性特征

自 1929 年经济危机以来，美国经济实现了稳定快速的增长。在这期间，居民的收入特征也随着经济的发展呈阶段性变化。

（一）美国经济发展阶段

美国是发达经济体的代表，其国内生产总值处于世界首位，在 1929 年已达上千亿美元，到 2012 年为十六万亿美元，除了在 20 世纪 30 年代有过短暂的下降之外，其他年代几乎一直保持着上升的趋势，足以证明美国经济发展的强劲动力。按照钱纳里的观点，美国自 20 世纪 80 年代，就已经进入追求生活质量的阶段。下面我们将研究美国经济在各个发展阶段的情况。美国历年人均 GDP 一览表如表 3-2 所示。

表 3-2 美国历年人均 GDP 一览表

单位：美元

年份	人均 GDP	年份	人均 GDP	年份	人均 GDP
1960	2881.1	1978	10587.42	1996	30068.23
1961	2934.553	1979	11695.36	1997	31572.64
1962	3107.937	1980	12597.65	1998	32948.95
1963	3232.208	1981	13992.92	1999	34639.12

续表

年份	人均 GDP	年份	人均 GDP	年份	人均 GDP
1964	3423.396	1982	14439.02	2000	36467.3
1965	3664.802	1983	15561.27	2001	37285.82
1966	3972.123	1984	17134.32	2002	38175.38
1967	4152.02	1985	18269.28	2003	39682.47
1968	4491.424	1986	19114.82	2004	41928.89
1969	4802.642	1987	20100.79	2005	44313.59
1970	5246.962	1988	21483.11	2006	46443.81
1971	5623.588	1989	22922.47	2007	48070.38
1972	6109.692	1990	23954.52	2008	48407.08
1973	6741.101	1991	24404.99	2009	46998.82
1974	7242.324	1992	25492.96	2010	48357.67
1975	7819.959	1993	26464.78	2011	49854.52
1976	8611.461	1994	27776.43	2012	51755.21
1977	9471.529	1995	28781.95	2013	53142.89

1. 美国经济遭遇危机

第一次世界大战前后，是美国经济高速发展的时期。美国在第一次世界大战中先是中立，随后参战，这时在经济和政治实力上，基本上仍然是一个羽毛未丰的新兴现代化的资本主义国家，他企图称霸但是力不从心，在巴黎和会上受挫。经过第一次世界大战，美国大发战争财，并成了世界上最大的资本输出国。美西战争标志着美国由自由资本主义向现代资本主义的转变，也是划分美国近代和现代历史的界标。美西战争的结果使美国名副其实地步入了世界经济大国的行列，走上了对外经济扩张的道路，在远东美国制订了“门户开放”政策。战后，美国在巩固拉丁美洲基地的同时，开展了全球范围内的争夺经济霸权的斗争。战后的 20 年代美国经济发展到新的高峰，到 1929 年美国 GDP 已超千亿美元。

1929—1933 年，美国经历了人类历史上空前严重的经济和政治危机。美国国内生产总值即 GDP 在 1929 年开始下降，持续降低到 1933 年，降幅达到 50%。赫伯特·胡佛总统的自愿联合政策未能制止危机的蔓延。1933 年 3 月富兰克林·罗斯福上台执政，实行新政。他顺应了历史发展的潮流，通过强化国家全面干预金融财政、工业、农业、公共工程、社会保障等领域，缓解了经济危机的严重恶果，保护了劳动生产力，避免了美国走上法西斯主义的道路，并为美国在第二次世界大战中的胜利准备了物质条件。

2. 美国经济大发展

第二次世界大战中，美国先是中立，但是随着 1941 年底珍珠港事件的爆发，美国也参加了世界反法西斯战争。美国在经济上发挥了民主国家兵工厂的作用；在军事上通过组织参加一系列重大战役作出了重要贡献；在政治上推动了国际反法西斯联盟的建立和发展，保证了世界反法西斯战争的胜利。这次战争的结果，使美国成为得益最大的唯一超级大国，奠定了美国在战后称霸资本主义世界的基础。

战后初期，美国较快地把庞大的战争经济转向和平经济，并使国民经济有了较大增长。当时，西欧和日本受到战争严重破坏之后，正处于恢复阶段，美国由于在战争中发了横财，遂成为资本主义世界的霸主，其工业生产 1948 年占资本主义世界的 53.9%，出口贸易在 1947 年几乎占世界的三分之一，黄金储备在 1949 年占世界总额的 50.5%，这是战后美国经济发展的顶峰时期，其国内生产总值在 1950 年超过了三千亿美元。

由于以原子能技术、宇航技术、电子计算机技术发展为标志的新科学技术革命，在美国的兴起推动美国经济高度现代化的发展。加上美国现代企业组织的新发展，国家和国际垄断组织的新发展以及跨国公司的迅速崛起，美国成为高度现代化的超级大国，并开始向后工业社会和信息社会转化。60 年代是美国资本主义的迅速发展时期。在这期间，美国由海外扩张走向全球扩张，奉行对苏冷战和对华遏制政策，也与广大第三世界国家和人民发生尖锐对抗，还与愿意与中国等社会主义国家改善关系的西欧与日本发生矛盾。在对内政策上，战后初期，美国一度强化了反共主义的麦卡锡主义反民主政策，不过整体说来，美国依然实行扩大资产阶级民主体制的政策。在经济上，从杜鲁门的“公平施政”到肯尼迪的“新边疆”政策和约翰逊的“伟大社会”政策，都在新的条件下不同程度地继续推行罗斯福的新政政策。而艾森豪威尔的折衷路线的“现代共和党主义”，也没有改变强化国家干预和福利国家政策的基本轨道。

五六十年代美国的实际国民生产总值年平均增长率为 3.6%~3.9%，比战前几十年间的 1.85%~2%，约增长一倍，这一阶段美国经济持续高涨的原因是多方面的：

（1）美国在经济和军事上的实力强大，竞争能力强，促使经济地位迅速上升。在战后的恢复时期西欧极端缺乏资金，出现了“美元荒”。美国作为资本主义世界资金和商品的主要供应者，拥有极其广阔的国外市场。美国商品的出口在战后初期以西欧为重点，到 50 年代逐渐转向不发达国家市场。1947—1953 年间估计美国有 430 多万人依靠外贸维持就业，从而促使美国经济地位迅速上升。另外，五六十年代美国充当世界宪兵的角色，两次发动战争。朝鲜战争（1950—1953 年）和越南战争（1965—1973 年）的刺激，促使美国经济发展比一般周期性的高涨更为活跃，故称为“战争景气”。从 1950—1970 年美国在国外的资产从 544 亿美元上升到 1655 亿美元，增长两倍多。

（2）美国科技实力强，在第三次科技革命中处于领先地位。在 40 年代末 50 年代初，以原子能的利用、电子计算机和空间技术的发展为主的第三次科技革命是从美国开始的，60 年代达到高潮。科学技术是生产力，它对生产率的提高有很大影响。据统计，在第三次科技革命中美国很多工业部门劳动生产率的提高，80%以上是靠新的科技成果取得的。

（3）国家垄断资本主义对经济发展的推动作用。在二次大战以前，国家垄断资本主义的作用，主要是为了应付战争或危机等资本主义基本矛盾尖锐化时期的需要。在战后，国家垄断资本主义则是以“真正的总资本家”身份直接参与社会资本再生产过程，从而推动经济的发展，以保证垄断资本家获得最大限度利润的活动。

3. 超级大国的延续

70 年代以来，美国仍然保持全球超级大国地位，90 年代起美国更成为唯一的全球超级大国，它的整体实力在资本主义世界依然保持超强地位。尽管美国经历经济滞胀和 1979—1982 年、1990—1992 年的三次经济危机，但是整个说来美国经济仍然在发展，80 年代中期和 1992 年以来经济发展出现少有的好势头。不过为了适应滞胀经济和国际经济形势的新变化，在国内经济政策上美国面临控制政府干预规模和重点，强化市场经济机制的重大调整，尼克松的“新联邦主义”、卡特的“反滞胀政策”、里根经济学的振兴经济政策以及克林顿新民主党人刺激经济和社会发展的新经济政策都证明了这一发展趋势。

金融危机引起的经济危机，一方面沉重地打击了美国金融业的发展，另一方面也严重拖累了世界经济，首当其冲的便是欧元区经济。新一届奥巴马政府积极应对国内危机，抛出一波又一波的救市计划。总的来说，美国经济在 2009 年表现出了疲软态势，但 2010 年又恢复了增长的势头，而且由于美元霸主地位的获益，美国依然延续自己超级大国的身份。

（二）美国居民收入阶段性特征及影响因素

美国经济在各个时期都有不同特征，美国的居民收入在总量和结构上也都形成了各自的特点。下面我们将研究美国居民收入在各个时期的特点，希望能够发现其构建的优势，以及存在的问题，借此对提高我国居民市场化收入提供借鉴。1929—2012 年美国居民人均收入一览表及增长率趋势图分别如表 3-3 和图 3-1 所示。

表 3-3　美国居民人均收入一览表

单位：美元，%

年份	人均收入（美元）	人均收入增长率（%）	年份	人均收入（美元）	人均收入增长率（%）	年份	人均收入（美元）	人均收入增长率（%）
1929	697	----	1957	2087	3.68	1985	14637	6.01
1930	618	−11.33	1958	2108	1.01	1986	15338	4.79
1931	525	−15.05	1959	2206	4.65	1987	16137	5.21
1932	398	−24.19	1960	2268	2.81	1988	17244	6.86
1933	372	−6.53	1961	2326	2.56	1989	18402	6.72
1934	424	13.98	1962	2439	4.86	1990	19354	5.17
1935	473	11.56	1963	2526	3.57	1991	19818	2.40
1936	535	13.11	1964	2671	5.74	1992	20799	4.95
1937	574	7.29	1965	2849	6.66	1993	21385	2.82
1938	526	−8.36	1966	3061	7.44	1994	22297	4.26
1939	556	5.70	1967	3253	6.27	1995	23262	4.33
1940	593	6.65	1968	3536	8.70	1996	24442	5.07
1941	717	20.91	1969	3836	8.48	1997	25654	4.96
1942	908	26.64	1970	4084	6.47	1998	27258	6.25
1943	1106	21.81	1971	4340	6.27	1999	28333	3.94
1944	1194	7.96	1972	4717	8.69	2000	30319	7.01
1945	1235	3.43	1973	5230	10.88	2001	31157	2.76
1946	1254	1.54	1974	5708	9.14	2002	31481	1.04
1947	1317	5.02	1975	6172	8.13	2003	32295	2.59
1948	1425	8.20	1976	6754	9.43	2004	33909	5.00
1949	1382	−3.02	1977	7402	9.59	2005	35452	4.55

续表

年份	人均收入（美元）	人均收入增长率（%）	年份	人均收入（美元）	人均收入增长率（%）	年份	人均收入（美元）	人均收入增长率（%）
1950	1503	8.76	1978	8243	11.36	2006	37725	6.41
1951	1667	10.91	1979	9138	10.86	2007	39506	4.72
1952	1751	5.04	1980	10091	10.43	2008	40947	3.65
1953	1826	4.28	1981	11209	11.08	2009	38637	−5.64
1954	1810	−0.88	1982	11901	6.17	2010	39791	2.99
1955	1906	5.30	1983	12583	5.73	2011	41560	4.45
1956	2013	5.61	1984	13807	9.73	2012	42693	2.73

注：表中数据来自 Bureau of Economic Analysis。

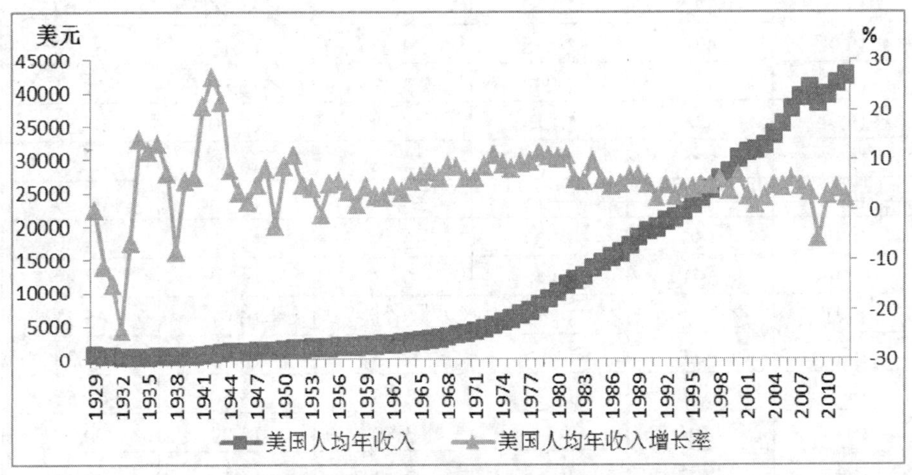

图 3-1　1929—2012 年美国平均年收入及增长率趋势图

从表 3-3、图 3-1 我们可以看出，美国居民人均收入和国内生产总值的增长水平具有高度一致性，这两个指标在 1929 年都达到了一定的高度，而后开始下降，在 1933 年降低到最低处后，反弹开始增长。从 20 世纪 30 年代初期至今，美国人均收入及国内生产总值几乎一直保持着增长，虽然期间美国遭受过政治、军事或者经济的危机，但是只是略微影响了这两个指标的增长速度，始终没有改变他们的增长趋势，一方面可以看出美国政府和经济部门在遭遇危机时，冷静处置，合理化解，政策得当，实施及时，可以争取全国的最大利益；另一方面也表明美国经济自身有其坚定稳固的根基，居民收入有其科学合理的构建。

1. 美国居民市场化收入份额占比高

1929—1945 年美国人均年收入结构占比如表 3-4 所示，1930—1945 年美国收入增长率统计数据如表 3-5 所示。

表 3-4 1929—1945 年美国人均年收入结构占比

单位：美元，%

年份	人均总收入（美元）	财产性收入占比（%）	转移性收入占比（%）	经营性收入占比（%）	工资性收入占比（%）
1929	697	21.97	1.40	16.56	60.07
1930	618	22.61	1.60	14.35	61.44
1931	525	22.72	3.60	12.84	60.84
1932	398	24.13	3.50	10.17	62.20
1933	372	22.00	3.62	11.36	63.02
1934	424	19.78	3.27	13.12	63.83
1935	473	18.09	3.28	16.82	61.81
1936	535	18.18	4.48	15.10	62.24
1937	574	17.35	2.62	16.60	63.43
1938	526	17.15	3.43	15.15	64.27
1939	556	17.23	3.38	14.93	64.46
1940	593	16.48	3.35	15.30	64.87
1941	717	14.55	2.71	16.97	65.77
1942	908	11.97	2.13	18.65	67.25
1943	1106	10.32	1.63	18.50	69.55
1944	1194	9.95	1.89	17.89	70.27
1945	1235	10.19	3.33	18.17	68.31

注：表中数据来自 Bureau of Economic Analysis。

表 3-5 1930—1945 年美国收入增长率统计数据

单位：%

年份	财产性收入增长率	转移性收入增长率	经营性收入增长率	工资性收入增长率	人均总收入增长率
1930	−9	1	−23	−9	−11
1931	−15	91	−24	−16	−15
1932	−19	−26	−40	−22	−24

续表

年份	财产性收入增长率	转移性收入增长率	经营性收入增长率	工资性收入增长率	人均总收入增长率
1933	−15	−3	4	−5	−7
1934	2	3	32	15	14
1935	2	12	43	8	12
1936	14	54	2	14	13
1937	2	−37	18	9	7
1938	−9	20	−16	−7	−8
1939	6	4	4	6	6
1940	2	6	9	7	7
1941	7	−2	34	23	21
1942	4	0	39	29	27
1943	5	−7	21	26	22
1944	4	25	4	9	8
1945	6	82	5	1	3

注：表中数据来自 Bureau of Economic Analysis。

表 3-4 与表 3-5 显示，在 1929—1945 年间，美国居民收入中主要为工资性收入，且在这些年中慢慢增长，从占人均收入 60.07%多增长到 68.31%；而财产性收入在 1929 年为 21.97%，增长到 1932 年的 24.13%，然后一直持续降低，到 1945 年只有 10.19%；其他为转移性收入和经营性收入，他们变化不大，但处于不稳定状态。在 1929 年经济危机爆发后，最明显的变化就是在不削弱居民工资性收入的同时，政府加大了居民的转移性收入。从数据可以看出，在此阶段，美国居民市场化收入的占比达到 95%以上。

第一次世界大战后，美国通过西奥多·罗斯福的“公平交易”、伍德罗·威尔逊的“新自由”政策、美国的进步主义运动，以及 20 年代美国经济的自由放任，现代资本主义的经济和政治统治得到进一步的巩固，美国经济达到了空前的规模，但同时也孕育着潜在的严重危机。终于在 1929 年爆发了美国历史上严重的经济危机，而胡佛政府无力扭转经济颓势，此时全国人民的不满情绪高涨，要求改革的呼声越来越强烈，他们希望有一个强有力的政府，能够采取有效的政策，迅速改善经济状况。

罗斯福以“新政”为竞选口号，赢得了广泛的支持，最终成为美国第 32

任总统。为了摆脱经济危机，实现经济复兴，维护资本主义制度，他实施政府对经济全方位干预的政策，保持资本主义自由企业制度，同时采取了一些有利于工人和小生产者的措施。金融方面的修业整顿及信用恢复使美国居民的财产性收入在危机时期还是保持了积极的增长趋势；制定法律法规促使企业公平竞争，防止生产过剩，同时保障了居民经营性收入的稳定；扩大社会救济，兴办公共工程，增加就业，使居民的转移性收入在危机时代发挥了重要的作用。罗斯福新政的改良措施是有利于现代化发展的进步改革举措，他的全面强化国家干预政策使垄断主义发展到国家垄断资本的新阶段，标志着现代资本主义发展的成熟，对于现代美国历史的发展具有多方面的深远影响。

作为居民基本的生活保障，美国政府都能比较注意居民的工作，无论在战时发展军工企业，还是战后发展制造业，都能很好的保证居民的就业，即美国居民工资性收入在总收入中的比例保持着稳中微升；而与政府关系最密切的居民转移性收入，美国政府一般能够根据国内经济政治等情况，积极调整居民转移性收入在收入中的比重，这样有利于居民度过危机时刻，保证国家安全，也有利于经济调整，保证经济快速恢复发展。财产性收入和经营性收入是居民市场化收入的主要部分，从表 3-4 与表 3-5 可以得到，美国居民的市场化收入份额几乎保持不变，只是在 20 世纪 40 年代由于第二次世界大战有了些许减少。

2. 美国居民市场化收入份额呈下降趋势，经营性收入占比下降明显

1946—1969 年美国人均年收入结构占比如表 3-6 所示，1947—1969 年美国收入增加率统计数据如表 3-7 所示。

表 3-6　1946—1969 年美国人均年收入结构占比

单位：美元，%

年份	人均总收入（美元）	财产性收入占比（%）	转移性收入占比（%）	经营性收入占比（%）	工资性收入占比（%）
1946	1254	10.60	5.78	19.55	64.07
1947	1317	10.83	5.56	17.71	65.90
1948	1425	10.76	4.82	18.44	65.98
1949	1382	11.47	5.33	16.47	66.73
1950	1503	11.86	5.99	16.08	66.07
1951	1667	11.09	4.35	16.25	68.31
1952	1751	11.08	4.25	15.40	69.27
1953	1826	11.45	4.22	14.17	70.16

续表

年份	人均总收入（美元）	财产性收入占比（%）	转移性收入占比（%）	经营性收入占比（%）	工资性收入占比（%）
1954	1810	12.20	4.77	14.08	68.95
1955	1906	12.22	4.86	13.71	69.21
1956	2013	12.17	4.84	13.21	69.78
1957	2087	12.26	5.31	13.01	69.42
1958	2108	12.48	6.21	13.29	68.02
1959	2206	12.55	6.00	12.47	68.98
1960	2268	12.91	6.06	11.94	69.09
1961	2326	13.07	6.65	12.01	68.27
1962	2439	13.27	6.44	11.71	68.58
1963	2526	13.51	6.47	11.36	68.66
1964	2671	13.73	6.29	11.14	68.84
1965	2849	13.80	6.30	11.12	68.78
1966	3061	13.43	6.29	10.84	69.44
1967	3253	13.29	7.10	10.32	69.29
1968	3536	12.89	7.55	9.98	69.58
1969	3836	12.87	7.64	9.57	69.92

注：表中数据来自 Bureau of Economic Analysis。

表 3-7　1947—1969 年美国收入增长率统计数据

单位：%

年份	财产性收入增长率	转移性收入增长率	经营性收入增长率	工资性收入增长率	人均总收入增长率
1947	7	1	−5	8	5
1948	8	−6	13	8	8
1949	3	7	−13	−2	−3
1950	12	22	6	8	9
1951	4	−19	12	15	11
1952	5	3	0	7	5
1953	8	4	−4	6	4
1954	6	12	−2	−3	−1
1955	5	7	3	6	5
1956	5	5	2	6	6
1957	4	14	2	3	4

续表

年份	财产性收入增长率	转移性收入增长率	经营性收入增长率	工资性收入增长率	人均总收入增长率
1958	3	18	3	−1	1
1959	5	1	−2	6	5
1960	6	4	−2	3	3
1961	4	13	3	1	3
1962	6	2	2	5	5
1963	5	4	0	4	4
1964	7	3	4	6	6
1965	7	7	6	7	7
1966	5	7	5	8	7
1967	5	20	1	6	6
1968	5	16	5	9	9
1969	8	10	4	9	8

注：表中数据来自 Bureau of Economic Analysis。

第二次世界大战结束后，美国作为胜利国，期间其通过大发“战争财”保持了经济的缓慢增长。在居民收入方面，1946—1950 年间，美国居民工资性收入在战后增长缓慢，趋向 70%，而和罗斯福总统时期最大的变化在于，居民收入中财产性收入开始慢慢增加，经营性收入和转移性收入所占收入总量却在慢慢降低。从整体来看，居民的市场化收入占比有所下降，由政府主导的转移性收入占比有所上升。

1945 年，副总统杜鲁门继任美国总统，虽然在战争中取得胜利，但战后国内却面临一系列问题，其中重要的是，军队复员带来的巨大就业问题，和军事合同的取消带来严重失业问题。

杜鲁门政府为了解决这些问题，提出了著名的“公平施政”纲领。其第一阶段中最重要的一项立法就是 1946 年的“就业法”，该法实施之后，美国政府加强了复员军人的安置，加速了军事工业转为民用工业的步伐，实现了战时经济向和平经济的平稳过渡。第二阶段纲领的实施对居民生活质量具有重要影响，政府使美国的最低工资额从原来的每小时 40 美分提高到了 75 美分，即大幅度的增加了居民的工资性收入；同时养老金的领取者也增加了 1000 万人，即居民的人均收入会得到提高。

从美国居民收入来源表可以看出，1950 年后的几年美国居民收入的结构发生重大变化，居民财产性收入和工资性收入增速变大，而转移性收入和经营性收入减速也在加大。作为此时的政策制定者，艾森豪威尔政府实行了一条介乎国家干预和自由放任之间的"中间道路"，根据 1954 年和 1956 年的有关立法，美国国内被纳入社会保障系统的人增加了 1000 万，丧失劳动力的人也可以得到政府的救济，同时美国全国的社会福利开支从 230 亿美元上升到了 532 亿美元，即从占国内生产总值的 8.9%上升到 10.5%。此后一段时间内，美国居民中工资性收入、财产性收入和转移性收入的占比保持微升，而经营性收入保持着微降。总的来说，由于美国经济的好转，政府一方面保证了大部分居民的就业及工资性收入的提高，另一方面也加大了政府对居民的转移性收入，提高了居民的社会保障及福利，即居民收入中市场化收入减少。

3. 美国居民市场化收入份额下降，财产性占比稳中有升

1970—1982 年美国人均年收入结构占比如表 3-8 所示，1971—1982 年美国收入增长率统计数据如表 3-9 所示。

表 3-8　1970—1982 年美国人均年收入结构占比

单位：美元，%

年份	人均总收入（美元）	财产性收入占比（%）	转移性收入占比（%）	经营性收入占比（%）	工资性收入占比（%）
1970	4084	13.04	8.51	9.00	69.45
1971	4340	12.98	9.30	8.99	68.73
1972	4717	12.69	9.38	9.24	68.69
1973	5230	12.58	9.56	9.68	68.18
1974	5708	13.08	10.26	8.76	67.90
1975	6172	13.07	12.01	8.48	66.44
1976	6754	12.77	11.75	8.46	67.02
1977	7402	12.93	11.20	8.44	67.43
1978	8243	13.03	10.72	8.55	67.70
1979	9138	13.49	10.71	8.18	67.62
1980	10091	14.93	11.40	7.05	66.62
1981	11209	16.56	11.53	6.55	65.36
1982	11901	17.75	11.99	5.95	64.31

注：表中数据来自 Bureau of Economic Analysis。

表 3-9 1971—1982 年美国收入增长率统计数据

单位：%

年份	财产性收入增长率	转移性收入增长率	经营性收入增长率	工资性收入增长率	人均总收入增长率
1971	6	16	6	5	6
1972	6	10	12	9	9
1973	10	13	16	10	11
1974	13	17	−1	9	9
1975	8	27	5	6	8
1976	7	7	9	10	9
1977	11	4	9	10	10
1978	12	7	13	12	11
1979	15	11	6	11	11
1980	22	18	−5	9	10
1981	23	12	3	9	11
1982	14	10	−4	4	6

注：表中数据来自 Bureau of Economic Analysis。

观察表 3-8 与表 3-9，美国居民收入在总量上似乎没有什么明显不同，继续保持增长势头，而结构在 70 年代有几年不协调的表现：工资性收入在 1975 年左右降低到了一个谷底，同时期转移性收入达到了一个谷峰，财产性收入和经营性收入都处于一个突然的低点。从整体上看，美国居民的市场化收入继续呈下降趋势。

上面的分析就是美国经济 70 年代“滞胀”病的主要后果：第一，工业生产增长速度变缓慢。70 年代美国除军火工业和新兴工业有所发展外，传统工业部门的生产都趋向停滞状态，被称为美国经济三大支柱的钢铁、汽车和建筑业也趋于衰落，昔日的“汽车王国”已被日本超过；第二，科技革命的浪潮减退。以美国为首的第三次科技革命，70 年代初已近尾声，国内外市场前景暗淡，美国新技术出口在工业国家市场上所占比重，1963—1980 年由 30%下降到 24%，美国发展科技的经费占国民生产总值的比重 1965—1980 年由 2.92%下降到 1.5%；第三，劳动生产率的增长成为负数。如 1948—1972 年劳动生产率增长 82%，年平均增长率为 2.93%，而 1974—1978 年却下降了 5.6%，年平均劳动生产率下降 1%；第四，外贸逆差急剧扩大。1970 年前美国是外贸出口大国，1971 年出现了近 80 年历史上第一次外贸赤字，以后十年里有七年都是逆差，1980 年外贸赤字达 320 亿美元，以后逐年急剧增加。

美国经济在70年代出现“滞胀”的原因是：第一，以国际货币基金组织和关税及贸易总协定体制为支柱的美国在世界范围的经济扩张，及以美苏对抗为轴心的美国世界战略，战后经历了两次重大的转折，受到沉重的打击。第二，美国实行刺激有效需求的财政政策，是五六十年代经济持续增长的有利因素，到约翰逊政府时期（1964—1968 年），这项政策达到登峰造极的程度，超过了美国国力所能负担的程度，1965—1968 年美国两次通过立法，让美元同黄金脱钩，给联邦储备银行无所禁忌的大量发行货币开了绿灯，从而引起恶性的通货膨胀。还有资本主义社会的再生产在生产和消费、供给和需求之间严重不平衡时，是靠自发地通过一个危机阶段来强制恢复平衡的。美国政府过分刺激有效需求的政策措施破坏了这个进程，使危机还没有发展到应有的深度，许多危机因素尚未消除殆尽、生产与消费之间的矛盾还未见多大缩小的时候，就刹住了危机。这虽然在一定程度上控制了经济危机的发展，减弱了经济危机破坏的深度，不太深化的危机就必然导致不太大的高涨，而且稍加刺激矛盾就会立即扩大，稍收缩就会引起衰退。这样70年代经济的发展过程陷于“滞胀”状态。第三，国际经济关系由有利变为不利。五六十年代美国是资本过剩和对外直接投资最多的国家。后来，随着日本、西欧等国经济的恢复和发展，美国在世界上的经济地位相对下降。争夺市场的斗争激烈起来，美国不再具备战后初期优越的市场条件和压倒一切的金融优势。加上第三世界联合起来反对旧的国际经济秩序，反对原料和工业品不等价交换，特别是石油输出国联合斗争所取得的胜利，世界原油市场每桶价格由1950年的1.71美元，上升到1981年的34美元。这样一来，几千亿美元由工业发达国家转移到石油输出国。对美国来说，原来建立在廉价能源基础上的利润结构受到冲击。据统计，美国消费物价指数1980年为13.5%，1970—1980年十年平均每年递增7.8%。美国国民生产总值1980年增长为0.3%，1971—1980年十年平均每年递增3.1%。美国失业率1980年为6.4%，1971—1980 年平均每年递增 6.3%。这些充分说明美国经济竞争能力的减弱和经济“滞胀”的病状。

里根以减税为核心的经济政策是西方资本主义经济“滞胀”和凯恩斯主义“失灵”的产物。他在1971年2月提交国会的“经济复兴计划”中，为解决美国经济的“滞胀”问题，提出四条措施：一是大幅度减税，二是削减政府的社会开支，三是放松政府经济管制、鼓励个人和企业经营自由，四是采取紧缩性货币政策，抑制通货膨胀。这些政策都有利于美国经济良好的运行，居民的市场化收入表现较为稳定。

4. 美国居民市场化收入份额下降，财产性收入比重继续上升

1983—2012 年美国人均年收入结构占比如表 3-10 所示，1984—2012 年美国收入增长率统计数据如表 3-11 所示。

表 3-10 1983—2012 年美国人均年收入结构占比

单位：美元，%

年份	人均总收入(美元)	财产性收入占比（%）	转移性收入占比（%）	经营性收入占比（%）	工资性收入占比（%）	财产性及经营性收入占比和（%）
1983	12583	17.92	12.13	6.07	63.88	23.99
1984	13807	18.44	11.41	6.68	63.47	25.12
1985	14637	18.46	11.30	6.58	63.66	25.04
1986	15338	18.26	11.32	6.62	63.80	24.88
1987	16137	17.71	11.05	6.98	64.26	24.69
1988	17244	17.62	10.85	7.36	64.17	24.98
1989	18402	18.60	11.01	7.17	63.22	25.77
1990	19354	18.50	11.36	7.01	63.13	25.51
1991	19818	18.17	12.23	6.78	62.82	24.95
1992	20799	17.16	12.88	7.20	62.76	24.36
1993	21385	16.80	13.10	7.47	62.63	24.27
1994	22297	17.10	12.96	7.63	62.31	24.73
1995	23262	17.23	13.07	7.69	62.01	24.92
1996	24442	17.52	12.95	8.19	61.34	25.71
1997	25654	17.69	12.52	8.31	61.48	26.00
1998	27258	17.93	12.01	8.47	61.59	26.40
1999	28333	16.98	11.93	8.74	62.35	25.72
2000	30319	17.01	11.70	8.86	62.43	25.87
2001	31157	16.41	12.36	9.10	62.13	25.51
2002	31481	15.58	13.08	9.12	62.22	24.70
2003	32295	14.94	13.22	9.20	62.64	24.14
2004	33909	14.93	13.16	9.65	62.26	24.58
2005	35452	15.15	13.29	9.47	62.09	24.62
2006	37725	16.22	13.18	9.34	61.26	25.56
2007	39506	17.11	13.36	8.51	61.02	25.62
2008	40947	17.83	13.99	8.20	59.98	26.03
2009	38637	14.95	16.70	7.67	60.68	22.62
2010	39791	14.65	17.19	8.35	59.81	23.00
2011	41560	15.10	16.72	8.51	59.67	23.61
2012	42693	15.40	16.56	8.50	59.54	23.90

注：表中数据来自 Bureau of Economic Analysis。

表 3-11　1984—2012 年美国收入增长率统计数据

单位：%

年份	财产性收入增长率	转移性收入增长率	经营性收入增长率	工资性收入增长率	财产性及经营性收入增长率	人均总收入增长率
1984	14	4	22	10	16	11
1985	7	6	6	7	7	7
1986	5	6	7	6	5	6
1987	3	4	12	7	5	6
1988	8	6	14	8	9	8
1989	14	9	5	6	11	8
1990	6	10	4	6	5	6
1991	2	12	1	3	2	4
1992	0	12	13	6	4	6
1993	2	6	8	4	4	4
1994	8	5	8	5	8	6
1995	6	6	6	5	6	6
1996	8	5	13	5	9	6
1997	7	3	8	6	7	6
1998	9	3	9	8	9	7
1999	0	4	9	6	2	5
2000	8	6	10	8	9	8
2001	0	10	7	3	2	4
2002	−3	8	2	2	−1	2
2003	−1	5	4	4	1	3
2004	6	6	11	5	8	6
2005	7	7	4	5	6	6
2006	15	6	6	6	11	7
2007	11	7	−4	5	6	6
2008	9	9	1	3	6	5
2009	−20	14	−11	−4	−17	−5
2010	2	7	13	2	5	4
2011	8	2	6	4	7	4
2012	6	2	3	3	5	3

注：表中数据来自 Bureau of Economic Analysis。

从 1977 年至 1984 年以微电子学为核心的美国高技术新兴工业（包括办公室设备、计算器、电子通讯、电子元件、复印机行业等）的产值在全部工业生产中的比重从 6.1%上升到 12.9%，即增加一倍多。整个高技术工业的产值在 1985 年已首次超过了基本工业。在新技术的推动下，第三产业部门的增长已成为美国经济发展“最大的动力”，加速了美国经济结构从制造业转向服务行业，从工业社会转向信息社会。体现在表 3-10 与表 3-11 的居民收入方面，即为美国居民在二十世纪最后的二十年里，收入的结构几乎没有什么变化，工资性收入和转移性收入的比例都较稳定，市场化收入的份额也没有什么大的变化。

虽然里根总统遭遇了 1981—1982 年战后空前的经济危机，但其时间较短，只持续了 17 个月，紧接着便有了 1984—1985 年美国的经济回升。1982 年下半年，里根政府为了应付严重的经济衰退，转而采取扩大联邦赤字的预算政策。扩张性的财政政策增加了社会总需求，推动了 1984 年经济强劲回升局面的出现，但为了弥补财政赤字，不得不从资本市场上大量举债，结果导致实际利率过高。里根政府扩张性的财政政策，本质上是高赤字、高利率和高美元的“三高政策”。这项政策导致了“里根复苏”的实现，但贻害无穷。在此情况下，如果里根政府不对其扩张性财政政策作重大调整，势必在经济上把美国引入大衰退的死胡同。在政治上将妨碍其全球争霸战略目标的实现。

里根政府直到 1985 年 4 月才认识到“三高政策”造成美国经济重大的不平衡，严重阻碍美国经济的“增长势头”，并给世界经济罩上阴影。1985 年年终，美国国会断然提出并通过了格拉姆—拉德曼法案（又名《平衡预算和紧急削减赤字控制法》）所规定的要求，先推行以减少赤字为主的财政政策，接着，里根总统签署了这个强制性的法案，并在 1986 年 2 月遵循法案的规定，提出了逐步减少赤字，到 1991 年实现财政平衡的财政年度《预算咨文》。在逐步减少赤字预算政策方面迈出了一步。其次，推行以减少外贸逆差为主的对外经济政策。此外，里根政府还提出“实行降低利率、稳定和温和增长”的货币政策及税制改革等措施，准备进行经济政策的大调整。然而客观形势的发展对虚弱的美国经济发展是十分不利的。1987 年 10 月 19 日华尔街股票市场暴跌打乱了里根政府按部就班的调整步伐，出现了 30 年代大萧条前夕的严重形势，对美国经济发展的前景罩上了阴影。

克林顿当选美国总统后，致力于恢复美国经济实力，提高美国在全球经济中的竞争力，把经济安全作为美国对外经济政策的首要目标和对外政策调整的第一位，将恢复美国经济领导地位作为面临的最大挑战。他既反对政府过度干预经济，又不愿实行自由放任的市场经济，既主张调整经济结构，增加有效供给和就业，又力求消减预算赤字，抑制通货膨胀。其后的布什政府为了对付经济急剧减速，采取了凯恩斯主义的反危机理念，通过政府干预来刺激经济，特别是通过大减税来增加消费者开支和企业投资，拉动经济增长。

经历过2007年的次贷危机，美国金融遭受重创，经济受到影响。美国居民收入来源表显示居民财产性收入和经营性收入占比在2007年前后都达到了一定的高度，而因为是金融危机，居民工资性收入和居民转移性收入没有发生明显的变化。面对危机后的美国，奥巴马除了支持布什政府救市计划外，还推出了自己的金融救援计划，包括承诺未来两年内向创造就业机会的美国公司提供临时的税收优惠，即企业每提供一个新的就业岗位就能获得3000美元；还有承诺为年收入在25万美元以下的家庭保持布什政府提供的减税政策，年收入超过的则增加税收。通过收入来源表得到，美国居民在最近几年工资性收入和财产性收入在总收入中的比例在逐年降低，而转移性收入和经营性收入在慢慢增加。

二、英国经济发展阶段及其居民收入阶段性特征

在时间的坐标系里，我们可以顺着英国经济在世界经济舞台中地位的兴衰变化的脉络看到英国经济发展变化的总体趋势。

（一）英国经济发展阶段

借用罗斯托在其著作《世界经济历史与展望》中提出的观点，在经历工业革命后，英国走过起飞阶段，并于1905年进入高额群众消费阶段，接下来于1955年进入追求生活质量阶段，即在20世纪初进入高额群众消费阶段。

在此，根据钱纳里的人均收入变动与工业化理论，从结构转变过程的角度将英国的人均收入水平划分为三个阶段六个变动时期。以2004年美元来衡量，人均GDP 1179~2358美元才进入工业化的第一个阶段，到8845~13569美元才是工业化的最后阶段。

1960—2011年英国人均GDP一览表如表3-12所示。

表 3-12　1960—2011 年英国人均 GDP 一览表

单位：美元

年份	英国	年份	英国
1960	13282.67	1986	22808.09
1961	13521.29	1987	23797.97
1962	13585.07	1988	24940.04
1963	14017.23	1989	25442.71
1964	14628.03	1990	25564.45
1965	14939.71	1991	25130.64
1966	15162.05	1992	25099.52
1967	15429.13	1993	25595.85
1968	15966.03	1994	26623.55
1969	16226.11	1995	27363.7
1970	16558.31	1996	28081.64
1971	16823.08	1997	29748.04
1972	17364.1	1998	30800.18
1973	18565.89	1999	31819.88
1974	18301.85	2000	33119.75
1975	18188.51	2001	34038.72
1976	18674.04	2002	34814.98
1977	19127.46	2003	35896.59
1978	19746.38	2004	36771.26
1979	20258.93	2005	37316.05
1980	19812.39	2006	38054.3
1981	19564.56	2007	39120.88
1982	20002.65	2008	38433.02
1983	20733.89	2009	36503.97
1984	21258.28	2010	37015.99
1985	21978.69	2011	37014.67

注：表中各项数据来自世界银行官网中国民经济统计的各相关年度。

经过处理，本文将现价美元 GDP 折算为 2004 年不变价美元 GDP，得到表 3-12 中的数据。从表中可以看出，英国在 1962 年人均 GDP 高于 13569 美元，已然进入发达经济阶段，即追求生活质量阶段。英国进入此阶段的时间较早，即完成工业化的时间很早，且与其他发达经济体相隔时间不长，因此经济发展程度相差不远，从而，居民收入水平大致相当。在此阶段，英国已经完成工业化进程，主导产业转向服务业，更加注重生活质量。总之，处于经济发展最高阶段本身就决定了其居民收入水平高于其他国家。

1. 英国经济腾飞

1700—1820 年英国上升为霸权国。在此时期，英国人均收入增长要快于 17 世纪，是欧洲平均水平的两倍多。1700 年时，英国的 GDP 是荷兰的两倍，到了 1820 年则是其七倍之多。英国资本从 1750 年的 5 亿英镑增长到 1865 年的 60 亿英镑。在对总人口的人均收入进行的计算可以得到，1700 年人均收入大约是每年 8~9 英镑，经过 50 年增加到 13~14 英镑，到 1800 年增加到 22 英镑，而到 1860 年时则又翻了一番。在 1720—1820 年期间，英国的出口每年增长 2%，在 1700 年时，英国的航运量占世界航运能力的五分之一多一点，但是到了 1820 年英国的份额已经超出了 40%。

1700—1820 年，虽然英国的经济增长由于成功施行以邻为壑的商业战略而得到加强，但它的进步还有一些其他原因。与其他欧洲大陆国家不同，它的国内发展没有受到 17 世纪武装冲突的干扰。国内市场的统一程度通过创建收税公路和渠道网络以及发展海岸运输得到极大的提高。其结果促进了不同地区之间更有效率的专业化劳动分工。此外，资源配置效率通过稳健的公共财政和银行业的发展也进一步得到了提高。

2. 英国经济迈入“工业革命”

1820—1904 年英国实现了技术的快速进步，以及实际人均收入的迅速增长。在此期间，英国的人均收入增长比过去任何时候都要快，大约为 1700 年至 1820 年期间的 3 倍。这个时期是英国和其他西欧国家发展的一个新纪元。经济表现突出的基本原因是技术进步的加速，以及它所伴随的实物资本存量的快速增长，劳动力教育水平的提高和劳动技能的改进。资源配置效率的提高得益于劳动力国际分工的改善。在此期间，英国的出口年平均增长达到 3.9%，几乎是 GDP 增长率的两倍。另外，在此期间不存在与其他国家的重大军事冲突也有利于英国的经济进步。与此形成鲜明对照的是，在此之前的 1688—1815 年期间，英国先后共卷入 6 次主要战争，共持续了 63 年，严重阻碍了经济的发展。

从 19 世纪早期起，不断加速的、通常被喻为“工业革命”的技术进步成为世界经济的主要特征，但“工业”这个词很不恰当地将技术创新的影响狭隘地限于工业部门之内。事实上，技术进步的加速所产生的对经济活动的影响是广泛的，与此相应的组织结构的改进也加速了经济增长；从19世纪70年代起，英国出现了大量以海外投资为目的的资本流出，约占它的储蓄的一半。到1913年时，英国在国外的资产相当于本国GDP的1.5倍左右，意味着其国民总收入比国内生产总值多出9%以上。

从1870年至1904年，世界人均GDP的年平均增长为1.3%，而在1820年至1870年间为0.5%，在1700年至1820年间为0.07%。经济增长的加速不仅由于迅速的技术进步，也由于以英国为主所建立的自由经济秩序加剧了新技术的扩散。虽然这不是全球收入平等化的过程，但是它使全世界的所有地区的收入都有所提高。

3. 英国经济遭遇危机

1905—1946年是英国经济发展的高额群众消费阶段。英国是在20年代长期经济停滞的基础上爆发了30年代的经济危机。这次严重的经济危机始于美国。通过国际贸易和国际金融等渠道，英国很快受到美国经济危机的影响。外来的震动和冲击使英国国内经济中原来就存在的各种矛盾激化了。此外，考虑到英国是一个进口大量农产品的国家，30年代经济危机期间，世界市场上的农产品价格猛跌，而英国对进口食品的需求又是缺少弹性的，这种情况也在一定程度上减轻了危机对英国经济的打击。

这次经济危机正式宣告自由主义政策的终结。面对经济危机，单纯依靠经济自身调节的政策几乎无能为力，形势不断恶化。直到1931年开始，英国政府采取放弃金本位、英镑贬值、改行关税保护主义等措施，英国经济慢慢走出危机，实现复苏，国家干预可谓功不可没。凯恩斯主义的诞生充分反映了这个时期国家对经济进行干预的特征，顺应时代发展潮流，因而取代自由主义成为英国经济的指导思想，为英国在第二次世界大战中调动一切社会资源、赢得战争胜利做出巨大贡献，同时它也为后来向福利国家过渡准备了理论基础。

4. 英国经济复苏

20世纪中叶至今，英国的经济发展进入追求生活质量阶段。从第二次世界大战到50年代，这是英国经济刚刚从沉重打击之下转向和平时期经济的阶段。50年代是英国消费经济领域内发生重大变化的十年，这一变化表现在五个方面：第一，配给制度结束了；第二，消费者实际收入增长，出现了一批有中等收入和有中等购买力的消费者；第三，对耐用消费品的需求扩大了；第四，分期付款购货制度盛行；第五，消费者利益受到了重视。

在此期间进行的还有企业国有化改革，这也为后来的保守党政府所继承，体现出两党间以凯恩斯主义作为基础的“共识政治”。但是，在经历十余年的发展后，由于技术滞后、福利开支过大等原因，英国经济重新陷入低谷。从60年代下半叶开始，英国经济出现了通货膨胀与生产紧缩同时存在的“滞胀现象”，政府对此束手无策，这也宣告凯恩斯共识的崩溃。英国经济长期在低谷中徘徊，不知何去何从。

60年代后期是20世纪英国经济史上又一个转折点。1967年发生了严重的英镑危机。这是继1949年英镑贬值之后的战后英镑第二次贬值。两次贬值有其相似的一面，这就是它们都意味着英国在国际贸易和金融中的地位进一步削弱。但两次贬值却是在不同的国内外形势下进行的。从这以后，“英国病”的病情一直没有减轻。进入70年代后，英国经济基本是停滞不前的，经济增长率不仅放缓，而且在若干年份是负数。“停停走走”名符其实，失业率是相当高的。停滞的经济使失业人数一直有增加的趋势，特别是青年人的失业，很难有解决的希望。于此同时，英国的通货膨胀率也加快了。“双位数”的通货膨胀率已经是常见的现象了。直到撒切尔夫人当选为英国首相（1979年），并从美国引入货币主义理论，进行一系列改革后，“滞胀现象”才开始得到缓解。私有化政策重新激活了企业，生产得到扩大；控制货币与削减福利开支有效抑制了通货膨胀，打击工会力量则保障了经济环境的稳定，借以吸引投资。英国经济逐渐反弹，到1988年英国已走出危机。

布莱尔执政10年以来，“第三条道路”使英国经济保持较快增长，3%的年平均增长率高于同期法、德两国。但在社会改革方面成就略显逊色，还是未能较好地处理经济发展与社会公平之间的关系。在进入新世纪，英国国内生产总值平均每年仅增长1.7%，为上世纪40年代以来最低增速。在上世纪最后10年，英国经济平均年增速为2.2%，在上世纪60年代的10年，则一度高达3.1%。报道说，新世纪前10年，英国制造业平均每年收缩1.2%。而即使在上世纪70年代和80年代制造业不景气的两个10年里，英国制造业仍分别增长0.6%和1%。但是，在这10年里，英国服务业出现较快增长，平均年增速为2.6%，处于历史“中等”增长水平。

（二）英国居民收入阶段性特征及影响因素

上世纪中叶开始，英国进入追求生活质量阶段。在经历了起飞阶段、成熟阶段、高额群众消费阶段后，主导产业由第二产业变更为以服务业为代表的第三产业，经济高度发达，居民收入大幅度提高，居民生活质量得到更多的关注。与其他国家相比，英国的居民收入处于高位，并一直保持上涨的趋势，具体数据如表3-13所示。1990—2011年英国平均年收入及增长率趋势图如图3-2所示。

表3-13　1990—2011年英国平均年收入及增长率一览表

单位：美元，%

年份	平均年收入	增长率	年份	平均年收入	增长率
1990	34419	—	2001	42740	3.92
1991	34932	1.49	2002	43579	1.96
1992	35223	0.83	2003	44373	1.82
1993	35311	0.25	2004	44917	1.23
1994	35777	1.32	2005	44776	−0.31
1995	35743	−0.10	2006	45500	1.62
1996	35765	0.06	2007	46563	2.34
1997	36347	1.63	2008	45930	−1.36
1998	38032	4.64	2009	46353	0.92
1999	39189	3.04	2010	45760	−1.28
2000	41126	4.94	2011	44743	−2.22

说明：表中各项数据来自OECD官网中世界经济统计的各相关年度。

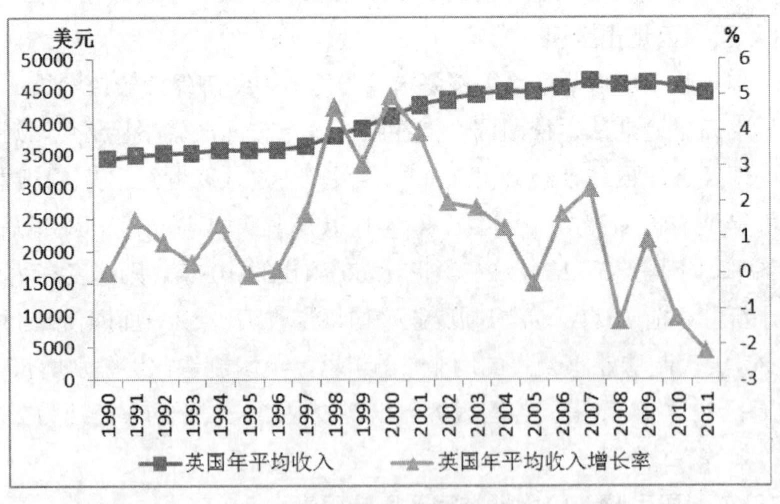

图3-2　1990—2011年英国平均年收入及增长率趋势图

由表 3-13 中数据可以明显看出，20 世纪 90 年代以来，英国的人均居民收入一直处于 30000 美元以上，远远高于其他发展中国家的居民收入水平，这与各个国家所处的经济发展阶段有着密切的联系。根据罗斯托的经济发展阶段理论，国家所处的经济发展阶段越高，其经济越发达，居民收入水平越高。

英国的居民收入水平与其三大产业发展水平、金融市场发达程度、科技创新能力等密切相关。在图 3-2 中可以明显看到，从 1996 年开始英国的居民收入水平保持快速上升趋势，即从 1996 年的 35765 美元“一路小跑式”的增长势头一直保持到 2007 年左右达到 46563 美元，但 2008 年收入有一个短暂的下滑。原因就是由于美国的次贷危机的蔓延形成的经济危机对英国经济的巨大冲击，导致英国的居民收入在 2008 年出现了巨大滑坡。同世界各国一样，英国政府出台了相应的救市措施，例如，宣布对本国所有个人银行账户提供担保，以稳定存款人信心。支持中小企业、加强基础建设费用、建设新的炼油厂以及最低储蓄担保额度提高到 5 万欧元等一系列的措施，伴随这一系列的措施之后，迎来了 2009 年的居民收入的扭转，将其拉回到 46353 美元的高位。这些措施表现出来的仅仅是短期效用，因为其没能刹住居民收入一路向下的迅猛跌势。

在以上分析中，可以看到居民收入增长趋势变化与经济增长阶段大致吻合，所以，在对英国居民收入水平有了总体定量与定性的认识后，接下来对居民收入的结构变化进行剖析，以期找到影响英国居民收入结构变化的内在因素。

1. 自营收入与投资性收入快速增长

1977—1987 年英国收入结构占比如表 3-14 所示，1978—1987 年英国收入增长率统计数据如表 3-15 所示。

表 3-14　1977—1987 年英国收入结构占比

单位：美元，%

年份	工资性收入	自营收入	养老金收入	投资性收入
1977	85.00	8.38	2.98	3.64
1978	86.57	7.03	3.23	3.17
1979	86.53	6.91	3.20	3.36
1980	85.05	8.06	3.14	3.75
1981	83.01	8.44	3.86	4.69
1982	82.68	8.62	3.75	4.95
1983	81.04	9.32	5.03	4.61
1984	81.81	8.61	4.99	4.59
1985	80.04	9.45	5.57	4.94
1986	78.61	10.68	5.45	5.26
1987	76.91	11.35	5.73	6.01

注：表中数据来自 Office for National Statistics。

表 3-15　1978—1987 年英国收入增长率统计数据

单位：%

年份	工资性收入	自营收入	养老金收入	投资性收入	总收入
1978	25	3	33	6	14
1979	5	3	4	11	13
1980	20	43	20	37	22
1981	9	17	38	40	12
1982	3	6	1	9	4
1983	3	13	41	−2	5
1984	6	−3	4	5	5
1985	9	22	24	20	11
1986	6	22	6	15	8
1987	9	18	17	27	11

注：表中数据来自 Office for National Statistics。

从表 3-14 和表 3-15 可以看出，这一阶段，自营收入和投资性收入增速较快。英国居民的市场化收入占比达到 95%以上。分析当时的历史背景，这与撒切尔政府执政期间，推行以新右派思想为理论基础的私有化政策，加大对政府管制体制的改革力度，成功实现了政企分开，提高了企业效率是有相关性的。这种私有化改革，就是要鼓励民间投资，为拥有资源和财富的人增加自营收入与投资性收入提供了更广的空间。

当时的私有化可分为三个阶段：

第一阶段：1979—1983 年是尝试性阶段。1979 年 10 月，撒切尔政府第二次出售了英国石油公司（British Petroleum 简称 BP）的近 19%的股份，收入 2.9 亿英镑，这标志着英国私有化运动的开端。这种放松管制的私有化方式扩展到出租房屋的控制，以鼓励人们提供更多的住房；更为重要的是，撒切尔夫人从一上台就开始以立法形式对英国的劳资关系改革，抵制和削弱工会的力量，打破工会对劳动力市场的垄断，形成一个相对灵活的劳动力市场，从而为以后私有化顺利开展扫除了最大障碍。

第二阶段：1984—1987 年是私有化大发展阶段。1984 年撒切尔夫人第二次赢得大选是私有化政策的一个转折点。正是在第二任期，撒切尔夫人提出建立“大众资本主义”（Popular Capitalism）的政治目标，建立所谓“股东社会”，声称：人民享受拥有资本的民主权利，这是英国的“立国之方”。

第三阶段：1987—1990 年 11 月，是私有化深入发展阶段。1987 年，撒切尔夫人出乎意料地第三次连任后，私有化政策扩展到那些亏损较为严重的国有企业，并大规模地进入公用事业和自然垄断性行业，而且还深入到政府机构改革和社会福利改革的各个方面，如教育、社会保障制度、地方政府改革等。

2. 自营收入震荡下行、投资性收入水平稳定

1988—1997 年英国收入结构占比统计数据如表 3-16 所示，1988—1997 年英国收入增长率统计数据如表 3-17 所示。

表 3-16　1988—1997 年英国收入结构占比统计数据

单位：%

年份	工资性收入	自营收入	养老金收入	投资性收入
1988	75.05	13.42	5.88	5.65
1989	75.98	12.57	5.81	5.64
1990	74.97	12.69	5.56	6.78
1991	75.04	11.03	5.89	8.04
1992	75.48	10.77	6.67	7.08
1993	76.45	10.22	7.36	5.97
1994	75.60	11.76	7.53	5.11
1995	75.74	10.67	8.08	5.51
1996	75.11	11.88	7.62	5.39
1997	77.21	9.61	7.89	5.29

注：表中数据来自 Office for National Statistics。

表 3-17　1988—1997 年英国收入增长率统计数据

单位：%

年份	工资性收入	自营收入	养老金收入	投资性收入	总收入
1988	11	34	16	7	13
1989	7	−1	5	5	6
1990	11	14	8	35	14
1991	5	−8	12	25	6
1992	0	−2	13	−12	0
1993	3	−4	12	−14	2
1994	4	21	7	−10	4
1995	3	−7	10	11	3
1996	7	20	2	6	8
1997	9	−14	10	4	6

注：表中数据来自 Office for National Statistics。

由表 3-16 和表 3-17 可以看出，工资性收入所占比重仍然最高（74%左右），但其增长率却是极其缓慢；经营性收入在这十年中的多数年份出现了下滑，并且出现了锯齿形的震动；投资性收入与经营性收入表现出极其相似的特征变化。从整体上来看，英国居民的市场化收入水平呈下降趋势，但占比依然达到 90%以上。

在这段时期，私有化进程开始出现为了私有化而私有化的倾向，许多企业丧失了提高经济效率更好的机会和潜力。政府管制体制出现新的缺陷，主要表现在：第一，这一管制体制授予主管大臣和管制机构总监过大的决策权，例如电信、煤气等产业的管制总监在任何时候都有权修改价格管制条件，如果总监的意见和企业利益发生冲突，可以上交垄断与兼并委员会仲裁。这意味着，只要垄断与兼并委员会和总监达成一致，无论何时都可以调整修改价格管制条件。第二，虽然英国政府对电信、煤气、自来水实行 RPI-X 模式的价格管制，但被管制企业在制定价格方面仍拥有过大的自主权。以英国电信公司为例，李特查尔德在提出 RPI-X 价格管制模型的同时，指出这一模型只适用于通讯设备和市内电话，但政府没有接受建议，把国际和国内长途电话也包括在管制范围之内，从而为英国电信公司运用交叉价格补贴方法排挤其竞争者提供了机会。第三，也是更重要的是，政府没有对基础设施产业的产品和服务做出私有化后质量上的管制。私有化后的英国电信公司竟然停止对外公布电信服务质量指标，导致电信通话质量下降，破损的公共电话亭迟迟得不到修理等现象，引起大众强烈不满。1987 年公众对英国电信公司服务的满意度只有 26%，远远低于 1980 年的 54%。

私有化的过度改革，已经扭曲了私有化改革的初衷，得不到民意的支持，效果自然会大打折扣，自营收入和投资性收入甚至出现下行也是在所难免的，在前十年和后十年中出现了先上行后下行的“过山车曲线”就不足为奇了。

3. 工资性收入比重最大，自营性与投资性收入增长持续

1998—2011 年英国收入结构占比统计数据如表 3-18 所示，1998—2011 年英国收入增长率统计数据如表 3-19 所示。

表 3-18　1998—2011 年英国收入结构占比统计数据

单位：%

年份	工资性收入	自营收入	养老金收入	投资性收入
1998	77.86	9.65	7.71	4.78
1999	75.43	11.39	7.91	5.27
2000	76.25	11.15	8.02	4.58

续表

年份	工资性收入	自营收入	养老金收入	投资性收入
2001	78.58	9.62	7.65	4.15
2002	77.88	9.78	8.39	3.95
2003	77.68	10.61	8.31	3.40
2004	78.77	9.99	8.05	3.19
2005	77.84	9.91	8.57	3.68
2006	77.82	10.27	8.23	3.68
2007	77.85	10.12	8.09	3.94
2008	77.80	10.16	8.66	3.38
2009	78.26	9.69	9.05	3.00
2010	76.12	11.32	9.83	2.73
2011	78.55	8.24	10.39	2.82

注：表中数据来自 Office for National Statistics。

表 3-19　1998—2011 年英国收入增长率统计数据

单位：%

年份	工资性收入	自营收入	养老金收入	投资性收入	总收入
1998	7	7	4	−4	6
1999	2	24	8	16	5
2000	7	3	7	−8	6
2001	12	−7	3	−2	8
2002	0	2	10	−4	0
2003	3	12	3	−11	3
2004	7	−1	2	−1	6
2005	1	1	9	18	2
2006	7	11	3	7	7
2007	1	0	0	8	1
2008	0	1	7	−14	0
2009	2	−4	6	−10	1
2010	1	21	13	−6	4
2011	1	−28	4	2	−2

注：表中数据来自 Office for National Statistics。

如表 3-18 与表 3-19 所示，新世纪开始的这十多年，工资性收入占比最高，并且比重又有上升的趋势，但是以更加缓慢的速度上升，甚至有将近一半的年份零增长或接近零增长；总收入在有些年份也是增长极其缓慢，甚至在 2011 年出现了唯一一年的负增长；自营性收入和投资性收入仍然延续前一个阶段的增长特征。在这一阶段，居民的市场化收入水平基本稳定。分析原因，可能有以下几个因素：

第一，劳动力市场政策的出台对居民工资性收入的影响。尽管英国在 90 年代末又实施了全国性的最低工资制度，但由于制度设计比较灵活对整个劳动市场的灵活性并没有产生大的影响，时至今日，英国的劳动力市场在欧洲国家中仍然是灵活性最强的。灵活的劳动力市场从根本上解决了劳动力市场制度扭曲本身所带来的雇佣动机不足和就业动机不足问题，增强了劳动力市场调节就业的功能，成为近年来劳动力市场繁荣的最根本原因。

积极劳动力市场政策具有明显的针对性。英国积极劳动力市场政策的目标群体主要是青年失业者和长期失业者。从 20 世纪 80 年代开始，积极劳动力市场政策项目几乎都是为青年和长期失业者设计的。新政计划启动以后，青年和长期失业者再一次被列为计划帮扶的重点对象。英国针对青年失业者积极劳动力市场政策项目主要有：青年培训计划、现代学徒计划、国家培训项目、新政青年计划以及工作经验项目等。针对长期失业者的项目有：培训机会项目、就业培训项目、工作培训项目、新政 25+计划、职业寻找项目及 Re-start 项目等。

事实证明，这种选择性干预是成功的。最近几十年来，英国的青年失业率和长期失业率都大幅下降，极大改善了青年失业者和长期失业者的就业处境。不仅如此，长期失业率的大幅下降还使英国的总体失业时间趋于缩短，改变了总体失业问题的性质，使失业问题的解决不再那么艰难。

第二，金融市场发展程度对居民收入自营收入和投资性收入的影响。1988—2011 年英国资本市场指标一览表如表 3-20 所示，1988—2011 年英国资本市场指标图如图 3-3 所示。

表 3-20　1988—2011 年英国资本市场指标一览表

单位：%

年份	上市公司市值占 GDP 的比例	股票交易总额占 GDP 的比例
1988	68.05	90.58
1989	37.27	96.23
1990	27.53	83.85
1991	29.86	93.57
1992	35.08	84.91

续表

年份	上市公司市值占 GDP 的比例	股票交易总额占 GDP 的比例
1993	43.17	117.38
1994	43.76	114.11
1995	44.09	121.66
1996	47.43	142.7
1997	61.02	146.9
1998	80.18	163.06
1999	91.69	195.19
2000	124.24	174.45
2001	126.56	147.2
2002	118.49	115.67
2003	118.88	132.24
2004	168.4	127.91
2005	182.72	134.1
2006	173.53	155.21
2007	367.04	137.17
2008	246.1	70.26
2009	156.7	128.79
2010	133.52	137.97
2011	122.22	49.43

注：表中各项数据来自《中国宏观经济数据库》中世界经济统计的各相关年度。

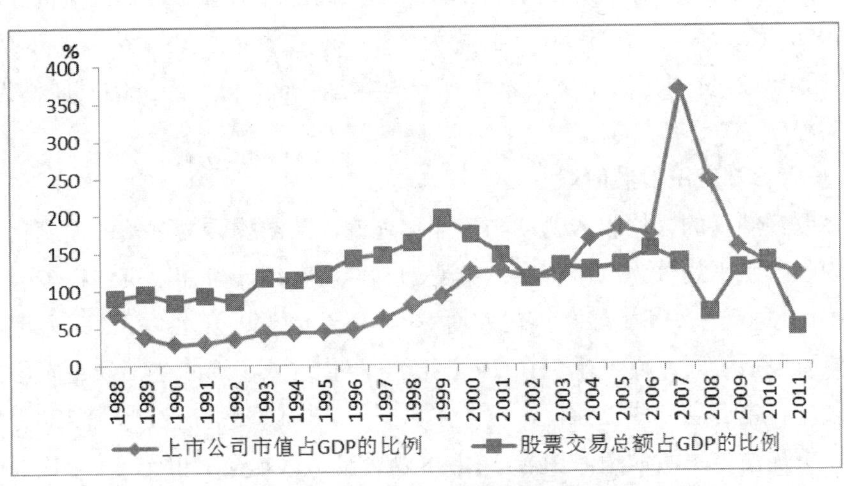

图 3-3　1988—2011 年英国资本市场指标图

通过表 3-20，图 3-3 可以明显看出，1988 年以来，英国的资本市场的交易规模和资产价值一直处于上升阶段，这一形态延续至 20 世纪结束并再次达到顶峰。虽然在 2000 年与 2008 年由于资金管理的放松造成泡沫，导致出现两次转折，但是总体上仍然保持上升趋势。事实上，在这一时期，英国产生了大量的互助基金、养老基金以及投资银行、经纪公司等新兴的非银行中介机构，并涌入金融市场中进行投资。它们在资产运作方面与银行类似，大大抢占了银行的市场份额，获得了自身的发展。

通过与该阶段居民市场化收入水平的对比，我们发现，居民的自营收入与投资性收入增长率受股票交易总额占 GDP 比值这一变量的影响比较大，它们的相关性也较高。究其原因，英国的市场化程度高，英国居民对金融市场参与度较高，导致市场化收入中的自营收入与投资性收入两部分受金融市场，尤其是股票交易总额占 GDP 比值这一变量影响较大。因此，要提高居民市场化收入水平，需要完善金融市场，发挥其提高居民市场化收入水平的作用。

三、日本经济发展阶段及其居民收入阶段性特征

第二次世界大战以后，日本的经济增长速度在主要资本主义国家中是最高的。1953—1979 年日本工业平均年增长率为 10.9%，同期联邦德国为 5.7%，法国为 4.2%，美国为 4%，英国为 2.5%。日本国民生产总值占资本主义世界的比重，1950 年只有 1.5%，1980 年猛增为 13.3%，在资本主义世界的地位从第 7 位跃升到第 2 位，仅次于美国。西方一些学者把战后日本经济的发展称为 20 世纪的“奇迹”。

（一）日本经济发展阶段

按照钱纳里的人均收入变动与工业化理论，从结构转变过程的角度将各国的人均收入水平划分为三个阶段六个变动时期。有统计可知，英国在 20 世纪 60 年代、美国在 20 世纪 80 年代人均 GDP 高于 13569 美元，已然进入追求生活质量阶段后阶段。而日本也在 20 世纪 80 年代进入了追求生活质量阶段。在此阶段，日本已经完成工业化进程，主导产业转向以要素投入为主要动力的服务业，更加注重生活质量。由表 3-21 可以看出，日本在上世纪 80 年代经济发展十分迅速，基本是以 3%~7%的速度增长；到了 90 年代，速度就明显下滑；然而，到本世纪前十年，日本的经济刹车现象就十分明显了，出现了四年时间

的负增长。

表 3-21　1980—2010 年日本人均 GDP 统计数据

单位：美元

年份	人均 GDP	年份	人均 GDP
1980	9171.89	1996	36930.26
1981	10064.27	1997	33821.23
1982	9289.99	1998	30526.86
1983	10062.70	1999	34511.71
1984	10625.25	2000	36800.44
1985	11292.71	2001	32214.33
1986	16640.25	2002	30756.08
1987	20066.06	2003	33134.47
1988	24243.81	2004	36058.72
1989	24162.52	2005	35633.04
1990	24773.80	2006	34150.33
1991	28119.23	2007	34267.77
1992	30523.48	2008	38215.59
1993	34864.33	2009	39458.72
1994	38196.39	2010	42820.39
1995	41968.58	—	—

注：表中数据来自世界银行数据库。

1. 日本战后经济恢复

一般认为，1945—1955 年是日本经济的“复兴期”，即国民经济恢复和改组的时期。1945 年秋到 1946 年初，主要消费物资的黑市价格暴涨为官价的 30 倍到 60 倍。经济上的混乱状况一直持续到 1947 年。1947 年，由著名经济学家都留重人主持编写的日本第一部《经济白皮书》承认“政府、企业、家庭皆有亏损”。这句话概括了当时日本经济的困难局面，以至成为名言。战后日本经济的重建是从实行“倾斜生产方式”开始走上轨道的。为了使日本经济摆脱瘫痪状态，日本政府于 1946 年 8 月成立了经济安定本部，负责制订和实施有关经济政策。

经济安定本部遂于 1946 年秋实行“倾斜生产方式”。所谓的“倾斜生产方式”就是在资金和原料严重不足的情况下，集中一切力量恢复和发展煤炭生产，用生产出来的煤炭重点供应钢铁业，再用增产的钢铁加强煤炭业。首先，要努力造成煤和钢铁扩大再生产的能力，以此为杠杆，带动整个经济的恢复。根据这个经济战略，政府专门设立的“复兴金融公库”在 1947—1948 年向煤炭业发放了 475 亿日元的贷款，占该公库全部贷款总额的 36%。

仅 1950 年下半年，日本的出口比上半年增加 55%。1952 年的出口额等于 1949 年的 2.7 倍。自 1949 年以来由于市场萧条积压下来的近 1500 亿日元货物随之倾销殆尽。轻纺工业因为得到大量订货迅速恢复发展；钢铁、机械、造船、水泥等行业的生产也有大幅度增长。整个经济生活空前活跃起来。国民生产总值在 1951 年达到战前水平。正如日本垄断资产阶级所说的，“朝鲜战争”成了促进日本经济复兴的“天赐良机”。

2. 日本经济高速增长

1956—1973 年被认为是日本经济高速增长的重要时期。从 1956 年起，日本以赶超先进工业国家为目标，开始了实现国民经济现代化的新时期。1956—1973 年，日本实际国民生产总值每年平均增长 10%以上。这种长期、持续的高速增长在世界资本主义经济发展史上是罕见的。所谓“经济奇迹”主要是指这一时期的发展。1956 年以后的日本经济发展又大体分为两个阶段：

第一阶段是 1956—1964 年。这一阶段日本围绕重、化工业化，进行了大规模的设备投资和设备更新，为国民经济全面现代化奠定了物质技术基础。这一阶段日本经济发展的主要特点是：（1）设备投资大量增长。这一阶段，电机、电子、汽车、合成纤维、合成树脂和石油化学等新兴工业部门的投资也有大幅度增长。（2）能源结构发生变化。日本的能源结构历史以煤炭为主。（3）对外贸易迅速发展。随着重、化工业化的顺利推进，日本的对外贸易额在大幅度增加，进、出口额分别在 1957 年和 1959 年超过了战前水平。

第二阶段是 1965—1973 年。日本从经济上、技术上全面赶上世界先进水平的决定性阶段正是这一时期。其间，日本的实际国民总产值年平均增长率为 10.5%。1967 年的国民生产总值超过了英国和法国，1968 年又赶上联邦德国，成为仅次于美国、苏联的世界第三经济大国。1973 年日本的经济规模等于 1965 年的 2.4 倍。这一阶段日本经济发展的特点是：（1）工业生产规模向大型化发展。1965 年，日本曾一度出现经济萧条，政府采取“反危机”措施后，日本经济从 1966 年起又出现繁荣局面。（2）技术革新取得的突破。60 年代后半期，日本在继续大量引进外国先进技术的同时，加快本国独立研制工艺技术的步伐。（3）国际贸易和金融的地位显著改善。1965 年以后，日本的对外贸易继续大幅度增长。重化工业产品出口比重从 1965 年的 62.4%上升到 1970 年的 73%、1977 年的 84%，而且由于重视技术革新，实行大批量生产，工业产品的国际竞争力大大增强。（4）产业结构逐步实现现代化。日本作为后起的资本主义工业国，农、林、牧、副、渔业所占比重历来比较大；工业中少数技术先进的大企业和大量分散、落后的中小企业同时并存，形成所谓独有的“双重经济结构”。

3. 经济稳定增长，国际竞争力提高

1974—1990 年是日本经济低速增长的时期。在经济稳定发展特别是在重、化学工业迅速发展的基础上，日本的国际竞争力迅速提高。结果，从 1983 年贸易黑字超过德国、资本输出超过英国以来，日本就一直是世界第一的贸易顺差大国、经常收支顺差大国和资本输出大国。1987 年，贸易顺差和经常收支顺差分别高达 964 亿美元和 870 亿美元；1986、1987 和 1988 年，长期资本输出额连续 3 年超过了 1300 亿美元，分别为 1315 亿美元、1365 亿美元和 1309 亿美元，都大大超过了其他发达资本主义国家长期资本输出的总和。另外，从 1985 年起，日本就取代英国，成了世界第一海外债权大国，而美国则开始沦为世界最大的海外债务大国。由此，日本世界第二经济大国的地位不仅进一步巩固了，而且还开始被称为"世界第二超级经济大国"。这样，日本经济就达到了战后的顶点。

平成景气期间也是泡沫经济的发展期间。泡沫经济发展，虽然通过资产效果推动了平成景气的发展和扩大，但与此同时，也使日本经济孕育了深刻的矛盾，留下了严重的后遗症。在虚拟经济迅速发展的过程中，日本资产的规模迅速膨胀了。

4. 日本经济长期停滞

从 1991 年开始，日本经济就走向没落。1989 年 12 月 29 日，东京证券交易所的日经平均股价曾高达 38915 日元，而 1990 年 10 月 1 日却跌破了 2 万日元，为 19781 日元，跌幅达 49%。由此，东京股票市场的时价总额就像泡沫一样消失了 270 万亿日元。这一天被称之为"黑色星期一"，也是泡沫经济开始崩溃的起点。由于泡沫经济崩溃及其后遗症的影响，日本经济从 1990 年 3 月起，就陷入了泡沫经济崩溃萧条。泡沫经济崩溃萧条一直持续到 1993 年 10 月，共持续了 32 个月。

1993 年 10 月泡沫经济崩溃萧条下降到谷底以后，尽管停止了下滑的势头，但复苏却十分乏力。上世纪 80 年代以前，日本一直是世界经济的优等生。然而，90 年代以来，日本经济却失去了往日的辉煌，都是负增长。由此可见，在这 10 年间，日本的企业生产能力和国民生活水平基本上没有什么提高，勉强实现的经济增长主要是依靠公共投资和出口的扩大。2000 年前后，受美国 IT 繁荣的影响，日本曾出现过短暂的 IT 景气。

（二）日本居民收入阶段性特征及影响因素

从 20 世纪中后期开始，日本进入追求生活质量阶段，主导产业由第二产业变更为以服务业为代表的第三产业，经济高度发达，居民收入大幅度提高，居民生活质量得到更多的关注。

1. 居民收入稳步上升，收入增长率先升后降

1963—1990 年日本人均年收入及增长率一览表分别如表 3-22 和表 3-23 所

示，1963—1990 年日本人均年收入及增长率趋势图如图 3-4 所示。

表 3-22　1963—1990 年日本人均年收入一览表

单位：美元

年份	居民收入	年份	居民收入
1963	610	1978	5760
1964	690	1979	7220
1965	800	1980	9150
1966	890	1981	10510
1967	1030	1982	10690
1968	1200	1983	10150
1969	1430	1984	9800
1972	1660	1985	10010
1973	2640	1986	11050
1974	3520	1987	13400
1975	4290	1988	17510
1976	4980	1989	24030
1977	5230	1990	26200

注：表中数据来自世界银行数据库。

表 3-23　1963—1990 年日本人均年收入增长率一览表

单位：%

年份	人均年收入增长率	年份	人均年收入增长率
1963	—	1978	10.13
1964	13.11	1979	25.35
1965	15.94	1980	26.73
1966	11.25	1981	14.86
1967	15.73	1982	1.71
1968	16.50	1983	−5.05
1969	19.17	1984	−3.45
1972	16.08	1985	2.14
1973	59.04	1986	10.39
1974	33.33	1987	21.27
1975	21.88	1988	30.67
1976	16.08	1989	37.24
1977	5.02	1990	9.03

注：表中数据来自世界银行数据库。

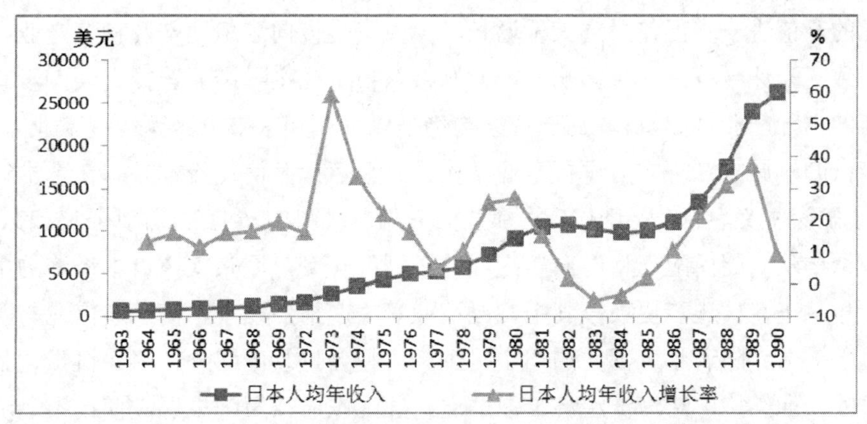

图 3-4　1963—1990 年日本人均年收入及增长率趋势图

通过实际数据分析可知，居民收入除有个别年份出现下滑之外，基本一直处于上行期，但是增长速度在 1973 年出现明显的拐点。事实上，这与日本经济的发展趋势十分吻合。日本经济高速增长的时期是 1955—1973 年，1955 年日本不仅在国民收入、矿工业生产等“流量”方面，而且在企业设备存量方面都超过了战前水平。1955 年日本政府在《经济白皮书》中宣称：“现在已经不是战后了”，标志着经济发展新阶段的来临。1973 年第一次石油危机时，由于日本对石油的依赖性非常强，国内石油 99.7%依靠进口，因此这次危机对日本造成了严重的冲击，使日本通货膨胀严重、投机盛行，政府不得不采取紧缩的金融政策，结果导致了经济的下滑、居民收入增长减缓，经济增长率由 1973 年的正值转为 1974 年的负值，因此，1973 年成为日本经济高速增长的终结点。

产业结构调整滞后与失误，是导致经济衰退、居民收入增长减缓的深层次原因。20 世纪 80 年代中期以后日本产业结构发生了变化。在制造业方面，“材料型”制造业的国际竞争力下降，国内需求趋于饱和，在整个产业中的比重从 1985 年的 8.1%下降到 1990 年的 7.4%；高新技术产业在制造业产值中所占比例，从 1981 年的 17%上升到 1992 年的 31%。1990 年到 2000 年，日本经济平均增长率降至 1.75%。从 1992 到 1994 年，日本经济出现了连续 3 年的零增长，长期被誉为“西方经济优等生”的日本经济，倒退为“西方经济的劣等生”，标志着日本经济进入了一个新的转折时期。

1985 年“广场协议”迫使日元升值，使日本在国际贸易中处于不利地位，日元的升值进一步促使财富大量增长，大量资金投向了房地产及相关产业，不但引致了泡沫经济，而且影响了产业升级。日本在主导产业选择失误，没有找到新的主导产业，以至日本的产业结构仍是以汽车和家用电器等传统工业为主，没能借助雄厚的经济实力进行产业结构升级。日元升值使日本必须变革推行的“完全配套主义”的产业结构，将那些失去相对优势的产业部门向国外转移，使产业结构从“国内配套型”向“国际分工型”转变，原来支撑日本经济的主要产业角色正在被逐步更换，其中，制造业等生产部门缩小，信息通信业与服务业趋于扩大。随着生产部门的缩小，生产力将会持续向国外转移。日本调整不彻底的产业结构，给泡沫经济推波助澜，加上政府政策的失误，使日本经济出现了“令人惊异的低增长”。产业结构调整滞后，科技创新能力不足，没能及时完成 IT 革命，使日本在世界上的技术优势大大减弱，使日本不仅在汽车和半导体工业上的霸主地位相继被美国所夺走，而且，在信息技术的发展上与美国的差距也在迅速拉大，国际竞争力明显下降，经济增长低水平徘徊十几年。

2. 新世纪前后十年居民收入增长缓慢，增长率正负波动显著

1991—2011 年日本平均年收入及增长率一览表分别如表 3-24 和表 3-25 所示，1991—2011 年日本人均年收入及增长率趋势图如图 3-5 所示。

表 3-24　1991—2011 年日本平均年收入一览表

单位：美元

年份	居民收入	年份	居民收入
1991	27090	2002	35120
1992	27840	2003	33240
1993	29740	2004	33420
1994	32680	2005	36690
1995	36040	2006	38950
1996	40650	2007	38590
1997	41430	2008	37760
1998	38670	2009	38000
1999	32990	2010	37520
2000	32370	2011	41850
2001	34620	—	—

注：表中数据来自世界银行数据库。

表 3-25　1991—2011 年日本平均年收入增长率一览表

单位：%

年份	人均年收入增长率	年份	人均年收入增长率
1992	2.77	2002	1.44
1993	6.82	2003	−5.35
1994	9.89	2004	0.54
1995	10.28	2005	9.78
1996	12.79	2006	6.16
1997	1.92	2007	−0.92
1998	−6.66	2008	−2.15
1999	−14.69	2009	0.64
2000	−1.88	2010	−1.26
2001	6.95	2011	11.54

注：表中数据来自世界银行数据库。

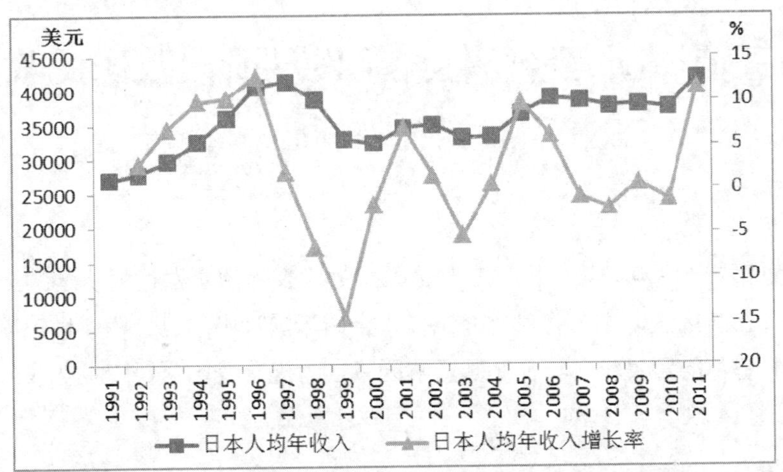

图 3-5　1991—2011 年日本人均年收入及增长率趋势图

由于贸易赤字的存在，海外回流资金再次流出海外，经常项目收支的盈余不断减少。再加上泡沫经济崩溃，日本整个产业结构高度化的进程被大大推迟：面对新兴国家在制造业的冲击，日本希望向高附加值产业转移，然而这些行业劳动力需求不大，原先许多员工只有选择下岗或者转移到其他类似领域。潜在增长率没有摆脱低下的状态，经济长期低迷与国际经济地位相对下降也使日本对亚洲等发展中国家的产业转移、日本与亚洲各国产业间的国际分工的进展遇到了很大的阻碍。日本过高的财政赤字也是日本经济长期低迷、居民收入增长缓慢的重要原因之一。根据 IMF 数据，截至 2013 年，日本政府净债务为 GDP 的 134%，仅次于希腊。解决债务最直接的办法是依靠银行承购国债，增加货币发行来缓解债务压力。但是对于通胀的掌控能力制约了这类方法的执行效果。经济增长疲软在日本经济越陷越深的同时，频发的地震海啸、核泄漏事故和两次金融危机对脆弱的日本经济又带来强烈冲击。日本一直以新技术领先世界，在电子和新能源等方面占首要位置。地震和海啸使许多重要产业工厂被海水淹没，失火或者停电导致生产停滞，供应中断。在 2011 年日本大地震受灾最严重的四个县中，生产总产值占日本 6%~8%，其中之一的茨城县是日本计划发展汽车产业的主要基地同时也是日本重化工业的主要基地。这次地震毫无疑问影响了日本在国内的产业布局。

第三节　新兴经济体经济发展阶段及居民收入的阶段特征

本章第二节以美、英、日三个发达国家为代表介绍了发达经济体的居民收入特征及其影响因素，本节将对比介绍以“金砖五国”中的巴、印、俄三国为代表的新兴经济体的居民收入特征及其影响因素，为提升我国居民市场化收入水平提供借鉴。

一、巴西经济发展阶段及其居民收入阶段性特征

巴西经济实力居拉美首位。巴西曾经是单一以农业经济为主的国家，是多种农产品主要生产国和出口国。通过近 70 年的发展，巴西逐步推进工业化进程，完善工业化体系。然而，伴随产生的外债与通胀等负面问题制约了巴西经济健康发展。

（一）巴西经济发展阶段

第二次世界大战后，巴西经济发展较快。1948—1980 年，国民经济年平均增长 7%，超过大多数发达国家的发展速度。同期，经济结构也发生了重大的变化，

从一个以出口初级产品为主的农业国逐渐变成工农业国家。其中，1956—1961 年是战后第一个高速发展期，这六年里国内生产总值年平均增长 8.3%；1968—1974 年是战后第二个高速发展期，这七年里国内生产总值年平均增长 10.1%，继原联邦德国，日本经济奇迹之后，出现了“巴西经济奇迹”。1973—1975 年的世界经济危机特别是能源危机对巴西经济带来不利影响。1975—1980 年国内生产总值年平均增长率降为 6.7%，由于外债累累与通货膨胀，国际收支逆差很大，巴西政府不得不采取降低增长速度的“冷却”经济政策。1981—1983 年出现空前衰退的局面；1984—1987 年经济调整略见成效，生产水平有所恢复；1987—1992 年又出现停滞与衰退；1999 年以后经济又逐渐增长。巴西由于在二次大战后，特别是 70—80 年代，经济得到飞速发展，虽仍属发展中国家，但却拥有许多发达国家的特征。

1. 国内经济增长迅速，社会发展面临困境

20 世纪 40 年代后期，巴西杜特拉政府采取了放松外汇管制、取消进口限制等自由经济主义政策，鼓励了私人投资，同时也导致了国际收支状况恶化。50 年代后，瓦加斯政府明确提出加速国家工业化的方针，加强发展基础工业和加强能源、交通等基础设施。1947—1956 年，巴西经济年均增长 6.4%，其中工、农业年均增长率分别为 8.9%和 4.4%。1956 年库比契克政府的发展计划，一是确定以能源、交通、食品工业、基础工业和教育作为发展的重点，并制定了相应的指标；二是将巴西首都由里约热内卢迁往巴西利亚。在这期间，政府大量投资，进行广泛的基础设施建设，改善投资环境，积极鼓励国内外私人资本投资于基础工业部门。1957—1961 年，巴西国内生产总值年均增长 7.9%，成为巴西战后第一个高速增长期，但由于政府采取赤字财政和信贷扩张政策，同时也带来了通货膨胀加剧和国际收支恶化等后果。

60 年代初期，巴西围绕如何实现国民经济现代化问题出现了一场大辩论。总统古特拉和经济学家西蒙森双方都承认巴西当时的进口替代模式已经不能适应国家发展的现实，要加速工业化的进程必须改变国家的政治体制、改变经济结构、消除经济持续发展的障碍。古特拉主张实行土地改革和鼓励民族工业资产阶级的成长，认为土改可以改善社会收入分配，有利于扩大国内市场；要求减少外国资本参与巴西经济的范围和程度，包括在某些部门对外国资本实行限制，甚至对部分外资企业实行民族化。西蒙森的主张相反，认为土地改革对巴西经济发展毫无意义，应继续保持现存的分配结构和体制；利用外国资本是克服巴西经济困难、推动经济发展的基本条件之一，必须进一步放宽外资政策。

1964 年巴西军人发动政变，推翻了具有强烈的民族主义色彩的古特拉政府。当时在德国、日本战后经济恢复和迅速发展的背景下，巴西军政府认为，巴西经过几十年努力完全有可能克服长期落后的状况，跨入发达国家的行列。西蒙森等一批经济学家得到重用，他们认为经济由衰退和半衰退阶段向迅速发展阶段的过渡，需要做出牺牲，包括收入的集中，将收入集中到某些人或国家手中。另一方面，西蒙森认为，仅仅依靠国内积累不足以实现经济起飞，还需要将巴西金融体制国际化。

在这期间，军政府在劳工领域采取了有利于资方的政策，降低了职工的实际工资，提高企业利润、降低企业生产资本、扩大企业资本积累。为此，政府不仅降低了最低工资水平，而且把职工工资的升降由原来通过劳资谈判变为政府行为。这造成了职工工资不能随着经济的增长而提高，工资的调整幅度始终低于通货膨胀率。

1968—1973 年期间，巴西国内生产总值年均增长率达 10%以上。但是这一阶段巴西片面追求经济增长速度，忽视了经济与社会的协调发展。政府的“积累优先”理论（西蒙森）和“先增长，后分配”理论（德尔芬），主张先尽量把蛋糕做得大一点，然后再来分，每人就可分得较大的一份。

1960—1979 年巴西人均 GDP 一览表如表 3-26 所示，1960—1979 年巴西人均 GDP 及增长率趋势图如图 3-6 所示。

表 3-26　1960—1979 年巴西人均 GDP 一览表

单位：美元，%

年份	人均 GDP	人均 GDP 增长率	年份	人均 GDP	人均 GDP 增长率
1960	208.3873	—	1970	440.6354	10.23
1961	203.1905	−2.49	1971	499.9037	13.45
1962	257.8233	26.89	1972	580.6711	16.16
1963	289.0583	12.11	1973	767.9948	32.26
1964	258.6279	−10.53	1974	994.726	29.52
1965	258.2389	−0.15	1975	1143.132	14.92
1966	312.0633	20.84	1976	1377.857	20.53
1967	343.5264	10.08	1977	1552.781	12.70
1968	370.7246	7.92	1978	1728.643	11.33
1969	399.7325	7.82	1979	1891.706	9.43

注：表中数据来自世界银行数据库。

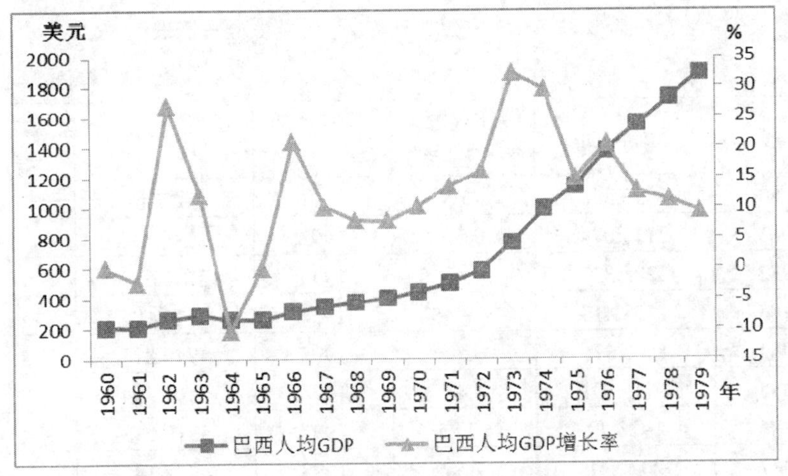

图 3-6　1960—1979 年巴西人均 GDP 及增长率趋势图

2. 缓解债务危机，扭转经济衰退局面

巴西和其他许多拉美国家一样，在 1982 年间陷入了债务危机，为了克服危机，整个 80 年代，巴西是在与国际货币基金组织无休止的债务谈判中度过的。直到 80 年代末"布雷迪计划"出台以后，巴西的债务谈判才有了进展，债务危机逐步趋向缓和。80 年代的巴西通货膨胀十分严重，1981 年和 1982 年的通货膨胀率均超过了 90%，1983—1988 年则保持三位数，其中 1988 年达到 933.6%，1989 年更是升至 1476.1%。

1990 年 3 月科洛尔总统上台执政，开始实施经济对外开放的战略，近期目标是反通胀和稳定宏观经济，远期目标是建立自由市场经济。但是该政策在减少国家对经济的干预、对通货膨胀治理方面并无建树，巴西宏观经济继续处于不稳定状态。1991—1993 年通货膨胀率继续居高不下，由 475%增至 2489%。弗朗哥政府于 1993 年 4 月通过调整经济结构和消除联邦财政赤字达到控制通货膨胀的目的。随着债务问题的缓解，宏观经济形式的逐步稳定，经济改革的不断深入，巴西经济最终摆脱了 80 年代的衰退，呈现出稳定增长的势头①。表 3-27 为这一时期，巴西人均 GDP 的发展水平。图 3-7 为 1980—2000 年巴西人均 GDP 及增长率趋势图。

① 林跃勤，周文．金砖国家经济社会发展报告[M]．北京：社会科学文献出版社，2011：77-183.

表 3-27 1980—2000 年巴西人均 GDP 一览表

单位：美元，%

年份	人均 GDP	人均 GDP 增长率	年份	人均 GDP	人均 GDP 增长率
1980	1930.538	2.05	1991	2677.15	−13.27
1981	2115.074	9.56	1992	2526.337	−5.63
1982	2208.833	4.43	1993	2791.519	10.50
1983	1558.419	−29.45	1994	3426.102	22.73
1984	1567.316	0.57	1995	4749.814	38.64
1985	1636.601	4.42	1996	5107.794	7.54
1986	1928.72	17.85	1997	5219.098	2.18
1987	2074.41	7.55	1998	4979.145	−4.60
1988	2287.237	10.26	1999	3411.866	−31.48
1989	2893.658	26.51	2000	3694.463	8.28
1990	3086.915	6.68	—	—	—

注：数据来自世界银行数据库。

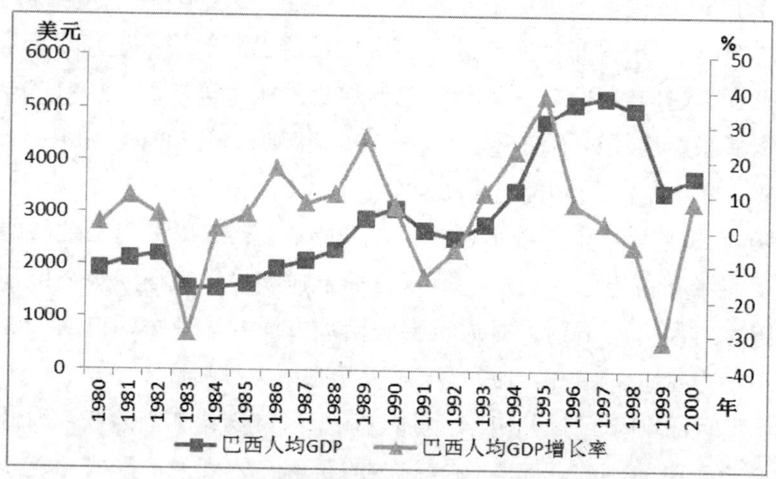

图 3-7 1980—2000 年巴西人均 GDP 及增长率趋势图

从这一时期巴西的发展水平看，1989 年，巴西的人均 GDP 约为 2893 美元，以钱纳里和库兹涅茨的标准来看，这一时期巴西的经济进入起飞阶段。这一时期巴西人均 GDP 虽有发展，但是步履蹒跚，恶性通货膨胀对宏观经济造成了严重的负面影响。

3. 经济快速稳定增长，人均 GDP 增长显著

2004 年以来，巴西政府利用世界经济整体增长，国际原材料价格上涨等良好外部因素，以盯住通货膨胀为中心，实行紧缩的财政和货币政策，大力促进出口，鼓励企业增加投资，拉动内需，取得了良好成效。2004—2006 年经济分别增长 5.7%、2.9%和 4.0%。2007 年初，巴西政府出台经济加速增长计划（PAC），拟通过抑制公共支出、加大基础设施投资等措施，实现经济发展目标。当年，巴西 GDP 增长 5.4%，总值达 1.5 万亿美元，人均 7950 美元。2008 年巴西 GDP 达到 1.654 万亿美元，比 2007 年增长了 5.1%。2008 年巴西总投资占 GDP 的 19%，是 GDP 增长率的 2.5 倍。2011 年巴西实际 GDP 同比上升 2.7%，较 2010 年下降 5.2 个百分点。总之，作为一个新兴经济体，巴西经济表现出强劲的势头。表 3-28 为以美元计价的 2001—2013 年巴西人均 GDP 数据。图 3-8 为 2001—2013 年巴西人均 GDP 及增长率趋势图。

表 3-28　2001—2013 年巴西人均 GDP 一览表

单位：美元，%

年份	人均 GDP	人均 GDP 增长率	年份	人均 GDP	人均 GDP 增长率
2001	3128.145	−15.33	2008	8622.552	19.86
2002	2810.695	−10.15	2009	8373.458	−2.89
2003	3039.672	8.15	2010	10978.26	31.11
2004	3607.192	18.67	2011	12576.2	14.56
2005	4739.305	31.38	2012	11319.97	−9.99
2006	5787.976	22.13	2013	11208.08	−0.99
2007	7193.925	24.29	—	—	—

注：表中数据来自世界银行数据库。

从 2001 年到 2010 年，巴西人均 GDP 有了突破式的增长，虽然在 2002—2003 年与 2009 年有所下滑，但总体上发展迅猛。在这一时期，巴西的经济发展水平突破了成熟阶段，达到了群众性高消费阶段。

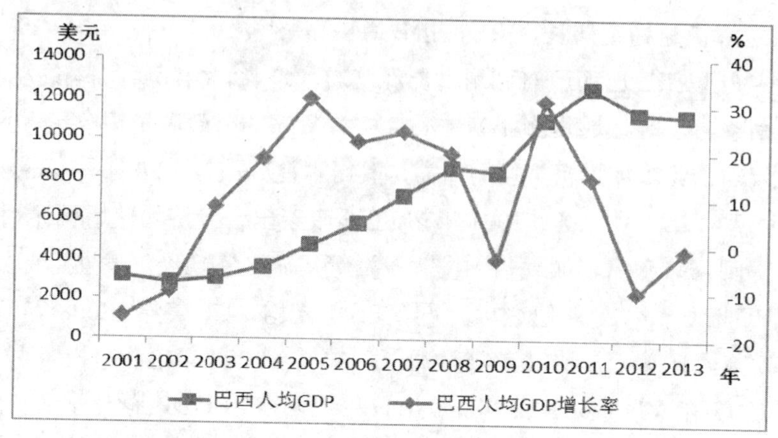

图 3-8 2001—2013 年巴西人均 GDP 及增长率趋势图

（二）巴西居民收入阶段性特征及影响因素

从 50 年代开始，巴西国内经济增长明显，同时居民收入也平稳上升。但是，由于贫富差距，债务危机和通胀问题的出现，收入水平增长显著减缓甚至出现减少的情况。而从 90 年代开始，政府进行的市场化改革，又给居民收入增长带来新的活力。

1. 巴西居民收入稳步增长、贫富差距拉大

从二战结束到 60 年代中期，巴西的经济得到蓬勃的发展，居民收入水平也随着经济发展逐步提高。随着巴西政权的更迭，到了 1964 年巴西古特拉政府上台以后，推行了财富集中的经济策略。在这样的理论指导下，经济发展所增加的财富主要集中在大企业家、大庄园主、企业白领阶层手中，普通职工的收入水平和购买力反而在经济高速增长的同时不断下降，社会两级分化现象进一步加剧。根据巴西地理统计局统计，一个实际最低工资，如以 1964 年为基数 100，1968 年为 76%，1974 年为 58%，即 10 年间实际最低工资下降了 42%。另外，1960 年，巴西 50%的低收入者收入占总收入的 17.4%，1970 年这一比例降为 14.9%，1976 年降至 13.5%；而 10%的最高收入者收入所占总收入的比例由 1960 年的 39.6%升至 1970 年的 46.7%，1976 年更达 50.4%，表现出了富者更富而穷者更穷的现象。由于政府在强调发展工业的同时忽视了农业和农村的发展，农村无地少地的贫苦农民生活困难，加速向城市移民，使得城市人口极具膨胀，失业增加，社会问题日益尖锐。

2. 巴西债务危机造成居民收入下降

进入 20 世纪 80 年代以后，巴西一直在与债务危机与通货膨胀作斗争。居民收入受到通货膨胀的影响，造成购买力与实际收入的大幅度缩水。巴西被迫采用扩大出口、压缩进口，通过牺牲经济增长、争取外贸盈余的办法偿还债务。这使得社会中下阶层人民深受紧缩政策、经济衰退和高通货膨胀之苦。收入差距进一步扩大。根据数据统计可以发现，同 1980 年比较，10%的最富有人口在国民总收入中所占的比重稍有下降，但是幅度非常微小；然而 40%最贫困人口占有国民总收入的比重并没有相应提高，反而下降。上表 3-27 中可以看出，巴西人均 GDP 在 80 年代初期出现了下滑，这种下滑的态势一直延续到了 1985 年。

进入 20 世纪 90 年代以后，巴西社会发生新的变化。巴西开始进行经济结构改革，新自由主义成为其主导思想。经济的发展带动了整个社会阶级结构的变化，同时加快了社会流动性。整个社会的中产阶级增多，成为社会的主体阶层，有利于社会问题和社会政策向大众的倾斜。在新自由主义的影响下，巴西的宏观经济制度变迁以及新自由主义经济目标均没有包括社会发展的内容，充其量只是列举了一些旨在补偿或减轻经济政策和体制改革造成的负面效果的计划和措施，巴西仍然忽视社会发展，也没有提出系统完整的政策，因而 90 年代初期，巴西居民收入处于徘徊不前状态。

3. 巴西推出“雷亚尔计划”后居民收入得到快速增长

1994 年 7 月巴西推出“雷亚尔计划”。巴西从 20 世纪 90 年代开始，向外向型的市场化经济模式转轨。据相关数据统计，在政策施行初期，10%的最高收入者占总收入比重为 47.8%。在进入 21 世纪后，该比重逐步降低，在 2004 年降至 45.4%。而 20%的最低收入者的收入比例从 1995 年的 2.2%逐步上升，在 2004 年达到 2.5%，而在 2008 年更是上升到 2.9%。巴西在 1994 年至 1997 年出现了一个稳定增长的时期，使得农业增加值占比减少到 10%以内，工业增加值持续下降，服务业增加值接近 70%。从产业结构角度来说，巴西已经处于成熟阶段或更高阶段，市场化程度有了很大提高，资源配置得到优化，使其居民收入水平也在这一段时期内得到突飞猛进的增长[①]。“雷亚尔计划”使得巴西经济得到较快恢复，但是，1997 年 10 月的亚洲金融危机对巴西经济也带来较大的波动。巴西真实利率由 1997 年 9 月 20%增长到 10 月份的 45%左右，增长

① 苏振兴．巴西金融形势评述[J]．世界经济与政治，1999（04）：07-08.

了一倍多，此后虽有所降低，但到 1998 年，受俄罗斯危机的影响，情况又严峻起来。与此对应的是巴西的金融风险日益严峻，于是巴西展开了“捍卫货币”的活动，尽力降低巴西的金融风险。但是情况并没有得到较大的好转，到 1999 年，货币风暴终于演化成为一种危机，这场危机表现在巴西的资产负债上，其根源在于巴西的资产主要控制在国有企业和公共部门，而私营企业缺乏应有的资金。于是，政府部门开始提供货币储备来对冲美元（巴西国债与美元挂钩，但在本国结算是采用巴西雷亚尔，这造成了国际游资大量进入巴西，热炒雷亚尔）。巴西在这一时期的人均国民收入出现了快速下滑，这与这一时期巴西经济遇到的困境是相关的。从 2004 年开始，巴西逐步走出了经济困境，市场化改革成效明显人均国民收入进入了快速增长期。

二、印度经济发展阶段及其居民收入阶段性特征

印度在 1948 年摆脱了英国的殖民统治，成为独立主权国家。在经济改革之前，印度经济发展也经受过很多挫折。在 1991 年经济改革之后，印度走出了一条适合自己的发展道路，经过 20 多年的发展成为了新兴市场的典范。

（一）印度经济发展阶段

印度经济是亚洲第三大经济体，从最初的进口替代政策的成功运用到后来出口导向政策的转变，对印度经济改革和相关工业基建产生很大影响。

1. 国家独立初期阶段，经济增长缓慢

独立之初，印度经济上实行公私并举的混合经济模式，而它选择的经济发展战略是强调自力更生的进口替代政策。这种混合经济体制在其建国初期发挥了非常积极的作用，既争取到了广大的民众，又促进了经济的发展，同时对社会稳定和民族凝聚也起到了关键的作用。不过随着时间的推移，这一体制的弊端也暴露无遗，印度经济的发展也越来越受到它的制约。随着印度国有经济成分在大型重化工企业的建立、交通电信等基础设施的国有化以及 1969 年商业银行国有化完成之后，政府对经济的控制能力也越来越强，但是整个经济的运行效率却每况愈下，表现为宏观经济状况恶化：经济增长缓慢、国际收支状况恶化。尽管印度经济增长是印度摆脱殖民历史的基础，但它远远低于印度潜在的经济增长，也远低于亚洲四小龙的增长速度。

1960—1990 年印度人均 GDP 一览表如表 3-29 所示，1960—1990 年印度人均 GDP 及增长率趋势图如图 3-9 所示。

表 3-29　1960—1990 年印度人均 GDP 一览表

单位：美元，%

年份	人均 GDP	人均 GDP 增长率	年份	人均 GDP	人均 GDP 增长率
1960	83.807056	—	1976	164.1086	1.91
1961	87.043457	3.86	1977	189.6168	15.54
1962	91.67593	5.32	1978	209.3519	10.41
1963	103.16048	12.53	1979	227.9164	8.87
1964	117.86281	14.25	1980	271.2496	19.01
1965	121.69692	3.25	1981	275.321	1.50
1966	91.751162	−24.61	1982	279.2209	1.42
1967	98.156574	6.98	1983	296.9176	6.34
1968	101.69499	3.60	1984	282.2862	−4.93
1969	109.52993	7.70	1985	302.6456	7.21
1970	114.40419	4.45	1986	317.11	4.78
1971	120.69683	5.50	1987	347.8096	9.68
1972	125.20101	3.73	1988	361.9319	4.06
1973	146.44223	16.97	1989	353.8204	−2.24
1974	166.56425	13.74	1990	375.8908	6.24
1975	161.03231	−3.32	—	—	—

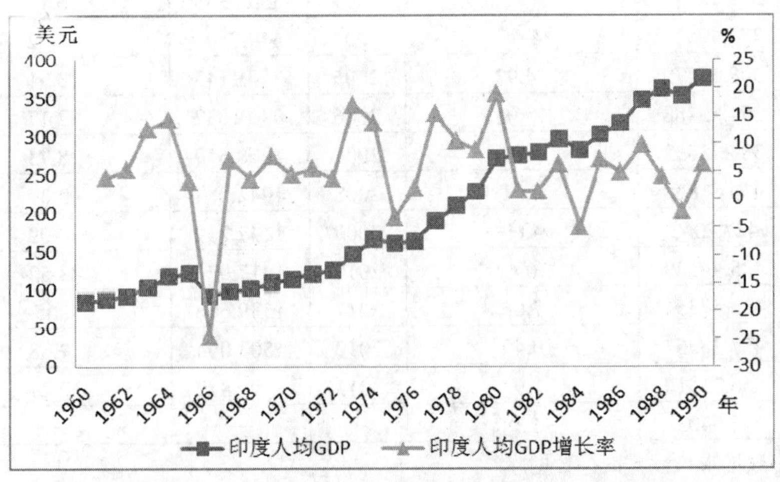

图 3-9　1960—1990 年印度人均 GDP 及增长率趋势图

2. 经济改革促进经济高速增长

1991 年爆发的国际支付危机迫使印度开始进行全面的经济改革，从政府管制走向市场自由，从封闭的进口替代走向开放的出口导向。随着改革步伐的前进，原来的计划经济模式逐步打破，国外企业和国外资本开始进入印度，印度经济进入一个新的历史发展时期。印度经济在整个 20 世纪 90 年代的平均增长率为 6%左右，2003—2004 年度更是实现了 8.1%的增长。更高的经济增长水平又吸引了更多的外国投资，从而使外国投资、生产率提高、经济增长之间进入了良性循环①。2003—2004 年度以后的每一年度，以市场价格测算的 GDP 增长速度都超过 8%。2008 年度印度经济增长更是达到了 8.7%。此轮经济增长的动力由储蓄和投资的增加支撑，并且表现为生产力和竞争能力的改进。2008 年印度人均 GDP 达到 617 美元，年平均增长率相当于 20 世纪 90 年代经济改革初期的 2 倍。2000 年，印度的 GDP 总量为 4602 亿美元，而到了 2010 年，印度的 GDP 总量已达到 1.62 万亿美元。

1991—2013 年印度人均 GDP 一览表如表 3-30 所示，1991—2013 年印度人均 GDP 及增长率趋势图如图 3-10 所示。

表 3-30　1991—2013 年印度人均 GDP 一览表

单位：美元，%

年份	人均 GDP	人均 GDP 增长率	年份	人均 GDP	人均 GDP 增长率
1991	310.08377	−17.51	2003	565.3355	16.17
1992	324.49513	4.65	2004	649.7106	14.92
1993	308.53479	−4.92	2005	740.1143	13.91
1994	354.85488	15.01	2006	830.1632	12.17
1995	383.55093	8.09	2007	1068.679	28.73
1996	410.81836	7.11	2008	1042.084	−2.49
1997	427.2362	4.00	2009	1147.239	10.09
1998	425.44529	−0.42	2010	1417.074	23.52
1999	455.47354	7.06	2011	1539.606	8.65
2000	457.28354	0.40	2012	1503.004	−2.38
2001	466.21418	1.95	2013	1498.872	−0.27
2002	486.64045	4.38	—	—	—

注：表中数据来自世界银行数据库。

① 李文，李毅．印度经济数字地图 2011［M］．北京：科学出版社，2012：9-11．

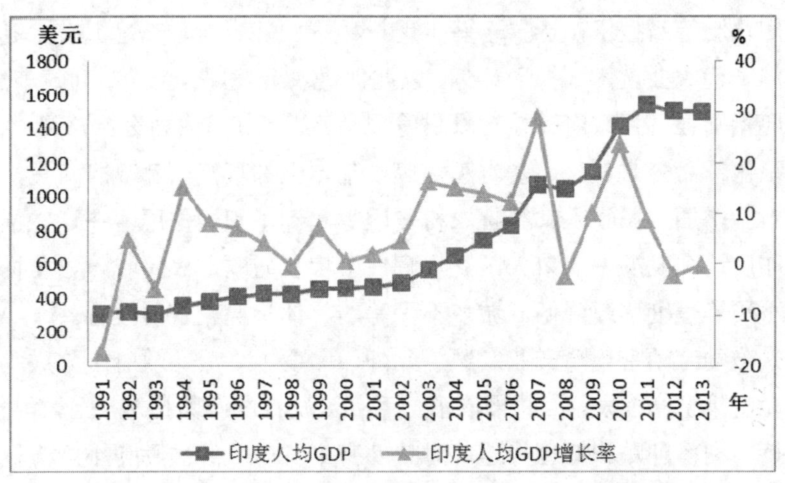

图 3-10　1991—2013 年印度人均 GDP 及增长率趋势图

从 1991—2013 年，基于购买力平价人均 GDP 来看，印度属于新兴经济体中经济发展水平较为落后的国家。1991 年经济改革之前，印度处在传统阶段徘徊，发展较为缓慢，尚未进入工业化阶段。到 2009 年，印度人均 GDP 达到 11787.239 美元，已经迈入工业化，达到为起飞创造前提阶段。

（二）印度居民收入阶段性特征及影响因素

从 60 年代开始，由于农业发展政策的实施和土地制度的完善，在此阶段印度居民收入逐步上升。而从 90 年代进行的市场化改革与产业结构调整推动了印度居民收入大幅增长。

1. 居民收入呈缓慢上升趋势

20 世纪 60 年代至 90 年代，印度的居民收入缓慢上升，究其原因，与印度的土地制度改革和农村地区的发展密切相关，同时也与政府鼓励劳动密集型产业发展的政策导向有关。

（1）土地制度改革。印度独立后，针对土地分配存在的严重不公，从 1949 年开始实行以废除“柴明达尔”地主为中心的土地改革，由政府接管其土地并将其所有权分配给佃户，在一定程度上削弱了大地主对土地的高度垄断，促进了农村经济发展和农民收入水平的提高。

（2）实施新的农业发展战略——“绿色革命”。另一方面，印度独立以后，为了解决粮食问题，开始实施新的农业发展战略，从 1963 年到 1980 年，实行了具有农业技术革命意义的“绿色革命”，通过引进农业生产技术、高产优良品种和使用化肥等新技术，选择一些土地耕种条件好、雨量充足又有水利设施的地区实施现代农业技术一揽子计划，以此促进农业发展。在一系列改革过程中，印度政府特别强调邦政府直接对农村发展负责，尤其是农村公共产品，如供水、供电、绿色革命公共教育、基本医疗等，基本上都直接由邦政府负责，这些政策措施对于增加农民收入、缓解农村贫困等起到了积极作用。在这些措施的影响下，印度这个发展中人口大国逐步解决了粮食问题，农民收入显著提高，农村内部不平等程度逐渐降低，城乡不平等的整体状况也有所改善。

（3）鼓励劳动密集型产业发展。此外，印度独立后，政府十分鼓励私人部门向劳动密集型产业发展，并采取了一系列鼓励性的政策措施，比如税收减让、信贷支持、利率补贴和特惠待遇等对劳动密集型产业的鼓励和小规模行业的发展可以使等量资本吸收更多的劳动，在一个劳动充裕和资本稀缺的经济中，可以对扩大就业、提高低收入劳动者收入起到积极作用。

2. 居民收入逐步走入“快车道”

从20世纪90年代初，印度的居民收入略有下降。这一阶段印度收入的变化与其推行的经济改革以及产业结构的变化有关。但随着改革的进一步推进，进入21世纪后印度居民收入得到了快速增长。

（1）市场化改革。从20世纪90年代开始，印度开始实行以自由化、市场化、全球化为导向的经济改革，目的在于使政府干预下的工业保护体制转向自由竞争的市场机制。新工业政策让私营部门更大程度地介入重要经济领域，经济增长速度明显加快，但与此同时，在更为自由的市场经济条件下，地区收入差距不但没有因为资本和人员的自由流动而缩小，反而呈不断扩大趋势。究其原因，主要在于原本富裕的邦由于劳动力素质较高、基础设施较好而能够竞争性地获得更多的私人投资，从而经济发展得更快；相反，越是贫穷的邦，经济结构越脆弱，以前的保护体制一旦放开，由于竞争力较差，从而发展大大落后，导致地区收入差距扩大。此外，1990年印度开始进行经济自由化改革后，农业发展受到忽视，一方面农民从金融机构可获得的贷款越来越少；另一方面农业投入品的价格上涨很快，而印度近2/3的人口居住在农村，农业的增长缓慢进一步加剧了贫困。

（2）产业结构变化——服务业发展超过制造业。20世纪90年代末，印度的产业结构发生了重大变化，其突出表现就是服务业的发展明显超过制造业，这一变化对印度城市内部收入差距的扩大产生了深刻影响。据统计，在印度城市内部，金融、保险、房地产业、IT、研发等现代服务业增长率从1997年以后超过了制造业部门，这些高收入行业和部门的发展，一方面对具有熟练劳动技能和高学历的专业人才产生了大量需求；另一方面也会对相关配套低收入就业岗位产生需求，比如家政服务、各种清洁和保养工作、食物零售、衣物干洗、美容美发等。以印度的软件开发行业为例，印度的软件开发与设计业本身，不仅需要程序设计师和工程师等专业技术人才，同时也需要提供简单劳动和服务的劳动者为专业技术人才提供配套服务，后者往往收入很低。服务业的发展，让一部分专业人才收入得到了较大的提升，而另一部分人群的收入则没有跟上前进的脚步。

三、俄罗斯经济发展阶段及其居民收入阶段性特征

1991年12月25日苏联解体后，最大加盟国俄罗斯正式独立，自此，俄罗斯走向了一条振兴经济的复兴之路。其居民的收入水平也呈现出不同于别国的特征。

（一）俄罗斯经济发展阶段

90年代政府进行的私有化运动给俄罗斯经济带来巨大负面影响。在长达十年的萧条时间里，国家经济发展衰退，社会发展萎缩。但是从21世纪开始，通过一系列政策调整，成功扭转颓势，俄罗斯经济进入高速增长阶段，多项指标显著提高。与此同时，社会发展也得到全面改善。

1. 私有化改革使国家经济陷入衰退

1991年12月25日，苏联解体，俄罗斯作为最大的加盟国开始了对旧有的苏联社会主义体制改造。叶利钦颁布了总统令《1992年国有及市有企业私有化纲要基本原则》，决定从1992年1月2日起，实行大规模的私有化运动。俄罗斯的私有化分为“小私有化”和“大私有化”两类。“小私有化”是指小型企业通过出售、租赁等方式实现私有化；“大私有化”是指大中型企业先通过改造成为股份公司，然后再以出售股份公司股票的方式实现私有化。小私有化到1993年底基本完成，大私有化则由于资金短缺、资本市场不发达等因素的制约而步履维艰[①]。

然而，俄罗斯的改革仿佛并没有给俄罗斯人民带来预期的幸福生活。20世

① 林跃勤，周文．金砖国家经济社会发展报告[M]．北京：社会科学文献出版社，2011：77-183．

纪 90 年代俄罗斯的经济衰退比 1929 年美国大萧条更为严重。在俄罗斯，实际人均收入下降 80%，国内生产总值下降 55%以上，当时俄罗斯政府一年的收入还不如美国财政部一周的收入。由于缺少投资，俄罗斯工业出现巨大滑坡。石油产量下降 50%，基础设施如电力、核电厂、铁路系统纷纷解体。特别是 1998 年金融危机造成经济大幅下滑，俄罗斯经济更是陷入多重危机。在俄罗斯的经济领域中，先后爆发了金融危机、生产危机、预算危机和债务危机；而在全社会范围内，则出现了经济危机、政治危机和社会危机交织并发的局面。1998 年 8 月 17 日，俄罗斯政府和中央银行被迫宣布提高卢布“外汇走廊”上限，卢布实际贬值幅度高达 50%。这标志着俄罗斯政府失信于民，金融危机不可避免地爆发了。1998 年 8 月中期到 9 月初，俄罗斯的股市、债市和汇市基本上陷于停盘交易状态，银行已无力应付居民提款兑换美元的风潮，整个金融体系和经济运行几乎陷入瘫痪。俄罗斯政府无力挽回局势，被迫宣布卢布自由浮动，卢布兑换美元比价猛跌至 17：1[①]。

1989—1999 年俄罗斯人均 GDP 一览表如表 3-31 所示，1989—1999 年俄罗斯人均 GDP 及增长率趋势图如图 3-11 所示。

表 3-31　1989—1999 年俄罗斯人均 GDP 一览表

单位：美元，%

年份	人均 GDP	人均 GDP 增长率
1989	3428.762	—
1990	3485.112	1.62
1991	3427.318	−1.69
1992	3095.087	−10.73
1993	2929.303	−5.66
1994	2663.457	−9.98
1995	2669.946	0.24
1996	2643.906	−0.98
1997	2737.555	3.42
1998	1834.846	−49.20
1999	1330.748	−37.88

注：表中各项数据来自世界银行网站中世界经济统计的各相关年度。

① 谢·尤·格拉济耶夫，谢·格·卡拉-穆尔扎，谢·阿·巴奇科夫．1991—2003 年俄罗斯经济改革白皮书[M]．济南：山东大学出版社，2009：24.

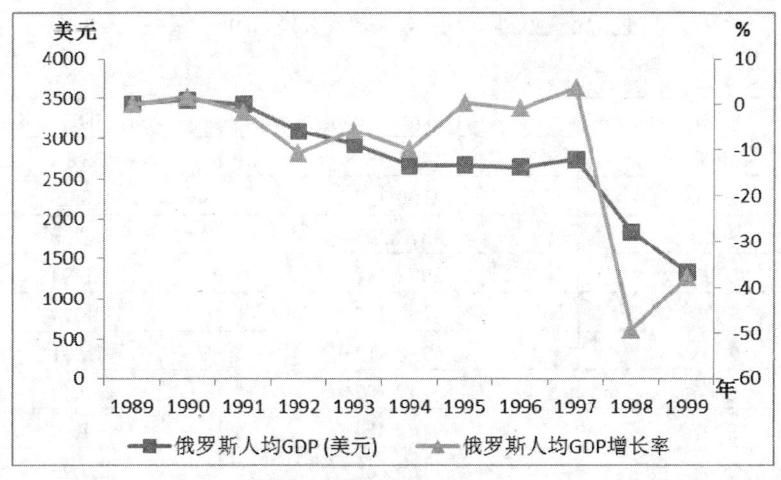

图 3-11 1989—1999 年俄罗斯人均 GDP 及增长率趋势图

由表 3-31 的数据可知，20 世纪 90 年代以来，俄罗斯的经济经历了重创，人均 GDP 逐年下滑，由 1989 年的约 3429 美元下降到 1999 年的约 1331 美元，下降了 60%左右。

根据钱纳里和库兹涅茨对经济发展阶段的判断标准来看，这一时期俄罗斯经济由起飞阶段退回到为起飞创造前提阶段，在经济发展历程上属于倒退。这主要是因为 1991 年苏联解体，俄罗斯经济一直处于动荡与衰退的局面，GDP 总量在这十年中一直处于下降趋势，人均国民收入也逐年降低。同时 1998 年金融危机又加剧了俄罗斯经济的大幅下滑，其经济更是陷入多重危机。

2. 经济平稳增长，社会发展改善

俄罗斯经济历经了近十年的衰退、大幅波动和金融危机的冲击后，从 2000 年起进入新一轮增长阶段。新一轮经济增长不但摆脱了转轨以来经济持续下滑的局面，实现了持续稳定的增长，而且从经济、社会发展的各项指标来看，俄罗斯经济已经进入了新的发展阶段，短短十几年的时间，经济阶段就由为起飞创造前提阶段发展到起飞阶段，又迅速跨越到成熟阶段、群众性高消费阶段，人均实际收入大大提高。

2000—2013 年俄罗斯人均 GDP 一览表如表 3-32 所示，2000—2013 年俄罗斯人均 GDP 及增长率趋势图如图 3-12 所示。

表 3-32　2000—2013 年俄罗斯人均 GDP 一览表

单位：美元，%

年份	人均 GDP （美元）	人均 GDP 增长率
2000	1771.583	33.13
2001	2100.357	18.56
2002	2373.393	13.00
2003	2974.738	25.34
2004	4109.385	38.14
2005	5338.412	29.91
2006	6947.502	30.14
2007	9145.454	31.64
2008	11699.68	27.93
2009	8615.673	-26.36
2010	10709.77	24.31
2011	13324.29	24.41
2012	14090.65	5.75
2013	14611.7	3.7

注：表中各项数据来自世界银行网站中世界经济统计的各相关年度。

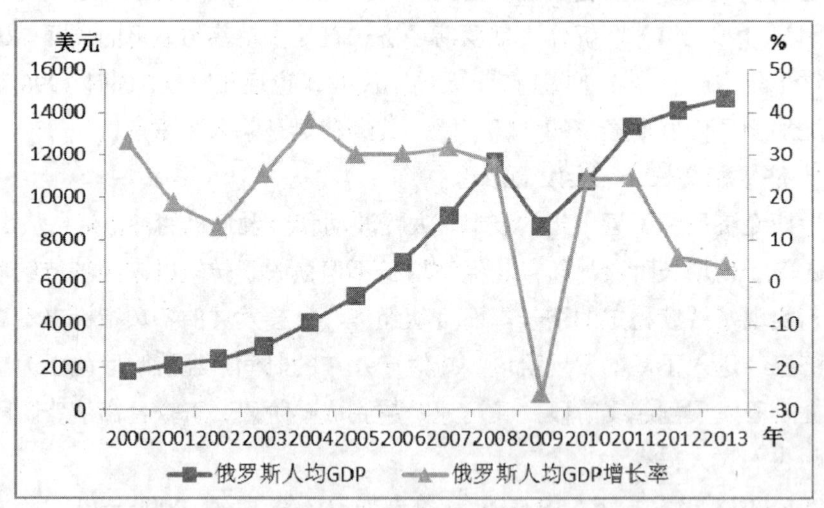

图 3-12　2000—2013 年俄罗斯人均 GDP 及增长率趋势图

2000 年以来，俄罗斯经济进入新一轮增长阶段，GDP 年平均增长速度在 6%以上，同期的工业产值、固定资产投资的年均增速也有明显增长。困扰联邦政府多年的预算赤字问题也得到根本改善，联邦预算盈余增加到占 GDP 10%以上，通货膨胀率在这一时期稳步降低，2006 年一季度降至 4%的低水平。在国际收支方面，经常账户收支余额增长了一倍以上，外汇储备也显著增长。投资增长是拉动 GDP 增长的重要因素，俄罗斯经济的投资效率除了在 1998 年金融危机冲击下出现大幅波动外，总体呈现逐渐增长的趋势。1999 年以前，俄罗斯经济的平均投资效率低于 5%，此后不断提高，2001 年以后从 11%逐步提高到 18%，并且呈现稳定增长的趋势。投资效率稳定持续提高也是俄罗斯经济实现稳定、持续增长的重要因素之一。综合以上各项分析可以认为，俄罗斯经济已经初步具备了稳定增长的基础。

除了经济持续稳定增长以外，俄罗斯的社会发展也实现了根本改善。1991 年俄罗斯经济转轨之初，经济私有化、自由化政策导致经济、社会发展指标出现了大幅度下滑。但从 1999 年开始，与俄罗斯经济发展有关的主要社会指标开始不断改善并持续至今。2000—2006 年，俄罗斯人均可支配收入指数（以 1999 年为 100）累计增长了 100 个点；平均月薪水平增长了 2.3 倍[①]。同一时期，贫困人口比重下降了 11.4 个百分点，失业率下降了 1.8 个百分点。居民的实际收入、实际工资和退休金稳定增长，2005 年居民收入增长了 8.8%，实际工资增长了 9.7%，退休金增长了 9.3%。收入由企业向居民转移，1999—2005 年劳动工资在国内生产总值中的比重从 40%上升到 43.2%，而利润和混合收入则从 1999 年的 44.2%下降到 37.5%。政府的税收收入增长了 3.8 个百分点，到 2005 年达到 19.3%。在社会分配的公平程度方面，俄罗斯的基尼系数 1999 年以来一直在不断改善，从 1999 年的 0.369 下降到 2005 年的 0.33。

俄罗斯在 2000—2008 年进入高增长阶段，年均增长率高于 7%，超过了同期全球平均速度。而此前的 1992—1999 年，年均增长率为-4.9%，远低于同期主要经济体增长水平。2008 年，俄罗斯 GDP 总量达到 293000 亿卢布[②]，约为 1.661 万亿美元，已步入世界经济大国行列，但是随后的美国次贷危机对俄罗斯经济造成巨大打击，2009 年出现近 8%的负增长。其衰退幅度不仅超过了世界平均下降幅度，甚至也远高于发达经济体的平均下跌水平。2010 年俄罗斯的经济开始复苏，2012 年俄罗斯已迈入发达国家，赶上韩国、西班牙、以色列的经济发展水平，预计到 2020 年前，俄罗斯的人均 GDP 可达 29400 美元。

---

① 李丽. 俄罗斯经济发展的新阶段[J]. 俄罗斯中亚东欧市场，2007（09）.

② 林跃勤，李毅. 俄罗斯经济数字地图 2011[M]. 北京：科学出版社，2012：126-131.

（二）俄罗斯居民收入阶段性特征及影响因素

经济转轨以来，俄罗斯经济在经历过 1990—2004 年的“U”型发展之后，其国民收入以递增的速度远远超过巴西、印度两国的收入水平。正如上文所述，俄罗斯在苏联解体后的经济改革，使其经济在整个 90 年代出现了大滑坡，居民的收入水平出现了巨大的下降，一直到 2000 年以后，俄罗斯终于走出了危机的阴霾，经济发展走向正轨，在 21 世纪初开始高速腾飞，与之同时居民收入水平得到了显著提升①。工资收入和货币收入实现了较快增长。居民收入来源多元化，结构合理性有所增强，并逐步改变了转轨以前平均主义就业体制下以工资为单一主要来源的状况。

1. 居民收入水平持续下滑

20 世纪 90 年代，俄罗斯居民收入出现过两次大的下降，即 1992 年和 1998 年。1992 年下降最快，下降 33%。事实上，在此期间，俄罗斯居民收入呈持续下降趋势。究其原因，主要有以下两个方面：

（1）经济增长对居民收入的影响。在苏联解体初期，由于 1992 年受价格自由化和“休克疗法”的影响，居民收入（包括当期收入和储蓄）贬值 50%以上，经济遭受重创，此后的几年中由于没有颁布经济复苏的国家政策，国民收入更是逐年下降。1998 年 8 月发生了俄罗斯金融危机，使俄罗斯消费品价格大幅上扬，居民收入瞬间下跌。

（2）私有制改革对居民收入的影响。由于苏联不允许私有制存在，限制个体经营活动，官方意识形态只承认社会中存在工人阶级、农民阶级和知识分子阶层，所以社会阶层分化程度低，分化速度慢，社会阶层相对稳固。苏联解体后，俄罗斯实行以经济机制的市场化和所有制关系的私有化为特征的经济转型，加大权力关系调整和利益再分配的强度。正因为如此，俄罗斯社会结构开始分化，出现了富有阶层、中产阶层和贫困阶层。随着私有化政策的实施及所有制结构的变化，俄罗斯居民的收入来源出现多样化趋势，居民收入从主要来自劳动报酬向越来越多地依靠资本收入、经营活动收入等要素收入过渡，不同阶层的收入来源存在差异。目前俄罗斯收入分配方面存在的最大问题是收入分配不公，主要表现为社会群体之间两极分化严重②。

① 马蔚云．俄罗斯居民的收入与消费问题[J]．国外理论动态，2004（01）．

② 孙浩进．中俄收入分配制度变迁比较研究——兼论对于中国的启示[J]．西伯利亚研究，2008（10）：34-37．

2. 居民收入呈稳定增长态势

进入 21 世纪，俄罗斯经济开始好转，居民的收入水平也随之稳定上升。但是，受 2008 年 9 月爆发的世界金融危机影响，居民的收入有短暂的下滑，2009 年实际工资同比下降 3.5%，2010 年又恢复增长，增长了 4.2%。

（1）2000 年后，居民收入的增长在很大程度上是由价格因素带动的。在某种程度上是下列三个因素作用的结果：一为 1998 年 8 月卢布贬值使国内生产竞争力提高；二为国家出台了控制能源载体和垄断部门服务价格过快增长的政策；三为中央银行实行增加货币供给的政策。所有这些因素推动名义工资快速上涨，但实际工资却递减。另外世界金融危机对俄罗斯居民收入有一定影响。不过，这种影响与 1992 年和 1998 年情况有根本性不同，俄罗斯的经济实力不可同日而语，政府干预经济的能力大为加强，此影响尚在国家可控范围之列。

（2）积极的宏观经济政策促进了居民收入水平的提高。普京在 2000 年开始执政时就强调，为了能够在短时间内消除持续已久的危机，为经济和社会快速和稳定发展创造条件，必须制定经济发展战略，最核心的问题是实现经济的快速增长。在普京关于制定国家长期经济发展战略的指示下，俄罗斯政府提出了不同的经济发展预测方案。2000 年 6 月，俄罗斯政府通过了《俄罗斯政府长期社会经济发展基本方针》，提出了国家今后 10 年在宏观经济指标、经济结构和社会政策三方面的总体构想，规定“在到 2010 年的 10 年内，国内生产总值的年均增长速度不低于 5%”。

在社会政策方面，有效保护低收入家庭，向其提供社会帮助等。2003 年 5 月，普京在国情咨文中正式提出了经济翻番的战略构想。2004 年俄罗斯政府提出，2004—2015 年俄罗斯国内生产总值的年均增长率在 5%~8%。在俄罗斯经济形势持续好转的背景下，2008 年 2 月俄罗斯政府提出到 2020 年俄罗斯将成为世界经济五强的战略目标。从长期看，随着经济的持续走强，俄罗斯居民收入止住了一直下滑的趋势，从 2001 年开始稳步提升，由 1780 美元增加到 2010 年的 9900 美元，增长了近 6 倍。由此可见，切实可行的国家经济政策对居民收入水平的影响是重大的。

在收入分配政策方面，俄罗斯把反贫困和提高居民实际收入作为政策的优先方面：一是对国家公务员实行不断提高薪水的政策；二是对企业职工工资实行指数化；三是保证退休者退休金稳定增长，并实行有针对性的社会帮助；四是实行最低工资制度。1993—2011 年将近 20 年间，俄罗斯居民实际工资先降后升：1999 年之前，除了 1997 年增长 5%之外，其他年份均为下降；2000—2011 年，除 2009 年下降 3%之外，其他年份均为增长，其中 2009 年增长 5%，2010 年增长 5%，2011 年增长 3%。退休者实际退休金在 1993—1999 年呈持续下降趋势，此后持续增长，其中 2009 年增长 11%，2010 年增长 35%，2011 年增长 1%。实际最低工资在 1993—1999 年基本呈下降趋势，此后基本呈增长态势，其中 2009 年增长 68.6%，2010 年下降 6.4%，2011 年下降 4.8%。俄罗斯实际工资、实际退休金和实际最低工资增长幅度同经济增长速度大体保持一致。

（3）金融市场的发展对居民收入增长的带动作用。金融市场是居民和企业进行投融资活动的场所，对于居民收入中的财产性收入和经营性收入影响很大。

1991—2011 年俄罗斯资本市场指标一览表和一览图分别如表 3-33 所示和图 3-13 所示。

表 3-33 1991—2011 年俄罗斯资本市场指标一览表

单位：%

年份	股票交易总额占 GDP 的比例	上市公司市值占 GDP 的比例
1991	—	0.05
1992	—	0.05
1993	—	0.00
1994	0.07	0.04
1995	0.12	4.01
1996	0.76	9.50
1997	4.01	31.66
1998	3.87	7.60
1999	1.45	36.86
2000	7.82	14.99
2001	7.47	24.85
2002	10.47	35.99
2003	18.82	53.63
2004	22.14	45.34
2005	20.85	71.80
2006	51.96	106.79
2007	58.05	115.64
2008	33.85	23.91
2009	55.82	70.46
2010	53.76	67.53
2011	61.71	42.87

注：表中数据来自《世界发展指标》及《世界银行数据库》中世界经济统计的各相关年度。

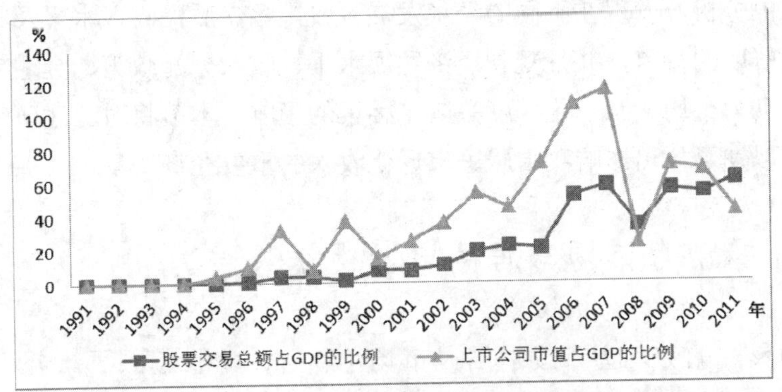

图 3-13　1991—2011 年俄罗斯资本市场指标一览图

通过表 3-33 的数据，可以明显看出，进入 20 世纪 90 年代后，俄罗斯资本市场的交易规模和资产价值大体上处于上升阶段，但是上升过程中充满波折，这正是由于其不发达的金融市场所导致的。2003 年前，俄罗斯的股票市场交易额与同期 GDP 比例上涨较慢，难以突破 20%，说明其金融市场不是很活跃，有待进一步发展与完善。但 2003 年后，俄罗斯这一指标增长迅速，金融市场改革取得了一定的成效。另一方面，从上市公司占同期 GDP 比例来看，其股市市值逐年上升，金融市场取得了很大的发展。俄罗斯的金融市场发展趋势同国民收入一致，都保持上升趋势。另外，两者都在 2000 年和 2008 年出现转折，说明居民收入水平与金融市场发展存在一定的相关性，即金融市场的发展和波动可以传导到居民收入水平上。

伴随俄罗斯在 21 世纪初的金融改革，居民收入水平增速提高，并与金融市场发展相互促进。市场机制不完善导致金融体系受到 1998 年金融危机的重创，随后俄罗斯政府回到相对审慎的角度发展金融市场。虽然市场指标曲线充满迂回与曲折，但是整体趋势是上升的态势，这与居民收入水平保持一致性。

第四节　各国居民收入构成及其阶段性特征的经验与启示

通过对罗斯托经济发展阶段理论的介绍及对发达经济体、新兴经济体居民收入特征的分析，发现在不同的经济发展阶段，各国居民收入水平及收入结构都呈现出鲜明的特点，并且受到经济发展水平、收入分配政策、金融市场发展水平、劳动力市场、私有化程度等诸多因素的影响。本节将对上述研究进行总结归纳，以期寻找出影响我国居民市场化收入的重要经济变量。

一、劳动力市场与居民市场化收入

英国灵活的劳动力市场对居民市场化收入的增长起到了十分积极的影响，对提升我国居民的市场化收入有很重要的借鉴意义。英国劳动力市场改革的集中经验是：失业率确实可以通过确定的、一贯的政策措施得以降低，但这种降低需要集中精力才得以实现，改革的积极效应也需要很长一段时间才能看到。具体说来，英国劳动力市场改革的成功经验有三点：改革早、范围广、程度深。

首先，改革早。从80年代早期开始，英国就采取了严厉打击工会、改革工资集体谈判制度、废除最低工资规定、改革失业福利制度等一系列举措以增强劳动力市场的灵活性。这些努力使英国在90年代初期就成为了工业化国家中劳动力市场最具灵活性的国家之一，为劳动者就业减少了制度性障碍，从而为居民收入增长提供了制度上的支持。

其次，范围广。工资改革、失业福利制度改革、税收改革、积极的劳动力市场政策实践等多项改革措施的进行大大加强了改革的效果。据OECD在1999年的研究，凡在劳动力市场改革以后失业率明显下降的经合国家，都采取了上述几项关键性的改革措施，如加拿大、英国、丹麦、爱尔兰、新西兰等国。这是因为多项改革措施并举才能发挥合力的作用收到单一措施所不能达到的良好效果。例如，如果不降低慷慨的失业福利水平，以增加工作回报为目的税收改革就不能有效地鼓励低技能者寻找新工作或多工作；如果不提高失业者的就业能力，失业者即便找到了工作也会很快再失去新工作。

最后，程度深。自从改革以来，英国的失业福利水平不断下降，毛失业替代率水平在OECD国家中处于低位，仅略高于美国和日本。与之形成鲜明对比的是，虽然许多欧盟国家已经改革了失业福利制度，但总的来看，他们对原来的福利制度触及较少，毛失业替代率远远高于美国和日本。

二、金融市场发展水平与居民市场化收入

改革开放二十余年来，我国金融市场的发展取得了可喜的成就，但发展过程中也存在着这样那样的问题。虽然我国金融市场的发展在初始条件、发展目标、具体措施等方面与一些发达国家和新兴经济体有所不同，但我们仍可从这些国家金融市场的发展过程中得到有益的启示。

由于发达经济体的国家处于较高的经济发展阶段、市场化程度很高、金融市场比较发达。因此，发达国家的居民市场化收入水平远远高于新兴经济体的居民市场化收入水平。金融市场的快速发展吸引了人们的注意力，越来越多的居民参与到这个市场。并且，金融市场的波动也与居民市场化收入水平，尤其是经营性收入与财产性收入，表现出正相关关系，这主要是通过居民利用金融市场的多样化金融工具进行资金的融通及财富积累产生，影响的渠道是经营性收入和财产性收入联系起来的。

第一，应加强货币市场和资本市场的协调发展。货币市场在经济和市场运行中发挥着重要的作用，一个发达且功能健全的货币市场是执行货币政策和进行货币总量管理的基础，不仅可以降低政府的融资成本，而且可以使政府以更好的期限和利率出售债券。资本市场是为长期资金融通提供条件，可以满足长期筹资的要求，为长期资本工具提供流动性的安排。货币市场和资本市场之间是相互作用和影响的。从对新兴经济体金融市场的考察可以看出，巴西、印度、俄罗斯三国的货币市场和资本市场的发展是不平衡的，无论是从市场规模、工具品种以及发展速度来看，货币市场的发展要相对落后于资本市场的发展，因而制约了居民收入，尤其是居民的经营性收入、财产性收入的增长。

第二，有步骤地实施金融市场对外开放战略。近几十年来，世界经济和金融自由化盛行，加速了国际金融市场一体化的步伐，全球范围内的资本流动成本日益减小，资本流动成为影响全球金融市场和经济运行的重要因素。无论是从经济全球化的趋势，以及我国加入 WTO 以后的发展要求来看，我国资本市场的对外开放将是发展的必然，这对我国来说，既是机遇，更是挑战。

新兴经济体金融市场对外开放的实践为我们敲响了警钟。在本国宏观经济形势严峻、金融市场发展尚不成熟、市场法律法规不够健全、缺乏相应的风险防范和抵御措施的情况下开放金融市场，势必导致国际投机资本的大举入侵，

不但达不到利用外资发展本国经济的目的，反而加剧了本国金融市场的动荡，以至于陷入金融危机，对国家经济的发展、居民收入水平造成不可估量的损失。加入 WTO 以后，我国金融市场的发展已进入了一个关键性的阶段。应吸取巴西、印度、俄罗斯资本市场对外开放的教训，在内部做好充分准备的同时，制定具体的开放条件和步骤，对欲进入的外资进行严格有效的审查，制定和完善相关的管理配套措施，将风险控制在最小范围之内。

三、收入分配政策与居民市场化收入

有效的收入分配政策能缩小贫富差距，改善两级分化的极端现状，调节收入差距过大等问题。巴西、印度、俄罗斯三国在经济发展期间，都遇到了居民贫富差距过大这一严重的社会问题。我国正处于经济发展的关键时期，各种社会矛盾开始凸显，借鉴国外的收入分配政策经验，制定符合我国国情的合理的收入分配政策，对于提高居民市场化收入有着重要意义。

收入分配是社会再生产的一个重要环节，更是一国宏观经济政策的重要组成部分，其核心是解决社会经济发展中的效率与公平问题。社会公平，尤其是收入公平分配涉及全体社会成员最直接的利益。

首先，应重视制度转型期社会救助制度的建立，加大政府对社会弱势群体的扶助力度。市场经济国家在福利制度改革中已普遍接受救助模式的观念。巴西、印度、俄罗斯三国在制度转型期间，收入分配政策的制定上着重削减对富裕家庭援助水平，同时社会支出转向有利于居民中弱势群体的再分配。新兴经济体在社会福利制度和社会保障制度的转换沿袭了这一方向，应该说基本上是成功的。

我国改革开放以来，在全面引入市场竞争机制的同时，在除国有单位之外的更大范围内，放弃了原有的社会福利和社会保障方式，在相当长的时间里众多弱势群体处于无助状态，适应市场经济体制的新的社会保障和救助制度又迟迟不能建立起来，贫富分化日益加剧。在社会保障和社会福利制度方面，我们至今仍然存在着对部分强势人群的过度保护和对社会弱势群体救助总体不足并存的问题。今后，我国社会保障和社会福利制度的建设，应当逐步走上全国统一的路，宁可国民福利水平低一点，也应当构建全国统一社保制度，同时应加快社会救助制度的建立和完善，加大政府对社会弱势群体的扶助力度。

其次，加快社会保障的制度化建设，尽快实现社会保障法制化。美国、英国、日本社会保障制度的法制化程度较高，使其具有法律的强制性和制度的规范性，俄罗斯也在逐渐完善其社会保障制度的法制化。比较之下，我国社会保障的法制化建设相对滞后，至今缺乏社会保障的专门法律，社会保障制度化还有相当距离。因此，制定社会保障法，应作为我国社会保障制度建设近期工作的重要内容。在社会保障法中，要对国家、企业和个人在社会保障中的权利和义务做出法律层面的强制性规范，并对一些社会保障方式做出法律规范，如养老金的指数化制度等。

最后，重视提高个人所得税征收效率和对收入分配的实际调节效果。目前，在我国个人所得税累进制实施中，由于缺乏健全的收入信息管理系统和先进的税收征管手段，使得对高收入人群的所得税累进征收基本失效，并且由于仍然是分项征收，造成征收成本和漏税可能的加大，不利于发挥所得税对公平收入分配的调节作用。因此，美国、英国、日本等国的单一税“简化、公平、效率和鼓励投资”的基本思想对我国具有借鉴意义。长期以来，我们对个人所得税改革的思考一直拘泥于由完全分类课征转为综合和分类相结合的模式，但实行综合税制的条件，如收入、财产准确归集等，在短期内还难以具备。而“单一税”思想实际上为我国个人所得税改革提供了一个新的思路。

四、经济发展水平与居民市场化收入

发达经济体与新兴经济体处在不同的发展阶段，其居民收入水平以及结构特点也因此具有很大的差异。

处在经济发展最高阶段的发达国家，服务业和制造业比较发达，其中高产值的服务业的增加值占 GDP 比例高达 70%~80%，这就直接决定了居民的市场化收入处于高水平。与产业增加值占比相对应的是各产业就业人员占总就业人数比例，发达国家的第一、第二产业就业人数自上世纪 80 年代以来呈现下降趋势，而第三产业就业人数呈上升趋势，即农业、工业就业人员流向高收入的第三产业，使得居民收入逐年上升。就业人员的流动不仅是收入水平差异的结果，更是总体收入上升的原因，人员流动促进的居民市场化收入水平的提高。

与发达经济体形成明显对比的是新兴经济体，印度、巴西、俄罗斯三个国家刚刚进入群众性高消费阶段，尚未完成工业化进程。这些国家的产业结构劣于发达国家，农业增加值占比大于10%，服务业增加值占比只占50%左右，工业增加值仍处于上升阶段。另外，新兴经济体的就业结构同发达经济体相比更加不合理，例如，印度的农业就业人数高达50%，即有高达一半的人数从事低增加值的农业，导致其居民收入处于低水平阶段，且增速缓慢。但是，其经济结构同样处于优化阶段，农业就业人员向工业、服务业流动，促进了总体产业增加值的上升，促进了居民市场化收入水平的上升。

国民经济的稳定快速发展，是居民市场化收入得以提高的基础。新兴经济体的发展经验表明，居民市场化收入的持续快速增长，离不开国民经济的健康、稳定增长，也离不开产业结构、地区经济结构的不断优化。此外，短期来看，金融危机等经济危机对居民市场化收入的影响，尤其是经营性收入以及财产性收入亦不容忽视。因而，应当从根本上抓住经济发展的大局，进而为居民收入和生活水平的提高奠定坚实基础。

五、私有化程度与居民市场化收入

通过上述对发达经济体、新兴经济体的研究发现，居民的市场化收入在政府采取正确的私有化政策后都出现明显提高。政府进行私有化改革，出台利于民间投资相关政策，资源配置得到优化，产业结构发生改变。许多国家更是会同时加大私有化范围，在重要部门，例如交通和钢铁领域，允许民间资金注入。减少了国家干预，放宽了参与私有化进程的管制，这样，不仅企业开始介入重要经济领域，运营效率大幅提升，居民收入也出现显著增长：收入来源变得更加多样化，自营收入与投资收入比重大幅增加。产业结构调整给新兴行业带来新的生机和商机：新行业增长率的提高，不仅加大了对具有熟练劳动技能和专业知识人士的需求，同时也带动了相关衍生的低技术含量岗位的产生。所以，私有化对居民自营收入与投资性收入提供了更加平稳的增长环境，对收入来源的多样化提供了更加广阔的空间。

我国目前形成了公有制为主体、多种所有制经济共同发展的基本经济制度。中国经济的发展是需要公有制经济和非公有制经济共同发展驱动。然而国企在某些行业垄断力量很强，压缩非公有制经济的发展。低下的经营管理效率不仅阻碍资源合理配置，也阻碍非公有制经济对国家整体经济带动作用。所以，对某些行业和部门私有化是从国家整体经济运行考虑，通过各种所有制资本相互推动与取长补短来共同推进二者相同作用时所产生的积极影响。从国有企业角度考虑，私有资本的注入丰富了企业资本结构，完善了企业治理结构，增加了企业运营效率，提升了市场化程度。从非公有制角度而言，私有化改革增加了私企经营领域，扩大了发展前景与空间。即使在某些重要经济领域，例如钢铁化工能源等，虽然国有企业仍然具有支配和领导地位，但是仍然要积极引导和鼓励私有经济参与，增强行业技术水平，提升行业竞争能力和创新能力，增加行业整体运营效率。从长远来看，私有化进程有利于增加我国居民的经营性收入以及工资性收入。

第四章 转型期中国经济运行的特殊复杂性与居民市场化收入阶段性特征

改革开放后，我国进入经济转型期，经济总量和社会财富高速增长，居民市场化收入水平和人民生活水平显著提高。同时，国家的经济、社会体制发生了巨大变化，经济运行具有复杂性特征，这一时期居民市场化收入同时受政府政策、市场和宏观环境的影响。由于基本经济制度和分配制度在不同阶段具有不同内涵，因而，不同阶段居民市场化收入具有不同的特征。但是与国外相比，我国居民的市场化收入水平占比明显偏低。我国居民收入市场化形成机制仍然不完善，劳动力要素定价机制不合理，金融市场不完善，这些都影响了居民市场化收入的提高。针对当前存在的问题，要采取措施加以解决，并在现行经济运行背景下，分析我国居民市场化收入的影响因素以及增长路径，从而促进经济持续健康发展。

第一节 经济转型期我国经济运行的特殊复杂性

就市场经济本身而言，因其具有的组织性、开放性和适应性等特征，其本身就是复杂的。我国市场经济自改革开放以来已经历了三十几年的历程，市场经济体系已经基本形成，在近些年国际经济形势出现重大变革的背景下，我国经济体系也呈现出具有中国特色的特殊复杂性。

一、经济转型的内涵与分类

经济转型是指一个国家或地区的经济结构和经济制度在一定时期内发生根

本变化，由一种经济运行状态转向另一种经济运行状态。具体地讲，经济转型是经济体制的更新，是经济增长方式的转变，是经济结构的提升，是支柱产业的替换，是国民经济体制和结构发生的一个由量变到质变的过程。

经济转型的分类方法多样，最常见的有两种分类方式，一种是按照转型的状态划分，另一种则是按照转型的速度来划分。按照转型状态可以将经济转型分为两类：体制转型和结构转型。所谓体制转型，是指计划经济体制转向市场经济体制，转型的目的在于在一段时期内完成制度创新。结构转型，则是指从以农业为主的传统型社会转向以工业为主的现代化社会。结构转型主要表现在产业结构、技术结构、产品结构以及区域布局结构的调整。其转型的目的是实现经济增长方式的转变,从而改变一国或地区在世界或区域经济体系中的地位。按照转型的速度可以把经济转型分为激进式转型和渐进式转型。

激进式转型是指实施激进而全面的改革计划，在尽可能短的时间内进行尽可能多的改革。大多数学者把俄罗斯和东欧“休克疗法”式的经济改革称为激进式转型。激进式转型注重的是改革的终极目标，但是对经济社会具有较强的冲击力，在短期内可能使社会的经济生活产生巨大的震荡。渐进式转型是指通过部分的和分阶段的改革，在尽可能不引起社会震荡的前提下循序渐进地实现改革的目标。多数学者把中国“摸着石头过河”的经济改革称为渐进式转型。渐进式转型注重的是改革过程，妥善处理改革、发展、稳定三者的关系，最终实现经济和社会的可持续健康发展。激进式转型表现为短时间内推行全面的改革计划，其注重的是改革的终极目标。渐进式转型则表现为在尽可能不引起社会动荡的前提下，部分地、分阶段地实现改革目标，它注重的是改革的过程①。

经济转型过程是经济社会体制的复杂的演化过程，不但包括市场化、自由化改革、市场机制建设等经济发展转型问题，还包括法制建设、宪政转型、社会转型等体制转型问题。经济转型过程是一个动态化的过程，具有阶段性特征。在经济转型的不同阶段上，比较突出的问题也会有所不同。在转型的初始阶段，政府参与经济活动的比重减少、非国有经济的发展、生产要素的流动性加强等体制转型问题会比较突出；而到了转型后期，法制化进程、政府职能的转换、金融市场的发展、国际化程度的提高等与经济发展相关的各方面因素将会成为经济转型的更主要内容和更重要的标志。

---

① 纪晓丹．我国居民收入及收入结构变动研究[D]．上海师范大学，2009．

在《1996年世界发展报告：从计划到市场》中，世界银行对转型经济的评估主要集中在自由化、产权与企业改革、机构和社会政策三个领域[①]。其中，自由化程度代表着实现市场经济的程度，主要涉及了三个方面：国内物价和市场，外贸和货币可兑换性，以及对企业准入的开放程度。产权与企业改革主要包括私营部门产出占 GDP 的比重、大企业私有化、小企业私有化、农田私有化和住房私有化等方面。机构和社会政策主要包括法律和立法机构、金融部门、政府作用和管理、社会政策等方面。一般来讲，主要通过自由化、私有化、稳定化、企业改革、基础设施建设、金融体制和社会改革等几个方面的指标来分析转型国家在制度变迁、宏观经济稳定、经济增长和以社会发展为中心的社会生活各主要领域的经济转型进程。测算的合成指标包括了企业、市场与交换、金融体制、法律四个领域[②]。

经济转型不是社会主义国家特有的现象，任何一个国家在实现现代化的过程中都会面临经济转型的问题。即使是市场经济体制完善、经济非常发达的西方国家，其经济体制和经济结构也并非尽善尽美，也存在着现存经济制度向更合理、更完善经济制度转型的过程，也存在着从某种经济结构向另一种经济结构过渡的过程。在全球化的背景下，转型国家所必须面对的问题除了自身经济结构、体制转型外，还要解决如何融入到全球经济中来，找到其在整个国际产业分工链上的位置，寻求经济发展。

二、中国经济转型期的特征

自 1978 年党的十一届三中全会胜利召开以来，中国经济开始进入转型过程。许多学者认为我国的经济转型是由中央集权的计划经济体制向市场经济体制的转变；有的学者则明确指出："中国经济正处于转型过程中，这里所说的经济转型并不仅仅意味着经济体制的转变，即从计划经济向市场经济的转变；而且意味着经济结构的转变，即从传统农业为主的农村经济向现代工业和服务业为主的城市经济的转变"。从计划经济迈向市场经济，阶段性过渡是中国经济转型的主要特征。经济体制向市场经济体制转型的过程主要包括：经济的自由化、市场化、民营化和国际化。自由化主要体现在：在经济转型的过程中，以家庭

①②孙景宇．经济转型进程测度：比较与研究方向[J]．经济科学，2004（05）．

联产承包责任制为核心的农村改革，使农民获得了土地使用权；以放开国有企业自主经营权为核心的改革，使国有企业初步摆脱了计划经济体制的束缚，同时也使非国有经济得到了迅速发展。市场化主要体现在：经济市场化的改革将国营企业推向了市场，与其他所有制企业展开竞争。民营化主要体现在：经济民营化改革强调了产权的重要性。各种所有制的竞争，使非国有经济成为中国经济的重要力量。国际化主要体现在：使中国经济在加速工业化、城市化和市场化的同时能够面对世界新经济的挑战，逐步向国际经济一体化过渡，更加积极主动地参与到世界经济一体化中来。

（一）中国经济转型期的三个阶段

中国经济转型期指十一届三中全会以来的改革开放过程，中国经济转型过程就是改革阶段的转换过程，至今经历了三个阶段：

第一阶段，经济转型探索期。中国的经济转型过程并不是一开始就表现出明确的市场经济目标取向，而是在对社会主义改革和完善的探索中逐渐走向了社会主义制度和市场经济体制的结合目标。20 世纪 80 年代，我国经济体制改革主要是改革传统的计划经济体制，并探索社会主义经济体制的目标模式，改革在实践上"摸着石头过河"，理论上形成了"计划经济为主，市场经济为辅""有计划的商品经济""国家调节市场，市场引导企业"等模式，逐渐接近现代市场经济体制和运行机制，极大地推进了中国经济向市场经济迈进。

第二阶段，经济转型推进期。1992 年党的十四大确立了中国经济转型的目标是建立社会主义市场经济体制，1993 年党的十四届三中全会勾画了社会主义市场经济体制的基本框架，此后中国的经济转型进入到快车道——加快建立社会主义市场体制。

第三阶段，经济转型深化期。2003 年党的十六届三中全会宣布我国社会主义市场经济体制已经初步建立，此后中国经济转型进入以深化改革和完善体制为重点的崭新阶段。

可以看出，我国经济转型具有明显的渐进性质。自 1978 年以来的 30 年中，我们按照先易后难的顺序进行了一系列的改革，到今天已经完全改变了原体制的面貌。我国的经济转型不仅符合渐进式经济改革的基本含义，而且还具有很多中国的特色。

第一，转型期间的各方面改革都是有步骤、有选择、有指导的逐步推进，先在局部进行试点，成功后再向全国推广。改革不是一步到位，而是采取"双轨制”下的过渡模式，在引入新体制的同时还维持旧体制进行稳步过渡。比如20世纪80年代中后期的价格双轨制、汇率双轨制和利率双轨制等，直到90年代中后期才逐渐并轨。经济转型中政府注重增量改革与存量改革并举，以增量改革带动存量改革。“渐进改革”式的经济转型，使中国经历了持续的高增长，人民生活水平不断提高，贫困人口数量不断减少，社会主义市场经济体制逐步建立。

我国采用这种增量改革的方式是由我国的特殊国情决定的。相对于苏联和东欧国家，我国的工业化程度比较低，存在比较大的发展空间。萨克斯认为经济发展比结构调整要容易，他说：“假如中国国有部门就业比重不是18%，而是像波兰、苏联的80%、90%，那你看中国改革怎么办？”正是由于我国还存在比较大的发展空间，也就存在发展其他经济成分和经济机制的基本条件，使增量改革成为可能。

第二，转型期间的各项措施都是以帕累托改进为原则的。经济转型的同时还要承认和维护既得利益，这一含义是，在一部分人利益增加的同时，不减少其他人的利益。其中，最典型的是我国改革开放之初的农产品提价政策。我国长期采取“剪刀差”的农业政策，粮食等农产品价格远远低于国际市场水平，成为农民生产积极性不高的原因之一。为了刺激农业生产，政府决定对农产品进行提价，但是农产品提价势必侵犯城镇居民的利益，为了不引起大的社会动荡，在农产品提价的同时为城镇居民进行补贴，从而维护了城镇居民的利益。一方面是提价，一方面是价格补贴，按说合力效果为零，除了通货膨胀不会有任何效应；其实不然，由于农产品提价刺激了农民生产的积极性，使农产品产量大大提高，这一增加效应在农民和城镇居民之间分配的结果，使彼此的利益水平都提高了。这是帕累托改进的一个典型范例，我国改革一直在遵循这一原则。

第三，转型期间的各项改革都是“摸着石头过河”，是以规避风险为原则的。经济转型本身是有风险的，风险既来自最终选择目标错误造成的风险，也来自于经济转型过程失误造成的风险。因此，规避风险的原则就成为“渐进式”经济转型的内涵之一。邓小平形象地将我国的改革比喻成“摸着石头过河”，各项改革从来不会出台超前的政策，而是根据形势发展和政策效果适时作出调整以此避免出现失误。这一原则在改革中的体现可以说比比皆是，比如说，我国的对外开放政策就是从四个经济特区开始的，取得成功之后才向全国推广。

（二）中国经济转型期的“双主题”特征

中国经济转型期具有“双主题”特征。30 多年来，中国经济转型期经历了改革模式的探索阶段到明确的社会主义市场经济转轨阶段，再到社会主义市场经济体制完善和深化的转型阶段。从这个历史进程看，有两个鲜明的主题始终凸显于整个中国经济转型过程，即寻求经济增长和探索可行的社会主义经济体制。经济转型最大限度地服务于新体制建立和经济效率增进这双重目标。

寻求经济增长的主题，在经济转型之初中央就提出了坚持以经济建设为中心不动摇的基本方针，而且在经济转型目标明确后把解放和发展社会生产力作为社会主义社会的本质特征。这种以实现较高经济增长目标为导向的经济发展战略，被概括为国民经济“三步走”的发展战略。从解决温饱问题，到建设小康社会，一直到全面小康社会的远景目标，发展经济、实现增长一直是我国经济转型期中央政府和各级地方政府的头等任务，这种政策和战略导向所导致的 GDP 崇拜和改革政绩观，成为 21 世纪中央政府所试图通过科学发展加以纠正的改革惯性。但即使如此，保持较高的经济增长速度始终是我国和各省区“九五”、“十五”、“十一五”乃至“十二五”规划的重要指标，也成为贯穿整个经济转型期的一条主线。高的增长速度成为衡量改革措施可行性的尺度。中国经济“三步走”战略虽然使经济增长的主题和体制改革的主题高度融合，但二者又是各自独立的问题，前者构成了发展的主题，而后者则构成了改革的主题。在改革中寻求发展，在发展中进行改革，成为中国经济转型期的突出特征。

但是，中国经济增长最大的难题就是粗放式的经济发展方式难以转变。从计划经济体制到社会主义市场经济体制基本确立，中国经济增长一直没有完全摆脱高投入、低产出的增长难题。上个世纪 90 年代，我国提出转变经济增长方式，十六大之后仍然提出转变经济发展方式，但至今“投资饥渴症”难以抑制，“资源依赖症”难以改变。传统的经济发展方式为什么长期存在、难以转变？有什么样的体制机制，就有什么样的经济行为，就会形成什么样的经济发展方式。在目前的财税体制下，地方政府只有扩大招商加大投资，上大工业，才能增加地方财政收入；政绩考核体系和考核机制是一种导向，是指挥棒，主要以经济增长来考核评价政府的政绩，政府就会专注于搞投资、上项目，而忽视经济发展的质量和效益；经济发展方式也是微观经济主体在特定条件下追求利益最大化的结果。可见，转变经济发展方式必须突破体制机制的束缚。

经过 30 多年的改革开放，我国已进入只有加快转变经济发展方式才能实现科学发展的关键时期。当前国际金融危机给我国经济带来的冲击虽然直接表现为部分企业生产经营陷入困境，进而导致我国经济增长速度回落，但实质暴露了我国传统经济发展方式的弊端，我们已经到了必须突破这一经济发展方式才能实现持续健康发展的重要关口。我们现在面临严峻的资源环境约束，也面临复杂多变的国内外市场环境，没有经济发展方式的根本性转变难以实现新的更好更快的发展。从过去30多年中国经济转型的具体实践来看，毕其功于一役的专注于市场经济体制的改革或只追求经济高速增长的转型思路都存在一定的缺陷。在当前经济转型深化期，转型战略需要从中国经济转型的“双主题”中汲取智慧，既要转变经济发展方式，实现可持续发展，又要改革体制机制，完善市场经济体制，这样才能解决中国经济转型深化期的矛盾和难题。

三、中国经济转型过程中的特殊复杂性

中国经济转型有自身的特殊性，社会制度的创新和社会秩序的确立成为中国经济转型的主要难题。在市场经济体制上，社会主义市场经济体制已经基本确立。市场化利益主体和市场化行为日趋成熟，市场体制自身的局限和弊端，例如：市场失灵，市场缺失，市场抑制，以及市场化主体行为的不理性都开始出现。因此，加速制度变迁和制度创新步伐，利用明确而又稳定的制度安排促进利益主体资源配置及效率的发挥，利用政府宏观调控的力量消除新体制导致的经济不稳定性都成为下一阶段改革的重要内容。转型期中国经济运行的特殊性主要体现在以下四个方面：

（一）需求结构

需求结构是指按支出法统计的 GDP 中内需（最终消费和资本形成）与外需（货物和服务的净出口）及内需各组成部分之间的比例关系。我国经济增长主要是由投资、消费、出口贸易共同驱动的，人们称之为“三驾马车”的驱动方式。其中最稳定、最长效、最直接的拉动力是国内居民的消费，在一定条件下，消费决定着经济增长速度的快慢和质量的高低，消费需求的稳定增长是促进经济持续增长的原动力，消费结构的变化和升级是推动经济增长的源泉。此外，消费还可以通过影响投资间接拉动经济增长。三大需求对国内生产总值增长的贡献率如表4-1所示。

表 4-1　三大需求对国内生产总值增长的贡献率

单位：%

年份	最终消费支出	资本形成总额	货物和服务净出口
1978	39.4	66	−5.4
1980	71.8	26.4	1.8
1985	85.5	80.9	−66.4
1990	47.8	1.8	50.4
1995	44.7	55	0.3
2000	65.1	22.4	12.5
2001	50.2	49.9	−0.1
2002	43.9	48.5	7.6
2003	35.8	63.2	1
2004	39.5	54.5	6
2005	38.7	38.5	22.8
2006	40.4	43.6	16
2007	39.6	42.5	17.9
2008	44.1	46.9	9
2009	49.8	87.6	−37.4
2010	43.1	52.9	4
2011	55.5	48.8	−4.3

数据来源：2012 年《中国统计年鉴》。

通过分析表 4-1 的数据，可以发现如下现象：（1）消费对经济增长贡献率在 20 世纪 80 年代比较高，1985 年高达 85.5%，这主要得益于改革开放促进了经济发展，释放了居民的消费能量。在 90 年代，消费对经济增长贡献率下降至 45%左右。2000—2005 年消费对经济增长贡献率不断下降，低于投资对经济增长的贡献率。2006—2011 年消费对经济增长贡献率不断上升，在 2011 年达到 55.5%，超过了投资对经济增长的贡献率，表明我国在大力拓展内需，实现经济结构调整与转型升级。（2）投资对经济的拉动作用比较突出，除个别年份比较小外，其对经济增长的贡献率平均要大于消费对经济增长的贡献率，成为“三驾马车”的龙头，尤其是在金融危机后，全球经济低迷，外部需求不振，中国政府 4 万亿投资，使得 2009 年投资对经济增长的贡献率高达 87.6%。（3）出口对经济增长的贡献率不稳定，在 1990 年曾经高达 50.4%，相反的，在 1985 年曾经低达−66.4%。同样的，金融危机后，出口对经济增长的贡献率为−37.4%。

而根据世界银行公布数据，2010 年，美国和英国居民实际消费占比在 78%左右，日本、德国、法国和意大利在 70%左右，俄罗斯、巴西和韩国在 60%左右，印度为 57%，马来西亚为 53%，菲律宾和埃及在 70%以上。资本形成总额占比则呈现相反的比例关系，美国和英国资本形成总额占比在 15%左右，其他发达国家不到 20%。

通过以上分析可见：在当前经济形势下，必须依靠扩大内部消费需求促进经济增长，必须走消费导向型的经济发展之路，所以要推进我国经济转型，首先需要调整需求结构。

（二）产业结构

产业结构是指各产业的构成及各产业之间的联系和比例关系，是一个国家经济结构的重要体现。产业结构的调整升级是个不断演进的动态过程，在不同阶段有不同形态特征。表 4-2 为三大产业对国内生产总值增长的拉动。

表 4-2　三大产业对国内生产总值增长的拉动

单位：%

时间	国内生产总值增长率	第一产业	第二产业	第三产业
1990 年	3.84	1.6	1.58	0.66
1991 年	9.18	0.65	5.76	2.76
1992 年	14.24	1.2	9.18	3.86
1993 年	13.96	1.1	9.14	3.72
1994 年	13.08	0.86	8.89	3.33
1995 年	10.92	0.99	7.03	2.9
1996 年	10.01	0.96	6.3	2.76
1997 年	9.3	0.63	5.55	3.12
1998 年	7.83	0.59	4.77	2.47
1999 年	7.62	0.46	4.4	2.76
2000 年	8.43	0.37	5.13	2.93
2001 年	8.3	0.42	3.88	4
2002 年	9.08	0.41	4.52	4.15
2003 年	10.03	0.34	5.87	3.82
2004 年	10.09	0.79	5.27	4.03
2005 年	11.31	0.63	5.78	4.89
2006 年	12.68	0.61	6.34	5.73
2007 年	14.16	0.42	7.18	6.56

续表

时间	国内生产总值增长率	第一产业	第二产业	第三产业
2008 年	9.63	0.55	4.75	4.34
2009 年	9.21	0.41	4.79	4.02
2010 年	10.45	0.4	5.94	4.11
2011 年	9.3	0.43	4.8	4.07
2012 年	7.65	0.44	3.73	3.49
2013 年	7.67	0.37	3.7	3.59

数据来源：国家统计局。

由表 4-2 中的数据可以看出，我国第一产业产值比重经历了缓慢上升，缓慢下降的过程。我国第二产业产值比重经历了缓慢下降，平稳发展，缓慢上升，平稳发展，缓慢上升，平稳发展的过程。我国第三产业产值比重经历了缓慢下降，平稳发展，缓慢上升，平稳发展，快速上升，平稳发展的过程。

在建国伊始工业化初期阶段，我国的产业结构还是重工业占整个产业的绝对优势，1987 年改革开放之后，我国经济飞速增长也带动了第二、第三产业的协调发展。进入 21 世纪，我国产业结构持续优化，第一产业就业比重明显下降，第二产业就业比重增长缓慢，第三产业的就业比重增长速度高于第二产业。此外，第一产业增长相对缓慢，第二产业增长快速，第三产业突破以商贸、餐饮为主的单一发展格局，加速了咨询、研发、金融、保险等行业的发展。从总体上看，我国产业结构在保持二、三、一型基础上不断优化。但我国产业结构的调整已经到了瓶颈时期，我国产业结构存在着以下几个方面的问题：

1. 产业结构和就业结构严重扭曲

虽然第一产业占 GDP 的比重已经降到了 15%左右，达到了工业化的标准，但其就业占全社会就业总数的比重还在 50%以上，根本没达到基本完成工业化时的就业结构要求，即第一产业就业人数占就业总数的比重应降到 20%以下。从我国第二、三产业结构的发展来看，这种情况势必得到改善，近年来已经出现了大量农村剩余劳动力进城的现象，这说明产业结构的变化已经产生。我国第一产业——农业的基础始终很薄弱，制造业方面虽然规模有所增大，但依然缺乏自主创新。服务业特别是现代服务业的发展依然滞后。现阶段，第二产业仍然是带动经济增长的主要依靠，这无形中给资源环境造成了很大的压力。我国就业结构的扭曲是产业结构不合理的直接产物。有数据表明，在 2005 年

44.8%的劳动力集中在比重只有12.6%的第一产业中。第二产业的就业比重随着我国重化工工业阶段的到来而有所提升。然而，第三产业的发展依然缓慢，这就限制该领域的范围，那么第一、二产业的闲置劳动力也就无法大量的被吸收。

2. 第二产业吸纳就业的能力下降，第三产业发展滞后

我国第二产业——工业增长吸纳就业的能力呈现出明显的下降趋势。工业增长的就业弹性系数为0.82（1979—1985年），0.44（1986—1990年），0.15（1991—1997年），-0.11（1998—2000年），2008年的就业弹性系数则更低。我国第三产业总量偏小和行业结构不合理问题较突出。从总量看，第三产业增加值在GDP中所占比重明显偏低，我国的服务业发展落后于经济发展的实际水平。目前，绝大部分发达国家的第三产业比重占70%左右，大部分发展中国家的比重是50%左右，而我国的第三产业比重却长期徘徊在40%左右。

3. 高增长新生行业的地位尚不突出

消费结构的升级带动了更多的市场需求，从而形成了高增长行业。目前，我国大多数城市居民的吃、穿以及部分用的问题得到解决，正在向提高生活质量方面过渡，如：住、行、通讯等方面。因此为支持生产和生活的服务业以及汽车、钢铁、电子通讯、城乡基础设施建设等产业将有望发展成为高增长支柱性行业。

20世纪70—90年代我国的高增长支柱行业等层出不穷：轻纺工业、家用电器工业、原材料工业、能源原材料工业以及基础设施。我国每一轮高速增长时期，都依靠结构调整升级产生一批高增长性支柱行业，带动整个经济调整增长。然而自上个世纪90年代下半期开始，我国缺乏带动力强、高增长性的支柱行业，这是经济增长乏力的一个重要原因，与此同时，近年来的房地产和IT行业的发展虽然很快，但由于相关政策的不完善，导致其中出现泡沫现象。2008年的国际金融危机无疑对这些高增长行业造成更为严重的不利影响。

（三）贸易结构

贸易结构是指进出口贸易的比例、产品及市场构成及其相互制约的联结关系。我国经济增长过多依赖出口，依赖国际市场，是一种出口主导型经济。过高的出口贸易依存度带来的贸易摩擦增加、顺差扩大、国际收支不平衡等，也影响着宏观经济稳定，极易遭受国际经济的冲击。表4-3为我国出口贸易架构。

表 4-3　我国出口贸易结构

单位：百万美元

时间	出口商品总额	初级产品	工业制成品
1978 年	9750.00	—	—
1979 年	13660.00	—	—
1980 年	18119.00	9114.00	9005.00
1981 年	22010.00	10248.00	11759.00
1982 年	22320.00	10050.00	12271.00
1983 年	22230.00	9620.00	12606.00
1984 年	26140.00	11934.00	14205.00
1985 年	27350.00	13828.00	13522.00
1986 年	30940.00	11272.00	19670.00
1987 年	39440.00	13231.00	26206.00
1988 年	47520.00	14406.00	33110.00
1989 年	52538.00	15078.00	37460.00
1990 年	62091.00	15886.00	46205.00
1991 年	71910.00	16145.00	55698.00
1992 年	84940.00	17004.00	67936.00
1993 年	91744.00	16666.00	75078.00
1994 年	121006.00	19708.00	101298.00
1995 年	148780.00	21485.00	127295.00
1996 年	151048.00	21925.00	129123.00
1997 年	182792.00	23953.00	158839.00
1998 年	183709.00	20489.00	163220.00
1999 年	194931.00	19941.00	174990.00
2000 年	249203.00	25460.00	223743.00
2001 年	266098.00	26338.00	239760.00
2002 年	325596.00	28540.00	297056.00
2003 年	438228.00	34812.00	403416.00
2004 年	593326.00	40549.00	552777.00
2005 年	761953.00	49037.00	712916.00
2006 年	968978.00	52919.00	916017.00
2007 年	1220456.00	61509.10	1156266.66
2008 年	1430693.07	77956.93	1352736.13
2009 年	1201611.81	63111.79	1138483.47
2010 年	1577754.32	81685.76	1496068.56
2011 年	1898381.46	100545.00	1797836.00
2012 年	2048714.42	100558.21	1948156.13
2013 年	2209372.00	107275.86	2102095.71

数据来源：国家统计局。

出口贸易结构是衡量一国外贸结构状况的重要依据。随着对外贸易的发展，我国的对外贸易结构也迅速呈现出高度化的特征。我国工业制成品在整个出口总额中的比例逐年上升，并且已经达到了发达国家和新兴工业化国家的程度，这也反映了我国工业化发展的一般进程。但我们也要注意这样一个事实：我国工业制成品中很大一部分是加工贸易，高新技术产品的比例也不高；企业自主研发的比重也很小；在出口贸易结构的优化过程中，外商投资企业所占比重较高，所以说我国出口贸易结构的优化很大程度上是由外商投资企业拉动的，本国企业的贡献率不高。此出口贸易结构的形成主要有三方面原因：一是产业结构水平不高；二是过分强调比较优势，陷入比较优势陷阱；三是科学技术水平低，企业缺乏创新意识和动力，政府扶持力度不够。

改革开放以来，我国不断扩大的对外贸易为国际技术溢出提供了很好的机会。在对外贸易中，商品和服务成为了技术领先国家先进技术的载体。我国通过进口贸易促进我国技术进步的途径在于，通过向技术领先的国家进口这些产品和服务，国外的研发成果溢出到我国，我国的企业在生产过程中通过学习和模仿，逐步掌握生产含有先进技术的产品，最终使企业的生产效率以及技术水平得到提高。表 4-4 为我国进口贸易结构。

表 4-4　我国进口贸易结构

单位：百万美元

时间	进口商品总额	初级产品	工业制成品
1978 年	10890.00	—	—
1979 年	15670.00	—	—
1980 年	20017.00	6959.00	13058.00
1981 年	22020.00	8044.00	13971.00
1982 年	19290.00	7634.00	11651.00
1983 年	21390.00	5808.00	15582.00
1984 年	27410.00	5208.00	22202.00
1985 年	42252.00	5289.00	36963.00
1986 年	42910.00	5649.00	37255.00
1987 年	43210.00	6915.00	36301.00
1988 年	55270.00	10068.00	45207.00
1989 年	59140.00	11754.00	47386.00
1990 年	53345.00	9853.00	43492.00

续表

时间	进口商品总额	初级产品	工业制成品
1991 年	63791.00	10834.00	52957.00
1992 年	80585.00	13255.00	67330.00
1993 年	103959.00	14210.00	89749.00
1994 年	115614.00	16486.00	99128.00
1995 年	132084.00	24417.00	107667.00
1996 年	138833.00	25441.00	113392.00
1997 年	142370.00	28620.00	113750.00
1998 年	140237.00	22949.00	117288.00
1999 年	165699.00	26846.00	138853.00
2000 年	225094.00	46739.00	178355.00
2001 年	243553.00	45743.00	197810.00
2002 年	295170.00	49271.00	245899.00
2003 年	412760.00	72763.00	339996.00
2004 年	561229.00	117267.00	443962.00
2005 年	659953.00	147714.00	512239.00
2006 年	791460.87	187128.57	604332.30
2007 年	956116.00	243085.44	712864.82
2008 年	1132567.00	362394.71	770167.45
2009 年	1005923.20	289804.19	716119.00
2010 年	1396244.01	433849.92	962394.08
2011 年	1743483.59	604269.00	1139214.77
2012 年	1818405.00	634934.18	1183470.82
2013 年	1950321.00	658091.06	1292230.20

数据来源：国家统计局。

我们从表 4-4 的数据可以看出，目前，我国的进口商品种类不平衡。就我国进口商品种类来说，我国进口商品结构相对稳定，工业制成品是主要的进口产品。1985—2011 年初级产品和工业制成品进口在总进口中所占的比重呈现出不同的变化趋势，分别是上升—下降—稳步上升和下降—增长—缓慢下降的趋势。值得注意的是，近几年，我国初级产品的进口增长要快于工业制成品的进口增长，主要原因是由于近几年，我国经济发展较快，而资源性产品在我国又属于相对短缺的产品，但经济增长对资源性产品有较大的需求，这种矛盾的存在使得我国不得不从国外进口较多的资源性产品来满足经济发展的需要；并且随着我国经济的持续增长，对资源性产品的需求必将进一步增加，而由此引发的资源性产品的短缺必将制约我国经济的进一步发展，因此对其进口也将继续增长。

但总体而言，虽然工业制成品占进口的比重从1985年的87.48%下降至2011年的65.34%，但其仍然是我国主要的进口产品，这说明我国仍处于重工业发展阶段，仍需要依托进口来提高我国的加工制造能力和优化完善产业结构。

（四）要素结构

经济增长与发展是由劳动投入、资本投入和科技进步等多种要素决定的。在多种要素结构中，经济增长是主要依靠物质资源要素消耗还是主要靠科技进步、劳动者素质提高和管理创新来推动经济增长，由此形成了劳动密集型和资本技术密集型两种不同的路径依赖。

在经济学中，要素主要包括资本、劳动以及技术进步率。过去30多年的市场化改革，通过建立市场体制，我国的要素结构主要侧重于资本与劳动，主要通过三种红利模式体现出来，促进了经济的快速发展，即人口红利、廉价资源红利、全球化红利。

（1）人口红利。市场化改革，首先推动了更多的劳动者进入劳动力市场。我国是一个城乡二元机制国家，农村劳动力在改革初期具有无限供给的特征，这决定了工资水平长期难以提高。正是因为廉价劳动力的优势，我国才得以成为世界生产大国和贸易大国。

（2）廉价资源红利。在计划经济时代，我国常常强调自己是矿产资源丰富的大国，主要原因是多种矿产资源处于闲置状态，缺乏开发和利用。在这种条件下，资源价格必然处于廉价状态。市场化改革激发了矿产资源的利用，大量的廉价资源释放到生产中去，这也是工业化快速推进，经济快速发展的重要原因。

（3）全球化红利。在经济转轨过程中，我国成功地抓住了第三次全球化浪潮的历史性机遇，推行了全面对外开放的政策，加入了WTO，分享了全球化的红利。

但是由于国内发展阶段的历史性变化，以及国际环境的历史性变化，目前的要素结构所带来的三种制度红利正逐步递减，甚至消失。首先，由于市场化改革所释放的大量廉价劳动力优势已经不复存在，目前，低端劳动力短缺的现象开始出现，农村劳动力无限供给的条件正在改变。与此同时，人口老龄化正加速了这一进程，因此人口红利正在逐步缩减；其次，随着资源大量开采后变得日益稀缺，长期以来形成的资源价格红利正在逐步减少；最后，自2010年以来，尽管全球经济在缓慢复苏，但越来越明显的是，以美元为中心的国际货币体系固有的矛盾并未解决，原有国际分工格局被打破的趋势不可逆转，传统的全球化红利模式已呈现不可持续的态势。我国过去高度依赖的欧美市场在短期内难以恢复元气，决定了原有全球化红利很难维持。

我国若要解决在经济转型中的要素结构的不合理性，首先必须加强技术创新能力，以技术的自主创新为目标，高度重视科技和经济发展的结合在经济全球化和全球科技加快发展的新形势下，完全走自己发明创造进行技术创新的道路既不可能也不现实，只有在更大范围内，更高层次上充分利用国际、国内两种科技资源，人才和市场，才能实现技术的跨越发展。在国际政治经济形势中不稳定因素不断增加的情况下，为了保持中国经济增长的自主性，在技术引进的同时，必须积极鼓励国内企业适时实现从引进模仿型技术路线向技术创新路线的转变。其次就是要把我国转变为人力资本大国。进入工业化中期之后，随着劳动力数量增长红利模式的终结，所有跨入高收入行列的国家都是通过投资于人的制度安排，实现了数量型人口红利转向质量型人口红利。由于我国劳动力素质普遍低下，人力资本投资起点低，而且投资于人的基本服务体系相当不完善，所以，通过改革拓展人力资本红利的制度空间巨大。当前我国人力资本对经济增长的贡献率大体为35%，而发达国家的这一比率大体为75%，说明我国人力资本对经济增长的贡献存在着很大的发展空间。最后，要实现资本转型，要从单一的产业资本向复合型资本并重，以及产业资本与金融资本的结合转变。对于任何企业来说，不管是做哪种行业，都应该高度专业化。对大企业来说，更应该将行业的初级加工部分分离出去，向研发、服务、资本运营等高端方面开拓。尤其是一些规模特别大的企业，应该将产业与金融结合，甚至直接进入金融业。从当前国际市场的那些大品牌可以看出，大多数都无法包括它们所在产业的全部资本结构，总是通过把资本集中在该产业链的最关键部分，而这些关键部分通常是价值链高端。

以往我国经济快速增长的背后，是物质资源、能源和劳动力的巨大消耗，这种靠资源消耗的发展不可持续，必须对生产要素的投入结构进行调整，实现经济发展方式由粗放型向集约型转变。走中国特色的自主创新之路，由要素投入推动型转变为科技创新推动型，这是实现我国经济可持续发展和整体转型必由之路。

第二节 改革开放后我国居民收入的总体格局

经济的发展创造了新的社会价值，政府、企业和居民三个部门经过分配得到各自的可支配收入，即居民收入。可见，居民收入受到经济发展和国民收入分配格局两方面影响，一方面经济发展创造了居民可支配收入的来源，另一方面国民收入分配又决定了居民部门能获得多少经济利益。通俗来讲，发展经济就是生产“蛋糕”，而收入分配就是要把“蛋糕”分为三大部分。因此，有必要从经济发展与收入分配两个视角对居民收入总体格局进行梳理，这有益于理解居民收入的形成路径以及市场化收入的形成机制。

一、改革开放后我国居民收入分配制度的变迁

改革开放以来，伴随着计划经济向社会主义市场经济的转轨，我国的所有制结构也从单一的公有制转变到以公有制为主体、多种所有制经济共同发展的格局。所有制结构的调整极大促进了我国经济发展，提高了人民生活水平，同时国家也针对分配制度分阶段进行了一系列的改革，最终确立了以按劳分配为主体、多种分配方式并存的分配制度。

（1）1978—1986 年，我国提出先富思想，农村分配制度获得突破，以及在城市开始了国有企业的改革。这段时间内我国首先在农村实行了家庭联产承包责任制，实行这一制度，一方面是农业经营体制的根本性改革，即由原来的集体经营转变为家庭经营，家庭成了基本的农业经营单位；另一方面，它的更大的实际意义在于改革了农村集体经济的分配方式，即由原来的集体统一按照“工分制”进行分配逐渐演变为按“大包干”方式分配。与“工分制”相比，“大包干”的优越性在于使农民收入与劳动数量和质量直接联系起来，同时伴随着农副产品统购统销制度的改革和农副产品市场的发育，农副产品大量进入市场，农民劳动收入的货币化程度提高。

在城市，开始了国有企业的改革。国有企业改革的第一阶段即“放权让利”，

在企业分配制度方面下放了企业决定职工工资的自主权，在企业内部扩大工资差距，拉开档次。一是企业职工奖金由企业根据经营状况自主决定，国家只对企业适当地征收超限额奖金税；二是采取必要的措施，使企业职工的工资和奖金同企业经济效益的提高更好地挂起钩来；三是在企业内部，要扩大工资差距，拉开档次，充分体现多劳多得、少劳少得的思想，国家机关和事业单位实行以职务工资为主的结构工资制。

但是，个人收入分配制度在理论上并未取得重大突破，仍然只强调贯彻“按劳分配”原则，没有提出其他的分配原则，但已引起社会观念的巨大变化，客观上对经济发展起到了很大的促进作用。

（2）1986—1992 年，我国的个人收入分配制度在理论上开始了第一次创新，即党的十三大报告提出了社会主义初级阶段理论。在收入分配问题上取得了重大突破，提出了“以按劳分配为主体，其他分配方式为补充”的分配制度。认为“除了按劳分配这种主要方式和个体劳动所得以外，企业发行债券筹集资金，就会出现凭债权取得利息；随着股份经济的产生，就会出现股份分红，企业经营者的收入中，包含部分风险补偿，私营企业雇佣一定数量劳动力，会给业主带来部分非劳动收入”，并且认为各种除按劳分配外的、合法的劳动收入、资本收入、经营收入应得到允许和保护。此外，还指出分配政策既要有利于善于经营的企业和诚实劳动的个人先富起来，合理拉开收入差距，又要防止贫富悬殊，坚持共同富裕的方向，在促进效率提高的前提下体现社会公平。

十四大提出了以按劳分配为主体，其他分配方式并存的制度以及效率优先兼顾公平的原则，同时认为要运用包括市场在内的各种调节手段，既鼓励先进，促进效率，合理拉开收入差距，又防止两极分化，逐步实现共同富裕。十四大还把深化分配制度改革，作为改革开放、推动经济发展和社会全面进步的一个主要任务之一，并要求加快工资制度改革，逐步建立起符合企业事业单位和机关特点的工资制度与正常的工资增长机制。

（3）1993—1996 年，我国个人收入分配制度实现了第二次理论突破，即党的十四届三中全会通过的《关于建立社会主义市场经济体制若干问题的决定》，对同社会主义市场经济体制相适应的个人收入分配制度做了详细的阐述，提出了如下原则：第一，提出了个人收入分配要坚持以按劳分配为主体，多种分配方式并存的制度，把多种分配方式作为与按劳分配方式长期共存的制度确定下来，而不仅仅是按劳分配方式的一种补充；第二，个人分配要“体现效率优先，兼顾公平的原则”，这意味着个人收入分配主要遵循市场调节的原则，从而为个人收入分配的市场化奠定基础；第三，国家依法保护法人和居民的一切合法收入和财产，鼓励城乡居民储蓄和投资，允许属于个人的资本等生产要素参与收益分配，这是我国政府政策文件中第一次使用“生产要素分配”的概念，从而使按生产要素分配不仅在实践上而且在理论上得以承认和确定；第四，国家制定了最低工资标准，各类企事业单位必须严格执行。

（4）1997—2002 年，我国的个人收入分配制度实现了第三次理论突破，党的十五大报告对我国个人收入分配制度又进一步做出重大改进，提出了一系列重要观点：第一，坚持按劳分配为主体、多种分配方式并存的制度，把按劳分配与按生产要素分配结合起来，坚持效率优先、兼顾公平的原则；第二，依法保护合法收入，取缔非法收入，整顿不合理收入，调节过高收入，允许和鼓励一部分人通过诚实劳动和合法经营先富起来，允许和鼓励资本、技术等生产要素参与收益分配。1999 年宪法修正案对十五大有关分配制度改革的确认，从根本上确立了我国新的收入分配制度。

（5）2002 年至今，我国的个人收入分配制度实现了第四次理论突破，党的十六大提出要确立劳动、资本、技术和管理等生产要素按贡献参与分配的原则，完善按劳分配为主体、多种分配方式并存的分配制度。同时要坚持效率优先、兼顾公平，初次分配注重效率，发挥市场的作用，鼓励一部分人通过诚实劳动和合法经营先富起来，再分配注重公平，加强政府对收入分配的调节作用，调节差距过大的收入。

十七大报告提出要深化收入分配制度改革，增加城乡居民收入。初次分配和再分配都要处理好效率和公平的关系，再分配更加注重公平。逐步提高居民收入在国民收入分配中的比重，提高劳动报酬在初次分配中的比重。创造条件让更多群众拥有财产性收入。十八大报告提出要实现居民收入增长和经济发展同步、劳动报酬增长和劳动生产率提高同步，提高居民收入在国民收入分配中的比重，提高劳动报酬在初次分配中的比重。

随着收入分配领域改革的不断深入，“大锅饭”的平均主义的收入分配体制逐渐被以“效率优先、兼顾公平”的基本原则替代，“按劳分配为主、多种收入分配方式并存”的收入分配格局初步形成，城乡居民收入有了很大程度提高。我国目前的居民收入机制正在从原来单一的政府主导的非市场机制向市场机制过渡。一方面，随着市场化改革的不断深入，居民财产性收入和经营性收入的比重持续稳定增加；另一方面，转型过程中经济发展的特殊性和复杂性又决定了旧体制下政府主导的计划经济体制还将在一定时期和一定范围内继续存在。

值得注意的是，在转型经济和体制改革的过程中，收入分配领域也出现一些急需解决的问题。现阶段，我国收入分配格局表现为：总收入稳步增长，但低于国内生产总值增速；收入差距日趋扩大，即收入分配表现出来日趋增大的差异性。特别是在建立居民长效稳定的收入增长机制上，居民的收入提高依靠市场的力量程度不高，居民市场化收入还有待提高。

二、经济发展视角下我国居民收入格局

从国家统计局统计口径上看，城镇居民人均可支配收入是家庭总收入扣除交纳的所得税、个人交纳的社会保障费以及调查户的记账补贴后的收入，是城镇居民的实际收入中能用于安排日常生活的收入，用以衡量城市居民收入水平和生活水平。而农民纯收入是指农村居民家庭全年总收入中，扣除从事生产和非生产经营费用支出、缴纳税款和上交承包集体任务金额以后剩余的，可直接用于进行生产性、非生产性建设投资、生活消费和积蓄的那一部分收入，用来反映农民家庭实际收入水平、观察农民实际收入水平和农民扩大再生产及改善生活的能力。为了观察经济发展对居民收入的影响，选取人均国内生产总值作为对比项；为了观察经济发展与城乡收入差距的关系，引入城乡收入比这一指标，见表 4-5。

表 4-5　城乡居民家庭人均收入及增幅一览表

年　份	城镇居民家庭人均可支配收入		农村居民家庭人均纯收入		人均国内生产总值（元）	人均国内生产总值增幅（%）	城乡收入比
	绝对数（元）	增幅（%）	绝对数（元）	增幅（%）			
1978	343.4		133.6		381.2		2.57
1979	405.0	17.9	160.2	19.9	419.3	10.0	2.42
1980	477.6	17.9	191.3	19.4	463.3	10.5	2.49
1981	500.4	4.8	223.4	16.8	492.2	6.2	2.22
1982	535.3	7.0	270.1	20.9	527.8	7.2	1.95
1983	564.6	5.5	309.8	14.7	582.7	10.4	1.82
1984	652.1	15.5	355.3	14.7	695.2	19.3	1.83

续表

年　份	城镇居民家庭人均可支配收入		农村居民家庭人均纯收入		人均国内生产总值（元）	人均国内生产总值增幅（%）	城乡收入比
	绝对数（元）	增幅（%）	绝对数（元）	增幅（%）			
1985	739.1	13.3	397.6	11.9	857.8	23.4	1.86
1986	900.9	21.9	423.8	6.6	963.2	12.3	2.12
1987	1002.1	11.2	462.6	9.2	1112.4	15.5	2.17
1988	1180.2	17.8	544.9	17.8	1365.5	22.8	2.17
1989	1373.9	16.4	601.5	10.4	1519.0	11.2	2.29
1990	1510.2	9.9	686.3	14.1	1644.0	8.2	2.20
1991	1700.6	12.6	708.6	3.2	1892.8	15.1	2.40
1992	2026.6	19.2	784.0	10.6	2311.1	22.1	2.58
1993	2577.4	27.2	921.6	17.6	2998.4	29.7	2.80
1994	3496.2	35.6	1221.0	32.5	4044.0	34.9	2.86
1995	4283.0	22.5	1577.7	29.2	5045.7	24.8	2.71
1996	4838.9	13.0	1926.1	22.1	5845.9	15.9	2.51
1997	5160.3	6.6	2090.1	8.5	6420.2	9.8	2.47
1998	5425.1	5.1	2162.0	3.4	6796.0	5.9	2.51
1999	5854.0	7.9	2210.3	2.2	7158.5	5.3	2.65
2000	6280.0	7.3	2253.4	1.9	7857.7	9.8	2.79
2001	6859.6	9.2	2366.4	5.0	8621.7	9.7	2.90
2002	7702.8	12.3	2475.6	4.6	9398.1	9.0	3.11
2003	8472.2	10.0	2622.2	5.9	10542.0	12.2	3.23
2004	9421.6	11.2	2936.4	12.0	12336.0	17.0	3.21
2005	10493.0	11.4	3254.9	10.8	14185.0	15.0	3.22
2006	11759.5	12.1	3587.0	10.2	16500.0	16.3	3.28
2007	13785.8	17.2	4140.4	15.4	20169.0	22.2	3.33
2008	15780.8	14.5	4760.6	15.0	23708.0	17.6	3.31
2009	17174.7	8.8	5153.2	8.2	25608.0	8.0	3.33
2010	19109.4	11.3	5919.0	14.9	30015.0	17.2	3.23
2011	21809.8	14.1	6977.29	17.9	35181.0	17.2	3.13

数据来源：统计年鉴及国家统计局数据库。

从表 4-5 可以看出，改革开放以后，城乡居民收入特征如下：

（一）城乡居民收入、人均国内生产总值持续增长

城乡居民收入、人均国内生产总值持续增长。其中，人均国内生产总值从381.2 元增长到 35181 元，平均年增长率为 14.9%；城镇居民家庭人均可支配收入从 343.4 元增长到 21809.8 元，增长了 63.5 倍，年均增长率为 13.7%；农村居民家庭人均纯收入从 133.6 元增长到 6977.29 元，增长了 52 倍，年均增长率为 12.9%。城镇居民家庭人均可支配收入和农村居民家庭人均纯收入在改革开放初期、90 年代前后几年和 2007 年前后都经历了高速增长阶段。具体情况如图 4-1。

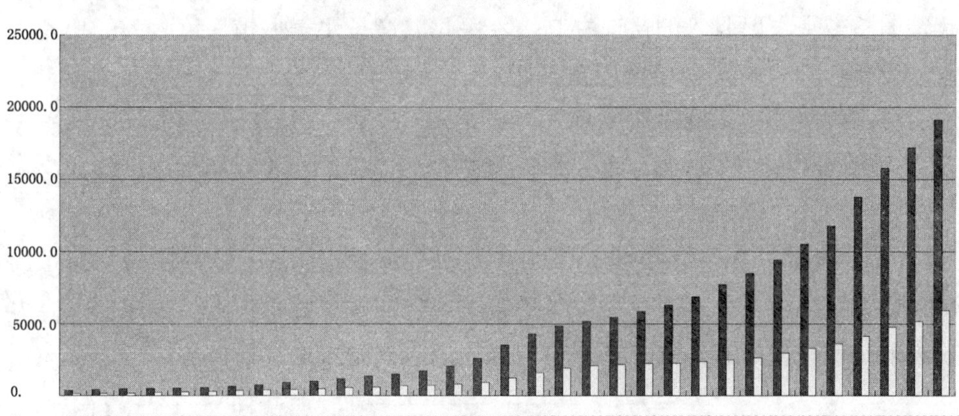

图 4-1　1978—2010 年城乡居民家庭人均收入趋势图

（二）城乡居民总体收入差距扩大

我国经济社会发展过程中存在着非常明显的城乡二元结构特征，这就决定了城镇居民与农村居民之间存在着明显的收入差距。根据刘易斯的二元经济理论，当农业部门的劳动力无限供给时，农业部门的劳动力报酬是按照平均产出水平决定，而不是按照边际产出决定的，这就限制了农民收入的提高。只有将农业部门的剩余劳动力转移到工业部门，才可以提高农业部门的劳动边际生产率，进而带来农业劳动力的收入提高。从本质上讲，只要我国依然存在大量的农村剩余劳动力，农民的收入就很难得到有效的提高，城乡之间的收入差距就

很难避免。在经济转轨的过程中，我国城乡二元结构并没有得到明显改善，在城乡居民人均收入水平不断提升的基础上，城乡居民内部收入分配格局失衡的问题也日益突出，集中表现为居民收入差距的持续扩大。

总体上讲，改革开放以来，我国城乡收入差距经历了一个由迅速缩小到逐渐扩大、再迅速缩小、再加速扩大的发展过程，见图 4-2。从图 4-2 中可以看出，1978 年以来我国城乡居民收入差距的变化趋势就像一把张开的剪刀，从整体上看，我国城乡居民收入差距随时间的推移越来越大。根据城乡收入比，我国城乡收入差距可以划分为以下几个阶段：

（1）1978—1983 年城乡收入差距迅速缩小阶段。这一阶段由于农村改革和政策调整带来农民收入的快速提高，农民收入增长快于城镇居民收入的增长。

（2）1984—1994 年城乡收入差距逐渐扩大阶段。城市经济体制改革起步，城市经济快速发展，城市居民收入大幅提高。

（3）1995—1997 年城乡收入差距迅速缩小阶段。1995—1997 年城镇居民人均可支配收入年均增长 13.86%，而同期农村居民人均纯收入年均增长 19.62%。

（4） 1998—2011 年城乡收入差距持续快速扩大阶段。这一阶段，城镇居民人均收入增长速度和农村居民人均收入增长速度下降都很大，但城镇居民人均收入年增长速度要远远高于农村居民人均收入年均增长速度。

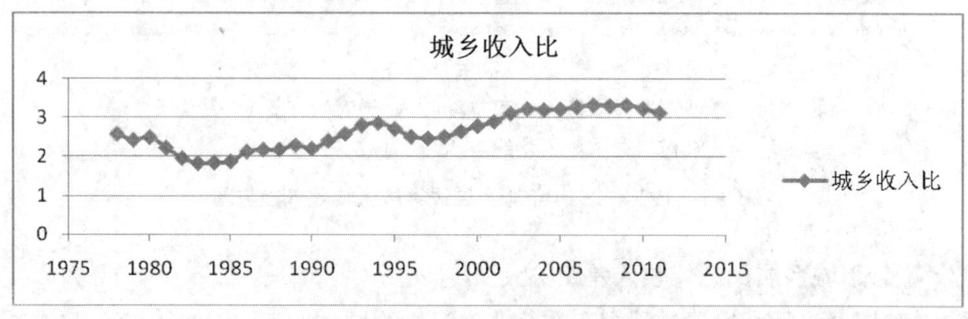

图 4-2　1978—2011 年城乡收入比趋势图

（三）居民收入水平与国内生产总值直接相关

国内生产总值的增长伴随着经济发展、社会变革和财富的积累，居民收入有了大幅提升，同时居民收入的增速也随着人均国内生产总值的增速变化而变化，如图 4-3 所示。

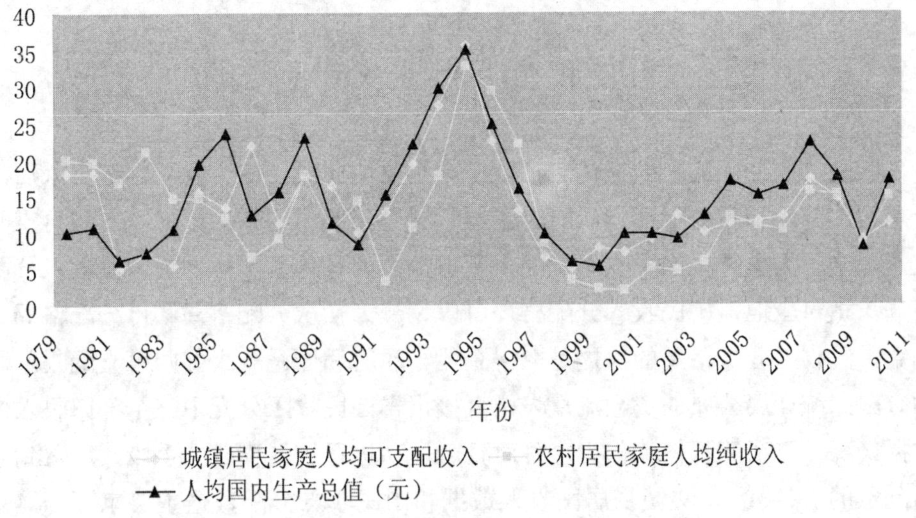

图 4-3　1979—2011 年居民可支配收入增长情况趋势图

改革开放后每次经济的转折，不论是国内生产总值大幅上涨、下跌还是震荡波动，居民收入都会受到影响，增速变化趋同于人均国内生产总值的增速变化。例如，人均国内生产总值增速在 1985 年和 1986 年的两次波动都影响到国民收入的增速。1991 年到 1999 年人均国内生产总值和居民收入增速再次出现相同变化规律，同为“倒 U 型”。之后几年居民收入增速伴随着人均国内生产总值增速逐步上升，在 2008 年国内生产总值受到金融危机影响出现明显下降，居民收入增速也出现同样幅度变化。由此可以看出，居民收入水平与经济发展紧密相连，国内生产总值的变化直接影响到居民收入的提高。在提高居民收入方面，提高国民经济增长和市场化发展，提高经济增长的稳定性和持续性，有助于形成长期有效的居民收入增长机制。

（四）居民收入增长明显低于经济增长

居民收入随着国内生产总值变动在 90 年代后出现一种特定的形态，并且近年来这种趋势越来越明显。从图 4-3 可以观测到，居民收入增速低于人均生产总值的增速，在 2000 年以后这种差距有越来越大的趋势。出现这种情况的原因在于我国的收入分配制度，随着市场化的推进，经济的增长逐步体现在居民收入的提高上，同时国民收入分配制度将决定居民收入增长会在多大程度上向人均国内生产总值增长靠拢。居民收入增长显著低于经济增长，将不利于通过增加消费拉动经济增长。

三、国民收入分配视角下我国居民收入格局

国民收入分配的三大主体包括政府、企业和居民。国民收入创造出来后，经过初次分配和再分配形成政府、企业、居民三部门的初次分配收入和可支配收入，这三大主体在国民收入分配中所占份额的具体情况称之为国民收入分配格局。相对应地，国民收入分配格局可以划分为初次分配格局和再分配格局。测算国民收入分配格局的前提是取得企业、政府和居民三个部门可支配收入总额。国家统计局公布的资金流量表是直接报告国民收入分配中三个部门收入的数据来源，资金流量核算作为一种对资金运动进行统计描述的手段，已得到了国际上的公认[①]。本文城乡居民收入数据和国民收入分配数据主要来源于《中国统计年鉴》1978—2008 年各期。

（一）国民收入初次分配与城乡居民收入

国民收入初次分配是国民收入在市场经济中各生产要素自发形成的分配，是国民收入直接在生产要素间进行的分配，是生产要素所有者凭借其生产要素所取得的收入。也有学者将初次分配中的要素分配定义为功能性收入分配，主要包括资本要素回报和劳动要素回报。除要素报酬外，初次分配中还有政府凭借国家权力对货物和服务的生产及再生产所征收的生产税和进口税[②]。

初次分配主要是对生产经营成果即增加值的直接分配，政府收入是企业以利润和税金形式上缴形成的国家纯收入，居民主要得到劳动报酬，企业利润的另一部分以固定资产折旧和营业盈余形式由企业支配。各部门再加上财产收入的分配，包括地租、利息和红利等收入，就形成了初次分配格局，政府、企业和居民分别得到各自的初次分配收入。对 1978 年以来资金流量表（实物交易）中数据进行调整，得出主体初次分配格局的测算结果，见表 4-6。1978—2010 年居民收入在国民收入初次分配中占比折线图如图 4-4 所示，1978—2008 年国民收入初次分配格局柱状图。

---

① 彭爽，叶晓东. 论 1978 年以来中国国民收入分配格局的演变、现状与调整政策[J]. 经济评论，2008（02）.

② 常兴华，李伟. 我国国民收入分配格局的测算结果与调整对策[J]. 宏观经济研究，2009（09）.

表 4-6　1978—2008 年国民收入初次分配格局

年份	政府可分配收入（%）	企业可分配收入（%）	居民可分配收入（%）
1978	12.8	37.5	49.7
1979	13.3	37.9	48.8
1980	12.8	36.0	51.2
1981	13.4	32.9	53.7
1982	13.7	32.1	54.2
1983	13.3	32.1	54.6
1984	13.6	31.3	55.1
1985	15.8	26.9	57.3
1986	15.4	26.9	57.7
1987	14.2	28.1	57.7
1988	13.3	28.6	58.1
1989	13.7	28.2	58.1
1990	13.1	33.5	53.4
1991	13.3	34.5	52.2
1992	15.5	19.1	65.4
1993	16.8	20.6	62.6
1994	16.3	19.7	64.1
1995	15.1	20.1	64.7
1996	15.5	17.2	67.2
1997	16.2	18.1	65.7
1998	16.9	17.5	65.6
1999	16.9	18.1	65.0
2000	16.7	18.9	64.4
2001	18.4	18.1	63.5
2002	17.5	17.3	65.3
2003	18.0	18.8	63.2
2004	16.9	23.5	59.6
2005	17.5	23.2	59.3
2006	17.9	23.2	58.9
2007	18.3	23.6	58.1
2008	17.5	25.3	57.2

数据来源：1978—1991 年数据来自于彭爽、叶晓东（2008 年）：《论 1978 年以来中国国民收入分配格局的演变、现状与调整政策》，经济评论第 2 期 74 页。1992—2008 年数据根据中国统计年鉴，资金流量表（实物交易）相关数据计算得到。

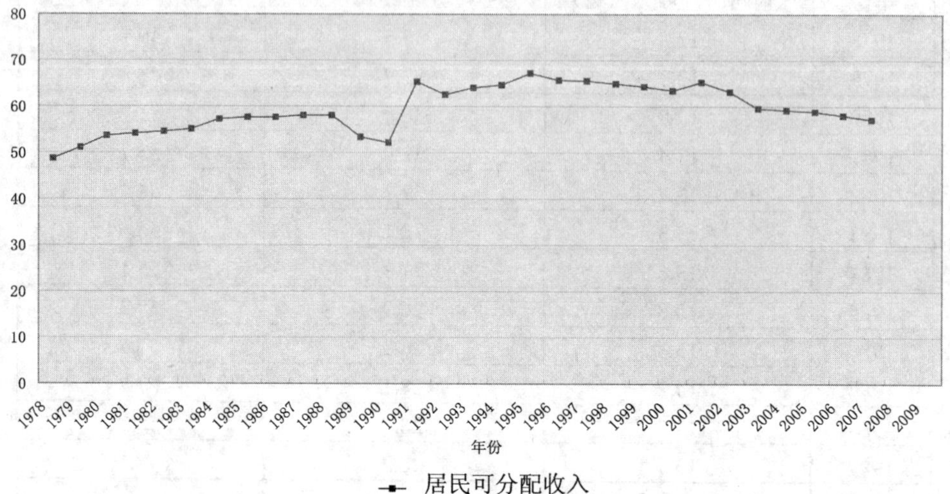

图 4-4　1978—2010 年居民收入在国民收入初次分配中占比折线图

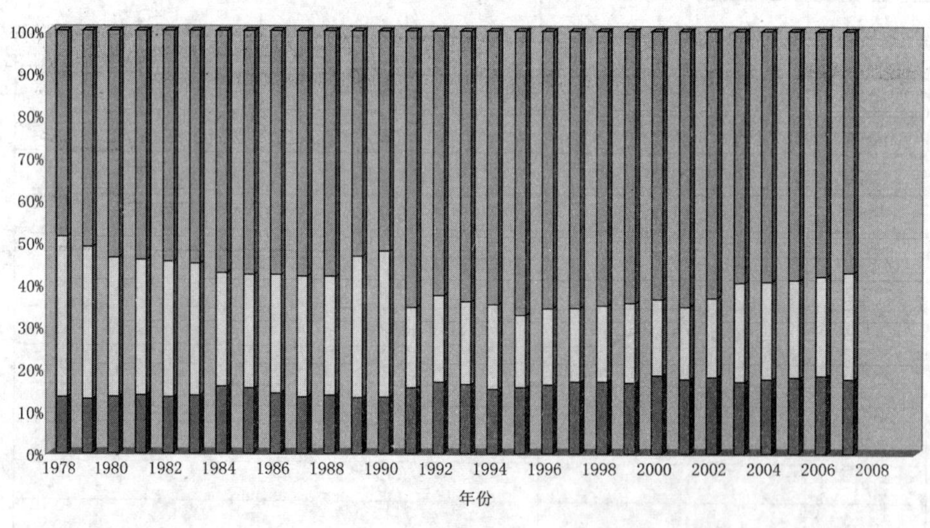

图 4-5　1978—2008 年国民收入初次分配格局柱状图

由表 4-6、图 4-4、图 4-5 可以看出，改革开放以后，居民可支配收入在初次分配中的份额变动呈阶段性特征：

第一阶段（1978—1989 年），居民可支配收入所占份额持续上升，国民收入初次分配中居民部门处于强势。这一阶段，居民可支配收入的分配比例由 1978 年的 49.7%变为 1989 年的 58.1%。原因在于：首先，1978 年以来的经济体制改革有力推动了经济发展，国民收入分配向个人倾斜使居民收入水平显著提高，居民可支配收入比重上升。这一时期农村普遍实行了家庭联产承包责任制，国家多次提高农副产品收购价格、控制农业生产资料价格上涨并放开了农民的生产经营自主权，农业高速发展，农村居民经营性收入迅速增加。1979—1985 年为农村居民收入高速增长时期，年均增长率高达 15.8%；其次，1985 年以后经济改革的重心由农村转向城市，国家通过普调升级增加了职工基本工资并恢复了奖金制度，实行经营承包和工效挂钩等新政策使城镇居民收入呈现多元化、奖金化等特征，城镇居民工资性收入提高。

第二阶段（1990—1995 年），居民可支配收入波动后继续上升，居民可支配收入份额高于第一阶段。在这一阶段，居民可支配收入占比变化较大，1990 年和 1991 年居民可支配收入所占份额明显低于前后几年，1993 年以后居民可支配收入份额开始提高，所占份额从低点的 52.2%到高点 65.4%，再到 64.1%。原因是：1988 年提出价税财联动和价格闯关，结果造成严重的通货膨胀和提款抢购风潮，价格波动严重影响了居民可支配收入的增加。1993 年 10 月我国进行了工资制度改革，居民收入增长较多，这一时期居民可支配收入比重继续上升了 7.2 个百分点。我国于 1994 年进行了财税体制改革、调整税制结构，收入分配向居民收入倾斜，居民收入份额进一步提升。此外，这一时期实行承包制的企业经营自主权扩大之后，并未建立起有效的企业分配约束机制，企业盈利时过多将企业收益以奖金、福利等形式分配给职工，企业亏损时仍然发放工资、奖金，并且国有企业改革之前，企业长期负担职工的医疗、养老、住房及职工子女的教育等费用，初次分配中居民部门继续居于强势位置。

第三阶段（1996—2008 年），居民可支配收入开始下降，逐步低于第二阶段，仍高于第一阶段。这一阶段居民可支配收入所占份额逐步下降，从 1996 年的 67.2%下降到 2008 年的 57.2%，下降了 10 个百分点，居民部门在初次分配中的地位开始下降，见图 4-6。多种因素导致居民可支配收入比重下降：一是国民收入初次分配中劳动者报酬所占比重下降，中国推进了国有企业改革，建立了现代企业制度，与此同时，企业减员增效、职工下岗分流导致部分居民劳动报酬急剧下降，劳动报酬也随之大幅降低。从图 4-6 可以看出，职工工资总额占 GDP 比重呈下降趋势；二是居民财产性收入占 GDP 的比重下降。居民财产性收入主要来自利息收入，自 1998 年以来居民利息收入占 GDP 的比重持续降低，主要取决于我国多次调低利率并开征了利息税。另外由于投资渠道狭窄，居民获得的红利收入也非常有限；三是居民支出增加。从 1998 年起，我国推进了养老、医疗和教育体制改革，取消了福利分房、推行教育产业化、医疗市场化，企业职工的养老也由企业负担转向社会统筹。以上改革的结果，减少了政府对社会公共品的供给。随着我国城镇住房制度改革和社会保障制度改革步入深化阶段，居民用于住房、医疗、养老等方面的支出相应增多，居民可支配收入随之减少。

数据来源：根据 2009 年统计年鉴整理。

图 4-6　1978—2008 年职工工资总额占 GDP 比重折线图

从以上三个阶段的特点来看，居民部门在前两个阶段处于优势地位，初次分配中居民收入增长的幅度最大。但是，从第三个阶段开始到现在，居民部门优势地位丧失，体现在居民收入增幅低于政府财政收入增幅和企业收入增幅，同时居民收入增长幅度也低于人均国内生产总值的增长幅度。这种变化与发展中的经济发展改革、所有制结构改革、税收体制改革、企业体制改革、劳动工资改革密切相关。居民部门不仅在初次分配时受到其他优势部门的挤压，同时居民收入来源增长受限、支出增加，导致居民收入增幅低于人均国内生产总值增幅。

（二）国民收入再次分配与城乡居民收入

在初次分配的基础上，各收入主体通过多种形式、多个环节从其他收入主体那里获得一部分转移性收入，同时也要将初次分配收入的一部分转移出去，各收入主体获得再分配收入，从而完成国民收入的再分配，形成再分配格局。国民收入在初次分配的基础上经过再分配形成了政府、企业、居民的可支配收入，可支配收入能够直接用于消费、投资或储蓄，再分配后的收入分配格局能够充分准确地代表一个国家一定时期国民收入分配状况。其中，居民可支配收入的变化主要为获得转移性收入和转出包括收入税、社会保险、社会福利等支出。

《中国统计年鉴》资金流量表（实物交易）中可支配收入中的政府收入只包括预算内和预算外收入，不包括现实中大量存在的非预算收入，可支配收入数据并不能全面反映实际的再分配格局，政府实际可支配的收入要比资金流量表中反映的大，企业和居民的可支配收入要比资金流量表中反映的小。

调整再分配格局数据需要考虑三种政府非预算收入，一是制度外收入，即政府及其所属机构凭借行政权力或垄断地位，采取各种非税收入形式收取的没有纳入预算内外制度管理的各项政府收入，主要包括制度外基金、收费、摊派和制度外罚没等，这些资金绝大部分是由企业负担的，与规范的税费缴纳对应，这部分费用要从企业可支配收入中扣除。二是地方政府的土地出让收入。2007年政府颁布了《国务院关于加强土地调控有关问题的通知》，土地出让收入开始“全额纳入地方政府预算，实行收支两条线管理”，在2007年之前并不列入预算内外收入管理，成为新时期除制度外收入外的政府非预算收入。三是农村非税收入，是指以乡镇统筹、自筹（包括原村集体提留）等形式向农民征收的财政性资金，本质上是向农民征收的额外的税，在计算政府收入时也要考虑这部分收入，要从居民收入份额中给予扣除。

为了客观反映实际的分配状况，有必要对资金流量表中的各主体可支配收入做调整。具体调整办法是：①将制度外收入、地方政府土地出让收入和农村非税收入加到资金流量表的政府可支配收入中。②将制度外收入从企业可支配收入中扣除。③将农村非税收入从居民可支配收入中扣除[①]。我们对资金流量表中数据进行调整后，计算结果如表4-7所示。

① 白重恩，钱震杰. 国民收入的要素分配：统计数据背后的故事[J]. 经济研究，2009（03）.

表 4-7 1978—2007 年国民收入再次分配格局数据

单位：%

年份	政府可支配收入	企业可支配收入	居民可支配收入
1978	31.6	19.1	49.3
1979	20.9	24.2	54.9
1980	18.4	23.4	58.2
1981	17.5	20.6	61.9
1982	16.3	21.2	62.5
1983	16.7	20.5	62.7
1984	17.0	19.5	63.5
1985	17.8	16.4	65.8
1986	16.1	18.3	65.6
1987	14.1	20.2	65.7
1988	12.0	21.4	66.6
1989	15.4	21.7	62.9
1990	14.5	23.8	61.7
1991	14.3	24.9	60.8
1992	28.5	5.2	56.3
1993	28.6	7.7	53.6
1994	27.8	7.2	55.1
1995	25.2	8.9	55.9
1996	25.5	6.3	58.3
1997	28.1	5.0	66.9
1998	28.5	4.7	66.8
1999	30.0	4.3	65.7
2000	30.4	6.3	63.4
2001	31.9	5.9	62.2
2002	30.7	5.7	63.6
2003	33.5	6.1	50.4
2004	30.2	13.6	56.2
2005	29.6	12.4	58.1
2006	30.5	12.0	57.6
2007	31.5	10.8	57.7

数据来源：1978—1991 年数据来自于彭爽、叶晓东（2008）：《论 1978 年以来中国国民收入分配格局的演变、现状与调整政策》，经济评论第 2 期 74 页。1992—2008 年数据根据中国统计年鉴。

表 4-7 中国居民收入再分配的数据显示，居民可支配收入在再分配中所占份额呈波段起伏特征，总体保持在一定的范围内。2007 年占比比 1978 年高出 8.4 个百分点，期间居民可支配收入份额最低为 1978 的 49.3%，最高为 1997 年的 66.9%，波幅为 17 个百分点。其中，1978 年以来居民可支配收入份额缓慢上升，到 1988 年上升到阶段高点 66.6%，改革开放后经济发展对于居民可支配收入提高效应明显；之后到 1993 年是一段下降区间，下降了 7 个百分点；1994 年到 1997 年，居民可支配收入份额大幅回升，上升了 13.3 个百分点，经济发展过程中的宏观环境波动和社会变革影响收入分配份额，居民可支配收入份额此后呈逐年下降趋势。1978 年至 2007 年国民收入再分配中居民可支配收入份额变化，见图 4-7。

从国民收入再次分配数据可以看出，近年来居民部门在国民收入再次分配依然处于劣势，居民可支配收入份额下降。国民收入再次分配过程中，政府为增加财政收入，在分配环节依靠特殊的财税分配体制，使国民收入再分配向政府倾斜，政府财政收入的增长挤占了大量的企业和居民收入，而政府财政收入又过多地被用于投资，使转移支付和社会保障支出相对滞后，导致居民可支配收入在分配中的份额下降。

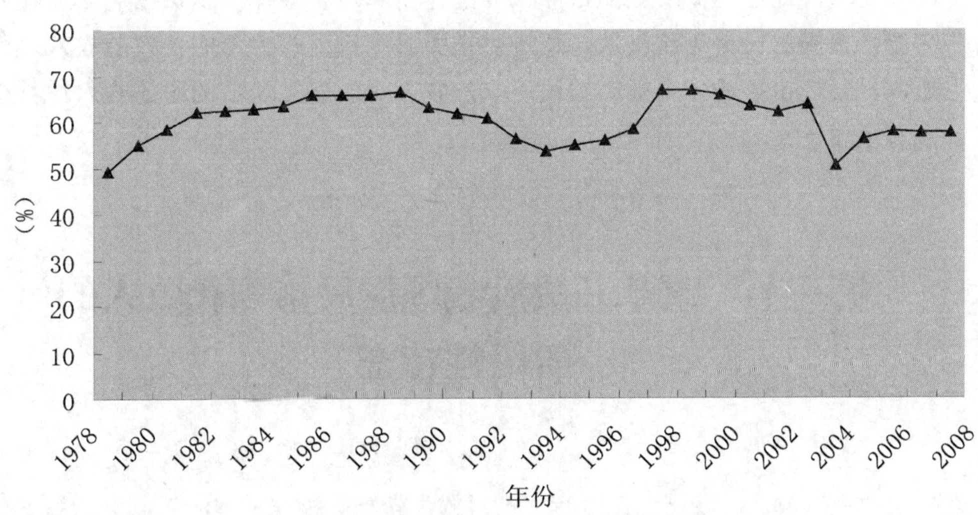

图 4-7　1978—2008 年中国再次分配居民可支配收入份额折线图

2002 年以前，居民部门在国民收入再分配中一直处于净得益的一方，而2002 年以后，居民已由再分配中的净得益方变为净损失方，具体表现就是居民再分配后的收入占比和初次分配的收入占比差额，由 1997 年的 2.4%下降到2007 年的-0.55%。收入再分配过程中居民收入比重下降的现象说明，居民获得的社会补助等转移支付要少于交纳收入税和社会保险付款的支出。这样就会造成普通居民对未来收入预期的谨慎，使其没有足够的支付能力进一步扩大消费需求。因此，需要通过增加政府转移支付、降低个人所得税、提高居民资产性收入等方式有效提高居民的整体收入水平，改善居民的收入预期。

从两次分配结果可以得到这样的结论，收入分配格局的最终形成是由市场和政府两个主体作用的结果，并且这种作用是有层次的，居民可支配收入更多是由初次分配决定。市场在初次分配中对收入分配格局的最终形成起基础性、决定性的作用；而政府在再分配中通过税收、转移支付等手段进行调控。显然，所有制结构决定了分配结构[①]。由于初次分配是在各收入主体内部进行的分配，不同所有制、不同收入主体之间不存在统一的分配原则，属于“自然生长”的结果，收入的形成机制更多地由市场调节决定，而初次分配格局一经确立，以税收和市场价格为手段的再分配，虽然可以适当调整收入结构，但不会从根本上改变各收入主体的收入结构。要提高居民可支配收入、增强居民收入在初次分配中的地位，需要更多依靠市场的作用和运行规律，积极拓展居民收入来源，提高居民市场化收入，通过供求关系和价值规律形成长效的收入运行机制，发挥市场的作用提高居民可支配收入对于建立长效的居民收入增长机制有重要意义。

第三节　改革开放后我国居民市场化收入的阶段性特征

改革开放后，我国经济进行“渐进式”转型。根据基本经济制度和基本分

① 邹燕．中国所有制结构变迁与收入分配的相关性分析[J]．经济理论研究，2007（02）．

配制度，我国经济发展可以分为三个阶段。在不同的阶段，我国居民收入总量和结构均有不同特点。由于中国目前正处于经济转轨时期，靠计划和靠市场调节的收入机制同时并存，但是在不同发展阶段，市场与政府在居民收入形成中发挥的作用不同。通过分析不同阶段我国居民市场化收入的特征，可以把握我国居民市场化收入发展脉络，进而发现居民市场化收入的现存问题，从而为提高我国居民市场化收入提供建议。

一、改革开放初期我国居民市场化收入形成特征（1978—1984 年）

改革开放初期，中国经济体制改革依据“计划经济为主，市场经济为辅”的理论，中共十二大确认要贯彻“计划经济为主、市场调节为辅”的原则，并把“国家在社会主义公有制基础上实行计划经济，国家通过经济计划的综合平衡和市场调节的辅助作用，保证国民经济按比例地协调发展。”写进 1982 年中华人民共和国宪法。

与此同时，基本分配制度是“按劳分配”，没有提出其他的分配原则，无论是在初次分配还是再分配中，都是以政府为主导，市场在收入形成中的作用很弱。这一阶段我国居民市场化收入有以下特征：

（1）城镇居民收入来源比较单一，工资性收入所占比重相当高。由于非公有制经济成分少，1984 年个体企业和其他非公有制企业创造的工业产值占比低于 5%，因此居民收入中市场化部分以及经营性收入很少。与此同时，由于城市居民生活不富裕，加上金融市场尚未建立，财产性收入来源单一，占比很小。在这一阶段，国有企业进行“放权让利”式改革，城镇职工工资进行了 4 次调整，即 1979 年的分地区调整物价补贴，1981 年的对小学教师和医疗卫生行业的工资调整，1982 年的对国家机关和科教文卫等事业部门的工资调整，1983 年的企业工资结构调整等。通过工资制度改革，开始打破平均主义“大锅饭”，刺激了劳动者的积极性。

（2）经营性收入超过工资性收入，成为农村居民第一大收入来源；工资性收入呈波动变化。1978 年 12 月十一届三中全会确立了“集中主要精力把农业尽快搞上去”的政策目标，为农村经济的改革和发展做好铺垫。通过表 4-8，我们发现，1983 年，农村经营性收入超越工资性收入，成为农民收入的主要来源。并且 1983 年农业经营性收入是 1982 年的 2.21 倍，究其原因，主要是家庭联产承包责任制的全面实施。1982 年的“一号文件”鼓励探索不同形式的农业生产责任制，1983 年的“一号文件”明确要求全面推行家庭联产承包责任制，1984 年“一号文件”延长了土地承包期限，这极大地激发了农村的活力，促进了农村家庭经营性收入的增长。1978—1984 年农村居民收入见表 4-8。

表 4-8 1978—1984 年农村居民家庭人均年收入来源数据

年份	总收入（元）	工资性收入（元）	所占比重（%）	经营性收入（元）	所占比重（%）	财产性收入与转移性收入（元）	所占比重（%）
1978	133.6	88.28	66.08	35.8	26.80	9.52	7.12
1979	160.2	101	63.05	44	27.47	15.2	9.48
1980	191.3	106.35	55.59	62.55	32.70	22.4	11.71
1981	223.4	114.18	51.11	84.52	37.83	24.7	11.06
1982	270.1	142.8	52.87	102.8	38.06	24.5	9.07
1983	309.8	57.54	18.57	227.66	73.49	24.6	7.94
1984	355.3	66.41	18.69	261.69	73.65	27.2	7.66

注：数据来自中国统计年鉴各期数据并加以整理。

二、改革开放中期我国居民市场化收入形成特征（1985—1991 年）

随着改革的顺利开展，1984 年 10 月，中共十二届三中全会审议通过了《关于经济体制改革的决定》。《决定》具有划时代的贡献，突破了把计划经济同商品经济对立起来的传统观念，确认中国社会主义经济是公有制基础上的有计划的商品经济。并指出社会主义计划经济必须自觉依据和运用价值规律，充分发展商品经济，才能把经济真正搞活，促使各个企业提高效率，灵活经营，灵敏地适应复杂多变的社会需要。1985 年 9 月召开的中国共产党全国代表会议进一步提出完善市场体系的问题，强调要发展商品、资金、劳务、技术四大市场，市场在资源配置中的作用越来越突出。

相对应的，1987 年，我国确立了“以按劳分配为主体，其他分配方式为补充”的分配制度，承认其他生产要素可以参与分配。市场在资源配置中的作用越来越大，居民市场化收入相比前一阶段有所提高。这一阶段我国居民市场化收入有以下特征：

（1）城市居民工资性收入仍然是城市居民主要收入来源，但比重有所下降；经营性收入有所增长，但增长较慢。1985 年城镇居民人均收入为 748.92 元，1990 年为 1522.79 元，增长了 103.33%。其中财产性收入由 3.74 元增加到 15.6 元，增长了 317%，占比由 0.5%增加到 1%；经营性收入由 10.2 元增加到 18.71 元，增长了 83.33%；从国有单位和集体单位得到的工资占比由 82%下降至 74%。同时工业总值中，个体企业和其他非公有制企业由 1985 年的 4.9%提高至 10.8%。这一时期，国有企业进行一定程度上的所有权和经营权的分离，实行“政府调控市场、市场引导企业”的改革模式，对大中国有企业实行承包责任制，对小型国有企业实行租赁制，对有条件的国有企业实行股份制试点，激发了国有企业的活力，工资性收入中的市场化成分与经营性收入显著增加。此外，这一时期城镇职工工资还进行了 3 次调整，即 1988 年的中小学教师的工资调整，1989 年的机关事业单位的工资调整，1991 年的增加机关工龄津贴等。

（2）农村居民经营性收入仍然是主要收入来源，工资性收入比例呈上升趋势。

通过分析表 4-9 数据，我们发现，经营性收入稳步增长，由 1985 年的 295.98 元增长至 1991 年的 523.59 元，增长了 76.9%，这与国家的支持政策密不可分。1985 年“一号文件”取消了 30 年来农副产品统购派购的制度，对粮、棉等少数重要产品采取国家计划合同收购的新政策。再加上农副产品市场的发育，农副产品大量进入市场，农副产品的价格受到市场和政府的双重影响，通过表 4-10，我们发现市场调节价比重上升，政府定价和政府指导价比例下降，农民经营性收入受市场的影响越来越大。

表 4-9　1985—1991 年农村居民家庭人均年收入来源数据

年份	总收入（元）	工资性收入（元）	所占比重（%）	经营性收入（元）	所占比重（%）	财产性收入与转移性收入（元）	所占比重（%）
1985	397.6	71.71	18.04	295.98	74.44	29.91	7.52
1986	423.8	81.6	19.25	313.28	73.92	28.92	6.83
1987	462.6	95.5	20.64	345.5	74.69	21.6	4.67
1988	544.9	117.8	21.62	403.17	73.99	23.93	4.39
1989	601.5	136.5	22.69	434．58	72.25	30.42	5.06
1990	686.3	138.79	20.22	518.55	75.56	28.96	4.22
1991	708.6	151.9	21.44	523.59	73.89	33.11	4.67

注：数据来自中国统计年鉴各期数据并加以整理。

表 4-10　三种不同形式农产品价格的比重

单位：%

价格形式	1978 年	1991 年
政府定价	92.2	22.2
政府指导价	2.2	20
市场调节价	5.6	57.8

数据来源：成致平．价格改革三十年［M］．北京：中国市场出版社，2006．

但是经营性收入在农民总收入中所占比重有下降趋势，主要是由于这一时期工资性收入上升速度快，由 1985 年的 71.71 元增长至 1991 年的 151.9 元，增长了 1.12 倍。

工资性收入的增长得益于乡镇企业的快速发展，中共中央在 1984 年颁布了中央 4 号文件，决定把社队企业改名为乡镇企业，并要求各地、各部门积极支持社队企业的发展，努力开创社队企业新局面。因此，1984 年乡镇企业数量是 1983 年的 4.5 倍，职工数量是 1983 年的 1.6 倍，总产值是 1983 年的 1.7 倍，工资总额是 1983 年的 1.7 倍，实现跳跃式发展。从 1984 年开始到 1988 年，乡镇企业产值每年都以 30%以上的速度高速增长，高速增长的乡镇企业为农村提供了就业机会，有利于农民提高工资性收入。1978—1990 年乡镇企业发展概况如表 4-11 所示。

表 4-11 1978—1990 年乡镇企业发展概况

年份	企业数量（万家）	职工数（万人）	总产值（亿元）	工资总额（亿元）
1978	152.4	2826.6	439.1	86.7
1979	148	2909.3	548.4	103.8
1980	142.5	2999.7	669.5	119.4
1981	133.8	2969.6	745.3	130.6
1982	136.2	3112.9	853.1	153.3
1983	134.6	3234.6	1016.8	175.8
1984	606.5	5208.1	1730.7	301.6
1985	1225.5	6979	2755	472.1
1986	1515.3	7937.1	3583.3	523
1987	1750.4	8805.2	4945.6	733.8
1988	1888.2	9545.5	7017.8	963.4
1989	1868.6	9366.3	8402.2	1054.9
1990	1850.4	9642.8	9581.1	1129.6

资料来源：《乡镇企业统计资料》（1978—1985）；《中国乡镇企业统计摘要》（1990、1991 年）1983 年前为“社队企业”统计数。

这一阶段由于投资渠道少，农民财产性收入增长缓慢，占总收入的比重呈下降趋势。

三、现阶段我国居民市场化收入形成特征（1992—2012 年）

随着改革开放的深入进行，贫富差距开始扩大，经济腐败越来越严重。有人开始认为市场经济便是资本主义，改革面临着巨大的阻力。1992 年，邓小平南巡，提出“资本主义也有计划，社会主义也有市场，市场和计划都是经济手段”，为我国进一步改革奠定理论基础。在 1992 年的十二大，我国确立了经济体制改革的目标，即建立社会主义市场经济体制，使市场在社会主义国家宏观调控下对资源配置起基础性作用，使经济活动遵循价值规律的要求，适应供求关系的变化；通过价格杠杆和竞争机制的功能，把资源配置到效益较好的环节中去，并给企业以压力和动力，实现优胜劣汰；运用市场对各种经济信号反应比较灵敏的优点，促进生产和需求的及时协调。同时也要看到市场有其自身的弱点和消极方面，必须加强和改善国家对经济的宏观调控。大力发展全国的统一市场，进一步扩大市场的作用，并依据客观规律的要求，运用好经济政策、经济法规、计划指导和必要的行政管理，引导市场健康发展。市场在资源配置中的基础性作用得到认可，为居民市场化收入提供了理论和制度基础。

1992 年，我国确立了“以按劳分配为主体，多种分配方式并存”的分配制度，从而把多种分配方式作为与按劳分配方式长期共存的制度确定下来，而不仅仅是按劳分配方式的一种补充。之后，在此基础上，提出要把按劳分配与按生产要素分配结合起来，并明确劳动、资本、技术和管理等生产要素按贡献参与分配。针对居民收入差距扩大化，分配制度对效率与公平的关系不断进行探索。总体上，市场在收入分配中的作用日益显著，居民市场化收入不断提高。同时，这一阶段我国居民市场化收入呈现出不同的特征：

（一）城镇居民市场化收入特征

2000—2012 年城镇居民家庭人均年收入来源如表 4-12 所示。

表 4-12　2000—2012 年城镇居民家庭人均年收入来源

时间	总收入	工资性收入（元）	所占比重（%）	经营净收入（元）	所占比重（%）	财产性收入（元）	所占比重（%）	转移性收入（元）	所占比重（%）
2000	6295.91	4480.5	71.17	246.24	3.91	128.38	2.04	1440.79	22.88
2001	6868.88	4829.86	70.32	274.05	3.99	134.62	1.96	1630.35	23.73
2002	8177.40	5739.96	70.19	332.16	4.06	102.12	1.25	2003.16	24.50
2003	9061.22	6410.22	70.74	403.82	4.46	134.98	1.49	2112.20	23.31
2004	10128.51	7152.76	70.62	493.87	2.88	161.15	1.59	2320.73	22.91
2005	11320.77	7797.54	68.88	679.62	6.00	192.91	1.70	2650.70	23.41
2006	12719.19	8766.96	68.93	809.56	6.36	244.01	1.92	2898.66	22.79
2007	14908.61	10234.76	68.65	940.72	6.31	348.53	2.34	3384.60	22.70
2008	17067.78	11298.96	66.20	1453.57	8.52	387.02	2.27	3928.23	23.02
2009	18858.09	12382.11	65.66	1528.68	8.11	431.84	2.29	4515.45	23.94
2010	21033.42	13707.68	65.17	1713.51	8.15	520.33	2.47	5091.90	24.21
2011	23979.20	15411.91	64.27	2209.74	9.22	648.97	2.71	5708.58	23.80
2012	26959	17338.39	64.31	2547. 78	9.45	706.76	2.62	6370.8	23.63

注：数据来自中国统计年鉴各期数据及 Wind 资讯，http://www.stats.gov.cn/tjsj/ndsj/。

对表 4-12 进行分析，从总量上看，城镇居民家庭人均年收入增长幅度明显，年人均总收入从 2000 年的 6295.91 元增长到 2012 年的 26959 元，其中工资收入从 4480.5 元增长到 17338.39 元，占总收入比重由 71.17%下降到 64.31%；经营性收入从 246.24 元增长到 2547.78 元，占总收入比重由 3.91%增长到 9.45%；财产性收入由 128.38 元增长到 706.76 元，占总收入比重由 2.04%上升到 2.62%；转移性收入由 1440.79 元增长到 6370.8 元，占总收入比重由 22.88%变化为 23.63%，幅度基本持平。

从结构上看，城镇居民家庭收入中工资性收入是主要来源，工资性收入所占比重有小幅度下降，降低了 6.86 个占比百分点；经营性收入所占比重有很大提升，提高了 5.54 个占比百分点；财产性收入所占比重有小幅提升，增加幅度为 0.58 个占比百分点；转移性收入所占比重小幅上升，上升幅度为 0.75 个占比百分点。城镇居民家庭人均年收入各部分来源在总收入中所占比重的变化情况如图 4-8 所示。具体特征如下：

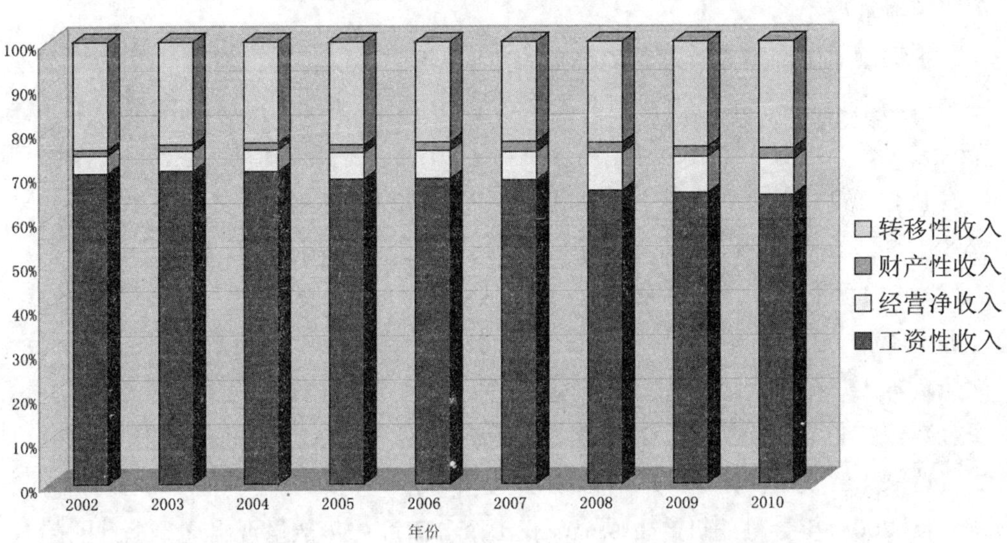

图 4-8 城镇居民平均人均年家庭收入来源结构图

（1）工资性收入在 12 年间增长了 2.87 倍，主要得益于经济的快速发展和工资水平的不断提高。从 2000 年起，我国经济持续快速发展，GDP 增长速度保持在 8%以上。同时，自从我国确立了社会主义市场经济体制，非公有制经济成分由被限制变为被鼓励。国有企业改革强调要建立现代企业制度，并且强调要"有所为，有所不为"，在关系国家经济命脉和国计民生的关键领域保持控制地位，其他的领域允许或鼓励非公有制经济成分发展，激发了各经济成分的活力。1996 年，国有企业有 216.3 万户，注册资本金为 3.3 万亿，私营企业有 81.9 万户，注册资本金为 0.4 万亿。2008 年，国有企业有 56.8 万户，注册资本金为 4.8 万亿，私营企业有 657.4 万户，注册资本金为 11.7 万亿。与此同时，工资水平在不断提高，工资制度在不断完善，因而工资性收入有了显著提升。

（2）经营性收入在 12 年间增长了 9.35 倍，涨幅最大。经营性收入的发展得益于第三产业的发展以及国家对个体经营的支持。第三产业发展迅速，从业人员增长迅速，2000 年吸收就业人数为 19823 万人，2012 年为 26332 万人，并且第三产业对经济增长的贡献率由 2000 年的 34.8%增加到 2012 年的 43.7%。特别是城镇化的迅速发展带动了社会需求的快速增长，为第三产业的繁荣创造了前提。国家近些年也大力支持个体经营的发展，特别支持自主创业。此外，金融业尤其是中小银行为中小企业的发展提供资金支持，为中小企业的经营注入了"血液"。

根据国家工商行政管理总局公布的数据显示[①]，截至 2013 年底，全国实有各类市场主体 6062.38 万户，比上年底增长 10.33%，增速比上年同期提高 1.78 个百分点，为近五年最高；注册资本（金）101.2 万亿元，增长 18.21%。全国实有企业 1527.84 万户（含分支机构，下同），增长 11.80%，注册资本（金）96.88 万亿元，增长 17.37%。内资企业 1483.24 万户，增长 12.15%，注册资本（金）84.51 万亿元，增长 19.52%。其中私营企业 1253.86 万户，增长 15.49%，注册资本(金)39.31 万亿元，增长 26.42%。外商投资企业 44.6 万户，增长 1.21%，注册资本 12.36 万亿元，增长 4.56%。个体工商户 4436.29 万户，增长 9.29%，资金数额 2.43 万亿元，增长 23.12%。农民专业合作社 98.24 万户，增长 42.60%，出资总额 1.89 万亿元，增长 71.85%。

自 2008 年金融危机产生以来，我国个体工商户仍然呈现出逐年上升的趋势，受金融危机冲击并不明显。2012 年年底，全国个体工商户资金总额为 1.98 万亿元，比上年同期增长 22.19%。这些数据表明，近年来我国个体经济呈现出较快的发展趋势，成为我国经济发展中主要的市场经营主体，并且其发展趋势

① 中华人民共和国国家工商行政管理总局，2013 年全国市场主体发展总体情况，http://www.saic.gov.cn/zwgk/tjzl/。

也呈现出向第三产业集中的特点，其对居民个人的直接影响就是提高了居民家庭收入，尤其是经营性收入的增加。

（3）财产性收入增长了 4.5 倍，但是占比仍然很低。财产性收入的增长得益于财富的增加和投资渠道的拓宽。随着经济的发展，老百姓的生活从温饱水平上升至小康水平，财富不断积累，积累的财富表现为房产、储蓄、收藏品等，它们会产生孳息，也就是我们所说的财产性收入。此外，改革开放以后，我国逐步建立结构完善、层次丰富的金融市场，它们为居民提供了形式多样、丰富多彩的投资渠道，见表 4-13。

表 4-13　我国金融市场发展概况

年份	金融市场发展概况
1979	保险业和信托业复业
1990	郑州正式引入期货交易机制，期货市场开始发展
1990	上海证券交易所成立
1991	深圳证券交易所成立
1994	在上海建立了全国统一的银行间外汇市场
1996	建立全国统一的同业拆借市场，并第一次形成了全国统一的同业拆借市场利率（CHIBOR），推动了利率市场化
1997	建立银行间债券市场
2002	第一个银行理财产品问世
2002	上海黄金交易所成立
2006	中国金融期货交易所成立
2009	创业板开市

迅速发展的金融市场为我国居民市场化收入的增加提供了渠道，但是根据表 4-14，发现目前我国居民财产性收入主要来源于银行存款利息收入。在这里，以一年期定期存款利率代表存款利率，观察其变动与居民财产性收入占比变动的关系，如表 4-15 所示。

表 4-14　我国居民财产性收入来源

单位：亿元

年份	净财产性收入	净利息收入	红利收入	地租运用	其他财产性收入
2000	1948.8	1774	126.8	3.4	51.4
2001	1919.3	1656.5	219.4	3.7	47.1
2002	2041.2	1668.9	340.6	5.7	37.4
2003	2245	1954.6	249.3	10.4	51.5

续表

年份	净财产性收入	净利息收入	红利收入	地租运用	其他财产性收入
2004	2711.2	2220.9	402.6	10.4	98.1
2005	3267.1	2579.1	440.7	13.7	261
2006	5231.6	4156.9	474.2	19.4	619.9
2007	7138.3	4590.6	812.4	24.4	1759.7
2008	8129.9	6160.9	731.5	24.4	1261.9
2009	7864	5599.3	906.8	26.6	1498.6

资料来源：根据《中国统计年鉴》数据编制。

表 4-15 2000—2012 年一年期定期存款利率

时间	一年期定期存款利率（%）	时间	一年期定期存款利率（%）
2000 年	2.25	2008 年 10 月 30 日	3.6
2002 年 2 月	1.98	2008 年 11 月	2.52
2004 年 10 月	2.25	2008 年 12 月	2.25
2006 年 8 月	2.52	2010 年 10 月	2.5
2007 年 3 月	2.79	2010 年 12 月	2.75
2007 年 5 月	3.06	2011 年 2 月	3
2007 年 7 月	3.33	2011 年 4 月	3.25
2007 年 8 月	3.6	2011 年 7 月	3.5
2007 年 9 月	3.87	2012 年 6 月	3.25
2007 年 12 月	4.14	2012 年 7 月	3
2008 年 10 月 9 日	3.87	—	—

资料来源：中国人民银行金融机构人民币存款基准利率数据。

2000 年的存款利率为 2.25%，2002 年下降为 1.98%，因而财产性收入占比也下降了；2002 年至 2007 年，存款利率连续不断攀升，由 2.25%上升至 4.14%，因而财产性收入占比也由 1.25%连续上升至 2.34%；2008 年利率不断下调，财产性收入占比下降；2010 年至 2011 年利率不断上调，财产性收入占比不断上升；2012 年，利率连续下调，财产性收入占比下降。

通过以上分析，我们发现财产性收入所占比重与存款利率有明显的正相关关系。因此，增加我国居民财产性收入，一方面要提升存款利率，加快利率市场化的步伐；另一方面还要多渠道探索增加居民财产性收入的方式。

（二）农村居民市场化收入特征

由于产业结构、劳动力素质、地理条件和政策优势等发展环境和生存条件的不同，农村居民收入结构不同于城镇居民收入结构，收入变化情况也表现出不同的趋势，农村居民收入变化情况见表 4-16。

表 4-16　1994—2010 年农村居民家庭人均年收入来源数据

年份	总收入（元）	工资性收入（元）	所占比重（%）	经营净收入（元）	所占比重（%）	财产性收入（元）	所占比重（%）	转移性收入（元）	所占比重（%）
1993	921.62	194.51	21.11	678.48	73.62	7.02	0.76	41.61	4.51
1994	1220.98	262.98	21.54	881.86	72.23	28.55	2.34	47.59	3.90
1995	1577.74	353.7	22.42	1125.79	71.35	40.98	2.60	57.27	3.63
1996	1926.07	450.84	23.41	1362.45	70.74	42.59	2.21	70.19	3.64
1997	2090.13	514.56	24.62	1472.72	70.46	23.6	1.13	79.25	3.79
1998	2161.98	573.58	26.53	1466	67.81	30.37	1.40	92.03	4.26
1999	2210.34	630.26	28.51	1448.36	65.53	31.55	1.43	100.17	4.53
2000	2253.4	702.3	31.17	1427.3	63.34	45	2.00	78.8	3.50
2001	2366.40	771.90	32.62	1459.63	61.68	46.97	1.98	87.90	3.71
2002	2475.63	840.22	33.94	1486.54	60.05	50.68	2.05	98.19	3.97
2003	2622.24	918.38	35.02	1541.28	58.78	65.75	2.51	96.83	3.69
2004	2936.40	998.46	34.00	1745.79	59.45	76.61	2.61	115.54	3.93
2005	3254.93	1174.53	36.08	1844.53	56.67	88.45	2.72	147.42	4.53
2006	3587.04	1374.80	38.33	1930.96	53.83	100.50	2.80	180.78	5.04
2007	4140.36	1596.22	38.55	2193.67	52.98	128.22	3.10	222.25	5.37
2008	4760.62	1853.73	38.94	2435.56	51.16	148.08	3.11	323.24	6.79
2009	5153.17	2061.25	40.00	2526.78	49.03	167.20	3.24	397.95	7.72
2010	5919.01	2431.05	41.07	2832.80	47.86	202.25	3.42	452.92	7.65
2011	6977.29	2963.43	42.47	3221.98	46.18	228.57	3.28	563.32	8.07

数据来源：中国统计年鉴各期数据，http://www.stats.gov.cn/tjsj/ndsj/。

从总量上看，农村居民家庭人均年收入连续增长，并且增长幅度显著。农村居民年人均总收入从 1993 年的 921.62 元增长到 2011 年的 6977.29 元，增长了 6.57 倍。

从结构上看，农村居民收入各组成部分结构更加合理，市场化收入比例提高。工资性收入从194.51元增长到2963.43元，占总收入比重由21.11%上升到42.47%；经营性收入从678.48元增长到3221.98元，占总收入比重由73.62%下降到46.18%；财产性收入由7.02元增长到228.57元，占总收入比重由0.76%上升到3.28%。可以看出，农村居民家庭收入来源中，以经营性收入和工资性收入为主体。经营性收入所占比重逐步降低，下降了27.44个占比百分点；工资性收入所占比重上升幅度较大，提高了21.36个占比百分点；财产性收入和转移性收入比重也有了提升，增加幅度分别为2.52和3.56个占比百分点。农村居民家庭人均年收入来源各部分工薪收入、财产性收入、经营性收入和转移性收入在总收入中所占比重的变化有明显的趋势性，其变化情况如图4-9所示。

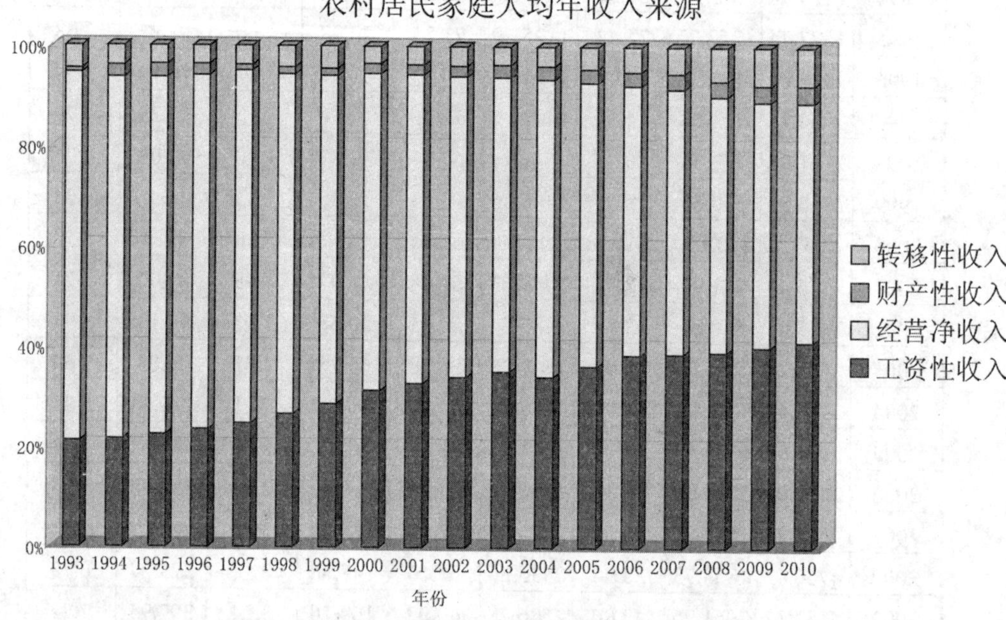

图4-9　1994—2010年农村居民家庭年收入结构图

在这一阶段，农村居民市场化收入结构趋于合理，总量不断提高，具体特征如下：

（1）工资性收入在这一时期增长了12.24倍，主要得益于劳动密集型经济的发展。中国是一个劳动力大国，劳动力资源丰富。改革开放后，中国丰富的劳动力资源所带来的低成本吸引了外资企业，也给本土企业创造了优势。在中国沿海经济省份，各种类型企业遍地开花，吸纳了大量劳动力。随着新劳动法的出台，企业员工在工资方面有了一定主动权，也在客观上提高了其工资性收入。另外，经济的发展创造的需求需要更多的就业岗位支持，员工在就业时主动性会提高，工资市场化定价机制得到不断完善。

（2）经营性收入在这一时期增长了3.75倍，涨幅不大，占比下降。与城市居民经营性收入不同的是，农村居民经营性收入主要来源于第一产业，随着经济改革的不断推进，农村劳动力向城市转移，因而农业生产经营的劳动力在减少，造成经营性收入占比下降。但是国家为了促进农业的发展，实施了一系列惠民措施。在2006年废除了存在两千多年的"皇粮国税"，并且在这之后加大对农业的补贴，致力于解决"三农问题"，提高了农民生产的积极性。同时，农村除种植业外，养殖业、运输业、个体经营业也欣欣向荣，所以在总量上，经营性收入得到提高。从图4-10可以看出，第一产业在农村居民家庭经营性收入中的比重呈逐渐下降，而二三产业有明显的比重增加的趋势，这反映了以传统农业为主的农村经济结构正在逐步向多元化结构发展，二三产业对农村经济的贡献度正在逐步提升。农村居民经营性收入的产业构成及比重变化趋势如图4-10所示。

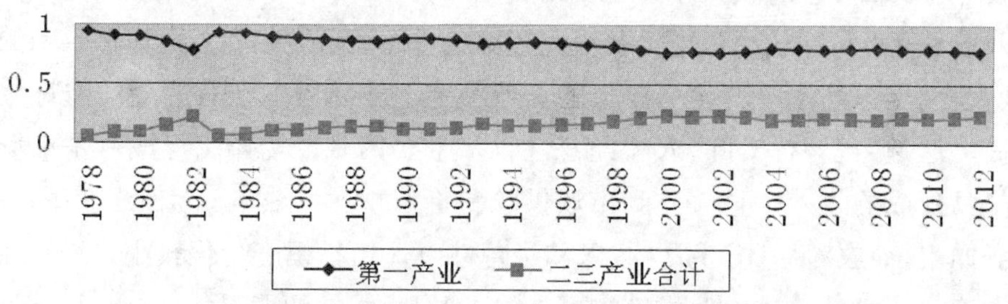

图4-10　农村居民经营性收入的产业构成及比重变化趋势

数据来源：根据wind资讯，中国债券信息网，中国统计年鉴整理并绘制。

此外，在农业经营方面，农产品定价市场化程度得到很大的提高，我国实现了由政府集中管制的价格机制向市场决定的价格机制转变，见表4-17。

表 4-17　三种不同形式农产品价格的比重

单位：%

价格形式	1992 年	1998 年	2000 年	2006 年
政府定价	12.5	9.1	4.7	1.2
政府指导价	5.7	7.1	2.8	1.7
市场调节价	81.8	83.8	92.5	97.1

数据来源：成致平.价格改革三十年［M］.北京：中国市场出版社，2006.

（3）财产性收入在这一时期总量上增加 31.56 倍，主要是 1993 年财产性收入过低，只有 7.02 元。但是财产性占比只增加了 2.52%，这与农村居民投资意识差和农村投资渠道狭窄有关。在农村，小农思想占主导，小富即安。再加上受教育程度较低，金融投资知识较缺乏，因而惧怕风险导致血本无归。另外，农村的金融机构少，农民可以选择的投资渠道不多，财产性收入主要来源于存款利息。

（三）城乡居民市场化收入对比

通过以上分析可以看出，城乡居民收入结构已经发生改变，并且不同来源的收入增长幅度也有较大差异性。如图 4-11 和图 4-12 所示，城镇居民工资性收入增长幅度变化较小，增长相对比较稳定。而经营性收入和财产性收入的增长则表现出另外一种变化形态，增长速度上下波动较大，有明显的波峰波谷阶段。这是由于财产性收入和经营性收入主要依靠市场作用形成，是市场自发交易形成的收入，直接受到市场供求和价值规律的影响，完全以市场价格为导向[①]。而农村居民工资性收入和经营性收入增长幅度变化较小，增长相对比较稳定。同时，财产性收入增幅波动频率最大，波幅明显。

由此看出，我国居民的市场化收入已经表现新的特征：一是居民市场化收入结构已不同于改革开放初期。对于城镇居民，财产性收入占比得到了很大的提升；对于农村居民，经营性收入所占比重得到了很大的提升。二是居民以政府指导性为主的居民收入增长平稳，而市场化收入增长波动幅度较大。三是城乡居民市场化收入差距扩大，以工资性收入、财产性收入和经营性收入为例，2000 年城镇居民为 4855.12 元，农村居民为 2174.6 元；2011 年城镇居民为 18270.62 元，农村居民为 6413.98 元。11 年间城乡居民市场化收入差距扩大了

① 安体富，蒋震. 调整国民收入分配格局提高居民分配所占比重[J]. 财贸经济，2009(7).

4倍。这些情况说明，在我国以政府指导性的居民收入形成机制已然比较成熟，在现行的体制下政府对居民收入有一定的影响。同时，随着市场化的发展，市场化对收入的影响也越来越大，体现在市场化收入水平的增加，但是现行的居民市场化收入机制还不稳定，市场化收入增长波动较大，城乡市场化收入差距扩大，因此要探究我国居民市场化收入的增长路径，构建居民市场化收入增长的长效保障机制。

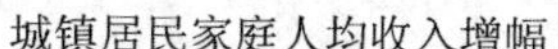

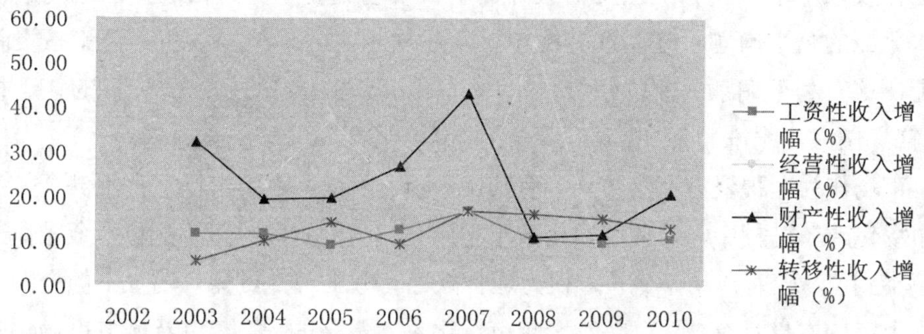

图4-11　城镇居民家庭人均收入增幅趋势图

农村居民家庭人均年收入增幅

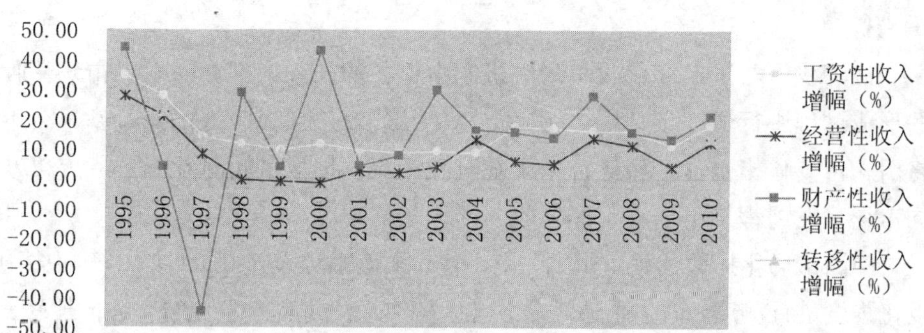

图4-12　农村居民家庭人均年收入增幅趋势图

第四节　我国居民市场化收入增长瓶颈

近年来，面对我国居民市场化收入水平低，城乡居民市场化收入差距的不断扩大，一部分理论界人士和实务工作者开始怀疑市场化改革，甚至将市场化收入差距的不断扩大归咎为市场化改革。但是很多学者经过研究发现，中国的市场化收入水平以及分配差距扩大并非出自市场制度本身，市场无法自动解决收入分配的公平问题。在初次分配中，市场居于主导地位，各生产要素按贡献分配，这有利于调动大家的积极性，所以以市场为主导的初次分配目的在于把“蛋糕”做大，水涨自然船高，居民整体市场化收入水平便会提高。

市场作为一种资源配置方式，有其优缺点。目前，中国市场发育不健全是由于市场化改革进程中，要素市场化改革不到位、产权制度改革不到位，金融体制改革不到位、政府改革不到位。权力运行缺乏有效的体制约束，发育不健全的市场加上市场本身具有缺陷，必然影响市场化收入水平的提高，以及城乡市场化收入差距。本节从市场化程度不足、劳动力市场要素定价不合理、金融市场不完善、我国现存经济体制不健全四个方面，分析市场化收入增长面临的瓶颈。

一、市场化程度不足

认清我国居民市场化收入形成机制中存在的问题，需要对居民市场化收入的形成过程进行进一步分析，明确市场化发展对于居民收入的影响结果。下文将引入市场化指数这一指标，用来观测我国不同地区的市场化发展程度以及不同市场化发展程度下居民市场化收入的增长情况。

中国市场化指数体系由樊纲、王小鲁、朱恒鹏等人建立，目的在于对中国市场化程度进行测度。该体系通过对各地区的市场化进程进行比较全面的比较，并且进行持续的测度，从而提供一个稳定的观测体系，完全采用客观指标衡量各地区市场化改革的深度和广度。通过对中国各地区的市场化进行定期的测度，建立完善的指标体系反映各地区在市场化进程各方面的进展情况，以准确地反映各地区市场化进程的各个方面。市场化指数的指标包括五个方面：政府与市场的关系、非国有经济的发展、产品市场的发育程度、要素市场的发育程度、市场中介组织的发育和法律制度环境①。近年来中国各地区的市场化指数如表 4-18。

表 4-18 中国市场化指数（总得分）

地区	2002 年	2003 年	2004 年	2005 年	2006 年	2007 年	2008 年	2009 年
全国	155.56	170.47	189.05	189.73	203.67	214.48	222.70	227.40
北京	6.92	7.50	8.19	8.20	8.54	9.02	9.58	9.87
天津	6.73	7.03	7.86	7.65	8.28	8.59	9.19	9.43
河北	5.29	5.59	6.05	6.51	6.84	6.94	7.16	7.27
山西	3.93	4.63	5.13	5.06	5.56	5.91	6.18	6.11
内蒙古	4.00	4.39	5.12	5.26	5.89	5.91	6.15	6.27
辽宁	6.06	6.61	7.36	6.97	7.56	7.97	8.31	8.76
吉林	4.58	4.69	5.49	5.76	6.20	6.55	6.99	7.09
黑龙江	4.09	4.45	5.05	5.33	5.61	5.76	6.07	6.11
上海	8.34	9.35	9.81	8.97	9.63	10.27	10.42	10.96
江苏	7.40	7.97	8.63	8.60	9.39	10.14	10.58	11.54
浙江	8.37	9.10	9.77	9.57	10.37	10.92	11.16	11.80
安徽	4.95	5.37	5.99	6.56	7.15	7.48	7.64	7.88
福建	7.63	7.97	8.33	7.94	8.42	8.59	8.78	9.02
江西	4.63	5.06	5.76	6.26	6.64	7.10	7.48	7.65
山东	6.23	6.81	7.52	7.87	8.24	8.47	8.77	8.93
河南	4.30	4.89	5.64	6.58	7.11	7.38	7.78	8.04
湖北	4.65	5.47	6.11	6.42	6.85	7.05	7.33	7.65
湖南	4.41	5.03	6.11	6.25	6.74	6.86	7.18	7.39
广东	8.63	8.99	9.36	9.04	9.72	10.10	10.25	10.42
广西	4.75	5.00	5.42	5.40	5.71	5.90	6.20	6.17
海南	5.09	5.03	5.41	5.36	5.66	6.36	6.44	6.40
重庆	5.71	6.47	7.20	6.64	7.26	7.40	7.87	8.14
四川	5.35	5.85	6.38	6.63	6.95	7.30	7.23	7.56
贵州	3.04	3.67	4.17	4.61	4.94	5.40	5.56	5.56
云南	3.80	4.23	4.81	4.88	5.57	5.82	6.04	6.06
西藏	0.63	0.79	1.55	0.30	0.29	1.63	1.36	0.38
陕西	3.90	4.11	4.46	4.37	4.71	4.82	5.66	5.65
甘肃	3.05	3.32	3.95	4.32	4.58	4.82	4.88	4.98
青海	2.45	2.60	3.10	3.09	3.29	3.54	3.45	3.25
宁夏	3.24	4.24	4.56	4.47	5.10	5.44	5.78	5.94
新疆	3.41	4.26	4.76	4.86	4.87	5.04	5.23	5.12

注：数据来源于《中国市场化指数》，樊纲等，经济科学出版社。

① 樊纲，王小鲁，朱恒鹏. 中国市场化指数[M]. 北京：经济科学出版社，2011.

通过市场化指数这一指标，可以将不同地区的市场化发展程度进行量化，观察在不同的市场化程度下居民市场化收入的变化情况。为了消除观测过程中季节性因素、发展周期等因素对数据的影响，对数据进行移动平均，得到一个相对平稳的数据结果，观测结果更接近真实情况，市场化指数调整结果如表 4-19 所示。选取与市场化指数相同期的居民收入数据，并做相应的去季节性处理，以保持数据的同步性。利用市场化指数所做的排名，对不同地区居民收入进行排列，即观测不同的市场化程度所对应的居民收入。

表 4-19 中国市场化指数

排名	地区	指数值	排名	地区	指数值	排名	地区	指数值
1	浙江	10.13	12	安徽	6.63	23	黑龙江	5.31
2	上海	9.72	13	河南	6.47	24	云南	5.15
3	广东	9.56	14	河北	6.46	25	宁夏	4.85
4	江苏	9.28	15	湖北	6.44	26	陕西	4.71
5	北京	8.48	16	江西	6.32	27	新疆	4.69
6	福建	8.34	17	湖南	6.25	28	贵州	4.62
7	天津	8.10	18	吉林	5.92	29	甘肃	4.24
8	山东	7.86	19	海南	5.72	30	青海	3.10
9	辽宁	7.45	20	广西	5.57	31	西藏	0.87
10	重庆	7.09	21	内蒙古	5.37	—	—	—
11	四川	6.66	22	山西	5.31	—	—	—

从居民收入结构来看，居民收入包括工资性收入、转移性收入、财产性收入、经营性收入，四个部分都会受到政府和市场两大力量的影响。改革开放后我国一直坚持“大政府、强国家”的政策，政府对居民收入的影响范围大、程度深，而市场对居民收入的指导作用一直受到压制，表现为居民市场化收入比重低和市场化收入形成机制不完善。

通过比较，我们发现，不同地区工资性收入基本平稳，说明市场化对于工资性收入的影响有限。而财产性收入和经营性收入则表现出不同的变化情况，随着市场化指数的由高到低，财产性收入和经营性收入大趋势也是在逐步降低，并且波动幅度明显，说明财产性收入和经营性收入与市场发展程度高度相关，受到市场作用影响显著。同时，市场化收入跟市场化指数并没有完全呈现出直线的相关性，由此可以看出，在我国居民市场收入形成机制还不完善，居民市场化收入除了市场作用外还受到体制、政策等方面影响，市场尚未成为不同地区居民市场化收入的主要动因。

目前的现实情况是，我国居民收入已经得到大幅度增长，但居民市场化收入增长相对不足，市场化收入的形成机制不完善，市场化收入形成机制的运行仍存在诸多体制障碍，靠市场本身调节难以解决。因此构建居民收入增长机制的核心内容，就是在保持居民非市场化收入稳定增长的基础上，逐步提高居民市场化收入的水平。

二、劳动力市场要素定价不合理

在城乡居民收入中，工资性收入占有重要地位，成为城乡居民的主要收入来源，其市场化程度也关系到每个家庭的生活。然而，我国劳动力要素定价不合理，严重影响了工资性收入的提升和人民生活水平的提高。

第一，劳动力报酬偏低，影响居民工资性收入水平的提高。工资是劳动力的价格，受劳动力市场供求关系的影响。由于我国竞争性行业的大部分劳动者工资由劳动力市场决定，而我国劳动力市场具有两个突出特点：劳动力供给相对过剩和劳动力市场力量不对称。劳动力供给相对过剩导致市场均衡工资率等于劳动力价格，而劳动力市场力量的不对称，则在这种均衡上，致使工资率低于劳动力价格。

劳动力供给相对过剩是指劳动力的供给超过市场对它的需求而出现的过剩，主要表现在城镇失业人员和农村流动的劳动力。根据统计年鉴的数据显示，1998年至2005年，我国失业人数平均增长速度为4.8%。劳动力市场的不对称是指在我国目前的劳动力市场上，在劳动者和雇主的权益博弈中，劳动者整体处于弱势地位；而另一方面，相对于单个弱势分散的劳动者，雇主处于优势状态，具有垄断者的特点。劳动力市场的这两个特点，在追求利润最大化的企业古典产权制度下，就表现为企业尽可能地压低工人的工资，劳动者的实际工资水平长期定位在低点上。在古典产权制度下，绝大多数企业的职工工资水平和工资增长由企业单方面决定，员工普遍缺乏参与权。在劳动力市场总体供大于求，“资强劳弱”的市场状况下，劳动者只能被动接受企业分配的结果。劳动者没能形成与厂商相对等的谈判能力，劳动者的工资利益诉求机制没有形成，建立工资集体协商机制的企业不多，这时劳动者的工资难以得到有效增长。

第二，劳动力报酬在国内生产总值的占比呈下降趋势。1978 年，职工工资总额占 GDP 的比重为 15.61%，而 2008 年下降至 11.21%，另外工业企业职工工资总额与税后利润的比值也呈下降趋势。1993 年职工工资总额与税后利润比值为 1.45%，2006 年下降至 0.4%，这两个指标反映出初次分配中要素定价的不合理，初次分配出现强资本弱劳动的趋势。我国目前资本相对劳动力来说永远是稀缺的，稀缺的资本在市场上被高估，无限供给的劳动要素贡献被低估，从而导致分配比例失衡。靠资本要素取得收入的人越来越富有，而靠劳动要素获得收入的人越来越贫穷，形成很低且增长缓慢的劳动力价格。

第三，行业工资水平差异很大。在完全竞争的劳动力市场上，劳动力可以自由流动。但现实中，支配和影响劳动力市场的因素有很多，如市场垄断、户籍制度、信息不完全、政府干预等，这些因素使劳动力在不同行业之间的流动受到阻碍，形成劳动力市场分割，难以形成统一和合理的劳动力市场定价机制。在我国，不同行业之间的工资水平相差很大，而工资水平与行业垄断程度相关。以制造业和金融业为例，制造业垄断程度很低，金融垄断程度很高。2003 年城镇制造业从业人员年均工资为 12671 元，金融业从业人员年均工资为 20780 元，两者相差 8109 元。2011 年，城镇制造业从业人员年均工资为 36665 元，金融业从业人员年均工资为 81109 元，两者相差 44444 元，可见垄断程度高的行业不仅工资高，而且涨幅也大，行业间工资差距不断扩大。

第四，同工不同酬问题严重。部分进城打工的农民虽然从事与城市居民相同的工作，但不能获得与城市居民相同的工资待遇。很多农民工的实际收入与他们的付出相比是比较低微的，与当地城镇居民相比存在同工不同酬的问题，这就带来了人们收入之间的不合理差距，造成了收入分配不公，拉大了收入差距。

三、金融市场不完善

在居民市场化收入的组成部分中，财产性收入和经营性收入的市场化程度很高，对市场的变化很敏感。在美国，财产性收入占总收入的比重高于 15%，而在我国仅占 3%左右，差距非常明显，除了我国人均收入和家庭财富较少的原因外，我国金融市场的不完善也是很重要的一方面。经营性收入受金融市场影响的主要原因是金融市场为企业经营提供资金支持。

（一）金融市场不完善下的财产性收入

我国居民财产性收入主要来源于金融市场，包括存款利息、红利、股息，因而财产性收入与金融市场息息相关。相关实证证明，金融发展与居民财产性收入增长之间存在长、短期的正向关系。

从金融市场角度看，居民财产性收入的形成基础主要包括金融市场基础、金融政策和法律基础以及金融观念基础，这三大基础是形成和提高财产性收入的必要条件和准备。

1. 金融市场基础

金融市场可以通过资源的优化配置和资金融通功能调剂资金余缺，一方面增加资金需求者的资金来源渠道，一方面为资金供给者提供广泛的可供选择的投资渠道。居民财产性收入增长潜力很大部分依赖于金融市场和金融机制作用的发挥，将收入转化为资本进行运作，形成利息收入、红利和股息收入以及保险基金等收益。

在我国，80%左右的融资来源于间接融资渠道，在不到 20%直接融资中，股市融资和债券融资的比重大约为 4 : 1，因此，通过分析国内信贷和股票成交额对国内生产总值的贡献，可以大致了解我国金融市场的发育和深化程度，更能揭示出金融市场对收入转化为资本的支持力度，如表 4-20 所示。

表 4-20　我国金融市场对经济的支持

单位：%

年份	国内信贷占 GDP 的比重		股票成交额占 GDP 的比重	
	中国	美国	中国	美国
2002	143.5	239.57	23.26	198.8
2003	151.9	140.2	23.64	214.4
2004	140.4	164.06	26.48	221.5
2005	134.3	171.2	17.12	225.4
2006	133.5	249.86	41.82	235.5
2007	127.8	305.21	173.26	244.4
2008	120.8	450.19	85.06	224.4
2009	145.1	337.11	157.23	234.4
2010	146.3	210.8	160.06	233.3
2011	145.5	203.73	89.17	234.9

注：资料来源于世界银行集团网站。

如表 4-20 所示，横向比较，我国国内信贷占 GDP 的比重在 140%上下徘徊，而美国这一比重一般在 200%以上，受 2008 年金融危机的影响，美国银行业对经济的支持力度大于往年，存贷款总额是 GDP 的 450.19%，是我国的 3.7 倍；美国是世界上资本市场最发达的国家之一，股票成交额占 GDP 的比重一直在 200%左右，而我国，由于金融市场发展的比较晚、经济体参与资本市场的程度不高，股票成交额占 GDP 的比重除 2007、2009、2010 年高于 150%外，其余年份低于 90%，与美国相比这一比重最高相差 12.1 倍；纵向来看，我国金融市场的发展速度远远大于美国，2002 年到 2011 年一直呈现上升趋势，股权融资所占比例更是有突飞猛进的增长。

通过分析可以看出，当前我国以信贷市场和股票市场为代表的金融市场，由于发育比较晚、制度不完善、体制不健全、金融工具的创新力度不强等原因，对经济发展的支持力度远远不够。居民之所以能够获得财产性收入，是因为资本等要素参与社会生产，为经济活动创造价值，财产性收入的分配即是资金参与生产经营所创造出价值的一部分。金融市场对经济的支持和服务水平越低，居民资本所获得的收益就越少，居民积累的资金试图通过金融市场获取更多的财产性收入的可能性就低。因此，我国要巩固居民财产性收入水平增加的金融市场基础，使居民的资金通过金融市场转化为资本参与经济价值的创造，一方面促进经济的增长，另一方面可以增加居民自身的财产性收入，实现“国强民富”。

2. 金融政策和法律基础

一国经济的发展和人民生活水平的提高，离不开政策和法律的支持，法律基础为经济利益的实现提供保障，保证交易的顺利进行，政府的政策向关乎国计民生的产业、行业倾斜，体现在经济活动中的政府意志。我国关于财产性收入的金融政策和法律基础主要有以下两个方面：

（1）法律对私有财产的保护。2004 年，全国人民代表大会宪法修正案明确提出“公民的合法的私有财产不受侵犯”，从法律途径切实保护公民的私有财产；2007 年通过《物权法》，使居民通过财产权获得的财产性收入有了法律的保护。

（2）收入分配制度改革。我国的国民收入分配制度改革始于党的十五大，从当时我国的经济实际出发，提出“坚持以按劳分配为主体，多种分配方式并存”的基本分配制度，把按劳分配与按生产要素分配结合起来，激发居民将生产要素投入生产获得财产性收入的积极性；党的十六大提出“一切合法的劳动收入和合法的非劳动收入都应该得到保护”，财产性收入作为非劳动收入的一种得到国家的鼓励和肯定；十七大指出“创造条件让更多的群众拥有财产性收入”，把财产性收入的获得推向一般化和大众化，希望通过制度的支持使更广泛的居民享有国家经济发展的成果。

但是，我国居民的财产权还不充分，政府在政策和法律上对财产权的界定和财产性收入的提高所做的努力还不够。在发达国家，财产性收入所占的比例仅次于工资性收入成为居民可支配收入的重要组成部分。各国十分注重财产权的保护，在文艺复兴时期就开始注重人权和财产权，经过多年发展，逐步形成界定清晰、权责明晰的私有财产保护框架；在法律的基础上，通过一系列政策实施，根据国情切实保障居民收入，譬如：2008 年法国实施《新罗比安法》，通过税率优惠鼓励居民购房并出租，增加房屋出租的租金收入；新加坡实行公积金制度改革，增加了公积金的储蓄和投资功能，增加居民的投资收益；美国通过金融产品的创新，为居民提供更多的理财和投资选择，通过金融市场为居民个人创收，活跃金融市场的同时也达到分散转移风险的目的；阿根廷政府通过法律保障低收入群体的经济利益，扩大财产性收入增加的基础，等等。我国居民财产性收入的增加是一项惠及十几亿人口的大事，需要政府、非金融部门、金融部门、居民多个主体的共同努力，国家在政策和法律环境的缔造上任重而道远。

3. 金融观念基础

居民为自身积累资金寻求投资渠道，通过金融市场实现财产性收入，一要有投资的意识，二要对金融产品的收益性、风险性和安全性有全面的了解，比较选择谨慎投资。这样，在居民财产性收入的形成中，投资者个人意愿和偏好以及对金融工具的认识对于金融交易的实现起到主观决定作用。

根据国家统计局的数据，2010 年我国金融投资者开户数达到 18858 万户，是 1992 年的 217 万户的 86.9 倍，反映出我国投资者意识逐渐觉醒，参与金融的积极性大幅度增加。但是，我国居民的受教育水平还不高，中学的入学人口占总人口的比重 1998 年为 59%，缓慢增加到 2010 年的 81%，大学的入学率 1998 年仅为 6%，2010 年增长为 26%；较之美国平均 96%的中学入学率和 83%的高等院校入学率，我国的知识普及程度还相差很远，因此，要在居民认知和教育方面投入更大精力，特别是对金融产品风险和收益的认识，使金融更好地为居民财产性收入增加服务。

（二）金融市场不完善下的经营性收入

金融发展与经济增长是相辅相成的，一个完善的、市场化程度较高的经济体制下，金融发展会更加迅速和畅通，其为经济增长形成的助推作用将更强大，对居民收入的增加，特别是经营性收入的增加更是影响深远。在一国金融发展水平较高、金融限制较少的状态下，居民可以更容易地进入到金融市场，更容易得到金融市场及金融中介提供的相关金融服务，用来扩大居民参与经济建设的规模和加速资金的积累，从而能较快地提高居民的经营性收入水平，以致提高一国居民收入的整体水平。

多数研究表明金融发展与居民收入水平表现出正相关关系。具体来说，金融发展对经营性收入的影响通过几个方面产生：

1. 进入金融市场的门槛较高

对于个体经济而言，如果能较容易地进入金融市场，能较容易地得到和使用金融市场中提供的服务，就能帮助个体经营者维持并有能力按照需求扩大经营。然而，我国的低收入家庭通常进入金融市场的门槛较高，尤其是贫困家庭比较集中的农村，更由于农村正规金融市场的不完善和农民对正规金融知识的缺乏，导致他们所获得的金融服务相当有限。因而，在我国现阶段，农民利用金融服务大力发展农业生产提高家庭经营性收入的状况并不普遍。

对于私营中小企业来说，我国现阶段银行业高度垄断，中小金融机构比较缺乏，资本相对稀缺。由于我国城乡剩余劳动力较为丰富，因而劳动密集型产业成为现阶段我国要素禀赋结构中比较优势的产业，而我国大多数劳动密集型产业都以私营中小企业为主。然而由于资本相对稀缺，金融市场对私营中小企业的融资限制造成了不同企业进入金融市场的不平等。私营中小企业对我国国民经济的贡献远远大于他们能从金融机构中获得的资金支持和金融服务，这样往往导致中小企业长期得不到资金补充，不能向规模化和技术化发展，或者因寻求大量民间借贷而导致资金成本畸高，最终因经营收入无法承担经营成本或资金链断裂而倒闭。

2. 信贷配给导致的金融不平等

目前，我国利率市场化还未实现，利率的形成主要受政策管制，因而存在较为严重的信贷配给现象。信贷配给是指在固定利率的条件下，由于借方资金需要大于贷方（主要是银行）的资金供给，然而贷方（银行）却受政策的压制无法提高利率，只能采取非利率的贷款条件，逼迫部分资金需求者退出借贷市场而达到信贷平衡。这种金融不平等性通过三个方面来催生：一是借款人的自身条件，如经营规模、资产负债情况、财务结构以及信用记录等；二是贷款方（银行）针对借款事项对借款人的特别要求，如：担保或抵押条件、贷款金额、期限长短等；三是社会因素，如寻租问题、银企关系、企业政府关联程度、借贷员个人好恶等。虽然这些条件在一定程度上有助于银行减少信贷风险，提高贷款的安全性，但是也违背了金融市场资源配置的原则，降低了整个社会的资源配置效率，增加了个体经济、低收入者、农民以及私营中小企业的融资困难。

3. 道德风险和逆向选择问题严重

我国的金融市场虽发展迅速，但还极不完善，主要表现在：第一，由于货币市场规模小、货币市场工具较为单一、参与主体较少且存在市场分割，大大降低了资金的流动性，影响了稀缺资金的配置效率；第二，债券市场规模小，结构不合理，政府和国企债券占据较大规模，企业债券尤其是中小企业债券发展缓慢；第三，上市公司治理结构问题突出，股票市场体制性矛盾突出，不能较好地保证股东的权益；第四，保险市场发展迅速，但与发达国家保险市场相比还存在较大差距。由于金融市场体系尚不完善，各种风险机制和监督机制还不完善，导致金融市场的道德风险和逆向选择问题严重，这就大大降低了金融市场的价格发现功能、信息显示功能和资源配置功能，以及经济发展激励功能，从而提高了个体经济和私营企业进入金融市场的门槛，低收入经济群体和资金短缺的私营中小企业无法利用金融功能改善经营状况，提高财富水平。

四、经济体制不健全

随着我国经济体制改革和经济高速发展，居民之间的市场化收入差距也逐渐形成，经济体制改革带来了各种暴富的机会，这些机会很多都是存在于制度不健全的领域，带有很强的时代特征，并不是所有人都可以平等地享有这些机会，特权阶层的灰色收入，权钱交易的腐败行为、垄断行业的垄断利润、获得收入的机会不均等这些方面都造成了居民的市场化收入差距的不合理扩大。同时，经济体制改革还限制了一部分人获得收入的机会，农民工的流动限制与就业歧视就是一个例子，这同样带来了市场化收入差距的不合理扩大。可见，在中国经济发展最快的一段时间内，居民市场化收入总体水平虽然有了很大的提高，但是由于体制漏洞和不平等就业等原因导致那些受到政策影响失去就业机会的群体没有分享到改革的成果，这就导致了收入分配不公，进而带来收入差距的不合理扩大。

我国的收入分配体制伴随经济体制的转轨，一直处于变革和完善中，体制中存在一些缺陷，导致非市场化的因素干扰市场化收入的形成，造成了市场化收入分配机会和过程的不公平，影响了我国正常的收入分配秩序，进而带来了收入差距的不合理扩大。特殊的经济体制环境，造成行政权力参与收入分配、垄断利润转化为不公平收入、城乡分割造成不合理城乡差距、地区政策带来地区间收入不平衡发展等问题。

（一）行政权力

自改革开放以后，政府一直积极推进经济体制的转轨，市场机制的调节作用越来越重要。不过，计划经济的惯性仍然存在，市场配置资源的功能仍不完备，政府在资源配置中仍起着举足轻重的作用。一些拥有行政权力的政府官员，不能秉公办事，不把自己作为市场经济的服务者，而是作为管理者，利用手中的权力寻取租金，提供不公平的竞争环境。这些腐败官员还想方设法阻碍政府体制的深化改革，努力维持对经济行为的行政干预，不断寻找政府的空子获得非法非正常收入，使行政权力参与收入分配。由于腐败行为的存在，造成了收入分配制度的严重不平等。人们付出同样的工作量，就因为有些人占据比较重要的部门，拥有行政权力，就比其他人的实际收入高出很多，这就造成人们心里的失衡。那些拥有权力相对较少的会尽力扩大行政权力，最终导致现有的收入分配既不能体现人们的付出，也不能反映人们的实际收入差异。

通过行政垄断获得垄断利润，然后再将利润转化为个人的收入，是造成市场化收入分配不公的又一个重要体制原因。在经济体制转轨过程中，政府逐步放开很多领域的经营权，促进市场竞争，但在某些行业，政府的行政垄断仍然严重干扰甚至限制市场的作用，造成许多不公平竞争现象。电信、电力、铁路运输、自来水等行业，政府控制着大量资源，进入门槛很高，通过行政力量进行垄断经营，获得高额的垄断利润。而这些行政垄断部门和企业中的成员，将企业获得的垄断利润转化为自身的高额收入和福利，甚至有的成员还将企业消费转化为个人消费。这种由于人为限制造成的行政垄断，严重影响了正常的收入分配秩序，导致居民市场化收入差距的不合理扩大，见表 4-21。

表 4-21 行政垄断行业和全国的平均工资

时间	电力、燃气及水的生产和供应业国有单位在岗职工平均工资（元）	电力、燃气及水的生产和供应业国有单位在岗职工人数（人）	交通运输、仓储和邮政业国有单位在岗职工平均工资（元）	交通运输、仓储和邮政业国有单位在岗职工人数（人）	垄断行业平均工资（元）	全国职工平均工资（元）
2004	21223	2144000	18283	4521000	19753	16024
2005	24378	2057000	21160	4218000	22769	18405
2006	28535	2042000	24252	4105000	26393.5	21001
2007	33719	1984000	28241	4053000	30980	24932
2008	39394	1958229	32162	3945000	35778	29229
2009	43164	1908096	36077	3852636	39620.5	32736
2010	48932	1953226	41353	3716215	45142.5	36539

数据来源：历年《中国统计年鉴》。

（二）相关经济制度

目前，我国城乡分割的户籍制度和就业制度，直接导致广大农民不能与城镇居民平等就业，平等获得收入，整体市场化收入水平低于城镇居民，引起收入分配不公。城市的居民只因为拥有城市的户口和身份，就可以享受到比较好的工作机会，而不用担心进城打工农民给自己造成竞争压力，但是，户籍制度导致农民工只能从事一些“脏、累、苦、险”的工作，很难进入一些正规部门，同时在劳动和经济生活中也没能得到完善的法律保障。城乡分割的二元结构造成了城乡居民的收入起点不平等，体制的原因成为决定城乡居民市场化收入差距的重要原因之一。

我国在发展过程中所采取的一些地区倾斜政策、地方保护主义政策、地区优先发展某些行业的政策等，也是影响居民市场化收入的重要体制原因，直接导致了各个地区之间的不平衡发展，影响了生活在不同地区人们的市场化收入水平，引起了收入分配不公，进而导致地区间市场化收入差距不断扩大。地区间市场化收入差距的形成也主要来自于两个方面，一个是由于地区之间经济发展水平的不同，导致人们的市场化收入有所差别，比如说在我国东部地区，经济相对比较开放，资本和技术优势明显，交通便利，对外贸易发达等，这有利于工业、农业和第三产业的发展，人们的市场化收入也较高；另一方面是由于政府采取的倾斜政策、地方保护政策等导致一些人可以凭借一些特殊的政策或者靠钻政策的空子获得高额的收入，拉开与其他人的收入差距。这样一来，地区间政策的差异成为影响一部分人市场化收入低的重要影响因素之一，同时引起收入分配的不公平，进而导致地区市场化收入差距的不合理扩大。

第五节　提升居民市场化收入对经济可持续发展的意义

2008 年经济危机以后，投资加出口的经济增长模式已经不再是拉动中国经济的强劲动力，促进消费成为我国经济可持续发展的新引擎，提高我国居民市场化收入水平，正是释放我国消费潜能的重要因素，具有重要的研究意义与价值。

就当前经济形势来说，提高居民收入关键在于提高居民市场化收入。通过市场机制决定居民收入水平，即以提高居民市场化收入为基础，在这一前提下依靠政府行为保证收入增长的稳定性和市场机制的有效性，实际上是利用市场机制来提高政府计划的运行效率，用政府计划降低市场机制的波动幅度，实现收入与经济同步、持续、稳定地增长。

建立居民市场化收入形成机制不仅影响一国居民部门的收入，而且是整个居民收入运行机制中最重要的部分，体现着现实的经济利益关系。居民市场化收入形成机制直接决定了居民收入水平的高低和结构变化，并进一步影响国家就业、投资、消费、储蓄、物价以及个人生活等各方面的问题，对经济的增长、产业结构和经济发展转型有重大影响。建立消费、投资、出口协调运行的居民市场化收入机制，可以对优化需求结构、转变经济发展模式产生反推作用，是经济长期增长的必然选择。居民市场化收入形成机制对经济转型的意义体现在以下几个方面：

（一）提高居民收入，增加居民消费

在居民收入和消费倾向都下降的情况下，由于国内需求大大低于过度投资

产生的剩余供给，企业在交换环节不得不转向国外市场，寻求外部消费渠道。其结果使得中国的经济发展不得不日益依赖外需，进而推动了外贸的高速增长。过分依赖外部需求推动经济增长的方式无法保证经济的持续发展，社会再生产也将失去持续循环的动力。因此，如何启动国内消费市场，就成为应对当前危机的关键所在，而增加消费的核心就是提高居民收入水平，而且，这一收入水平必须要能保证经济持续发展，也就是说要能保证生产、分配、交换和消费的再生产环节在扩大规模上持续循环运行。

弗里德曼持久收入的消费函数也告诉我们，影响消费的根本因素是居民的持久性收入，只有居民对其持久性收入有稳定预期的时候，才能提高其消费需求。要提升经济增长中消费的拉动作用，就应提高居民市场化收入，提高居民可支配收入在国民收入中的比重，这将有利于刺激国内消费需求。目前，我国消费不足的原因是国民收入分配中居民收入所占份额在降低，宏观税负高和政府财政收入的快速增长导致居民对生产成果的分享在相对下降，劳动者工资收入增长相对缓慢，使得许多劳动者在付出辛苦的劳动之后，无法分享经济发展的成果。我国企业利润的高速增长在相当程度上是以职工低收入为代价的，劳动所得比重长期偏低有悖于经济增长的目标。

因此，要发挥居民收入机制中市场的作用，进一步提高居民市场化收入特别是经营性收入和财产性收入。逐步改善企业偏向的制度环境，在企业内部建立起平等的工资谈判机制，政府财政收入向医疗、教育、失业保险等领域倾斜，以提高居民的福利。因此，无论从生产循环还是消费与收入的关系看，应对当前危机的最有效途径就是提高居民市场化收入，构建居民收入的长效增长机制。

（二）促进产业结构升级，转变经济发展模式

我国经济增长主要依靠投资需求拉动，属于典型的投资型经济增长，投资、出口的拉动带来了近年来经济的持续快速增长，然而从长期来看，这种增长模式存在不少弊端。政府主导的投资拉动已经成为中国经济发展的最主要驱动力。但是，历史经验表明，依靠政府财政扩张推动起来的经济增长一般需要靠下一个周期的进一步扩张来维持，一旦财政不能保证这种扩张能力，经济可能就会陷入衰退。因此，这样的生产方式，必然要求以政府财政收入的高增长作支撑，而这就会进一步加剧财政活动中的路径依赖。在经济发展过程中，投资需求是引致需求，而消费是最终需求，是经济增长的真正动力，也是经济增长的终极目标所在。我国目前国民收入失衡进一步加剧了国民经济的内部失衡和外部失衡，经济增长由依靠消费、投资、出口协调拉动的发展模式未能真正实现。

中国过多地依赖投资和出口实现的经济高增长，已经使得当前的产业结构严重畸形。劳动所得比重长期偏低有悖于经济增长的目标，与企业利润和政府收入相比，提高劳动者的收入更为重要[①]。低廉的劳动成本虽然增强了我国产品的国际竞争力，导致庞大的贸易顺差，但这是在通过损耗国内劳动者的利益补贴发达国家的消费者，同时也使我们在对外贸易中屡现被动。由于企业即使粗放经营仍能维持一个比较高的利润率，因此，高投入、高消耗、高排放、高污染、低效率的粗放型增长方式仍能维持。

虽然投资和出口在创造需求的同时也增加了国民收入，但投资并非最终需求，只有投资创造的供给能够被消费，国民收入的增长才算最终完成，社会再生产也才可以持续进行。从这个角度讲，过度投资而缺乏与之相适应的消费水平，经济将无法长期持续发展；另一方面，过度依赖出口会加大经济运行的不稳定性，使整个国民经济的发展过多地受国外需求影响。要实现经济增长由主要依靠投资、出口拉动向依靠消费、投资、出口协调拉动转变，就应提高劳动报酬，提高居民可支配收入在国民收入中的比重，调整目前的居民市场化收入机制是转变经济增长方式的需要。因此，通过构建居民市场化收入形成机制，改变当前居民收入形成结构，有利于改变目前过度依赖投资和出口的经济增长方式，优化产业结构，将有助于形成消费、投资、出口协调运行、共同发展的良性经济发展模式。

（三）减少收入差距，形成橄榄形社会收入结构，实现经济社会可持续发展

由于各地区的区位环境、历史文化、基础条件、人口素质、生产力水平以及国家政策措施等因素，我国区域经济发展不平衡，明显地呈现出东、中、西阶梯式发展的格局。随着我国区域经济发展不平衡的扩大，区域间居民收入差距也随之不断加大。1980 年，东、中、西部三大地带人均生产总值分别为 488.3 元、336.0 元和 274.3 元，东部地带是西部地带的 1.78 倍；2010 年，东部城镇人均收入为 18326 元，中部地区为 11783 元，西部地区为 11265 元，东北地区 18277，东部地带是西部地带的 1.63 倍；不同产业及产业细分行业之间的工资水平差距呈不断扩大趋势，据相关数据统计，2010 年，平均工资最高的行业的

① 张曙光，程炼. 中国经济转型过程中的要素价格扭曲与财富转移[J]. 世界经济，2010（10）.

年人均工资与平均工资最低的行业的年人均工资相差达到5.12倍。从以上分析可以看出，目前我国居民收入的区域差距、行业差距仍在进一步扩大，特别是由于长期历史原因形成垄断及体制收入差距明显。

当前我国经济社会正处于特殊转型时期，橄榄型收入结构尚未成型，中产阶层为主的社会稳定机制尚未实现，各种社会矛盾有进一步激化的趋势。因此在这一时期，采取必要措施，减少行政性体制和垄断行业收入差距，扩大居民工资性收入及财产性收入份额，保障居民市场化收入机制的形成及成功运行，并最终形成橄榄形社会结构，对于整个经济社会结构的稳定以及经济的绿色可持续发展具有重大的战略和现实意义。

第五章　我国居民市场化收入的影响因素及增长路径

通过对我国居民市场化收入的阶段性特征的分析，发现我国城乡居民的市场化收入水平与结构具有很大差异性。并且，与发达国家相比，我国居民的市场化收入占比偏低。由于居民市场化收入的提升有助于经济可持续发展、消费升级以及产业转型，因此，研究如何提高我国居民的市场化收入显得尤为重要。为此，本章重点探讨居民市场化收入的影响因素与形成路径。从而，能够为我们进一步探究我国居民市场化收入增长的长效保障机制奠定基础。

第一节　居民市场化收入的形成

居民市场化收入的形成过程主要包括两大内容：即首先要做大经济总量这个蛋糕，因为经济的增长是国民收入分配的基础；其次在现有“蛋糕”的基础上，对国民收入进行分配，以兼顾效率和公平为原则，真正做到藏富于民，切实提高居民的市场化收入。因此，居民市场化收入的形成路径是一个涉及要素市场、产品市场，政府、企业、个人等一系列要素的复杂过程。在这个过程中，各要素相互依赖、相互作用，缺一不可。而探讨居民市场化收入形成路径，首先要了解各要素与居民市场化收入的关系，然后进一步分析居民市场化收入的增长路径。

一、居民市场化收入形成过程中的两大环节

经济学理论告诉我们，社会生产总过程分为生产、分配、交换和消费。一

个企业的经营需要劳动力、土地、人力资本等生产要素的投入，企业是一国经济的微观主体，构成了一国国内生产总值的绝大部分。按照国民收入核算体系，劳动力报酬为工资，土地收益为地租，因此，这是居民获得市场化收入的第一个环节。在这个环节中，生产要素的供应是企业生产所需要的最基础的“细胞”，而金融市场、各项制度安排，比如：收入分配制度、户籍制度等，财政政策以及经济发展水平是保证生产顺利进行的软环境，这些要素有利于企业生产效率的提高，并且为经济“蛋糕”的做大提供了更多的途径。

经济总量形成之后，进入下一个环节——国民收入的分配。国民收入分为初次分配和再分配，再分配分为第二次分配、第三次分配等。初次分配强调效率，注重按要素进行分配，再次分配强调公平，主要通过政府税收、转移支付等政策性手段减小贫富差距。目前，我国政府、企业、居民三者收入分配关系中，居民收入所占比重从69%下降到59.4%，累计下降10个百分点。与此同时，政府收入占比提高了2.9个百分点，企业收入占比提高了7.2个百分点。因此，国民收入的分配对于居民市场化收入的提高起到十分重要的作用。而这其中，初次分配更为关键。

从经济总量的形成到国民收入的分配再到居民市场化收入的获得，整个过程中都离不开政府与市场的作用。在生产要素市场，政府需要为各要素的流转、交易创造一个公平、公正、公开的制度环境，在市场失灵的时候政府还需借用“看得见的手”调控市场，以免要素市场出现扭曲。市场的作用更为明显，唯有建立一个以市场机制运行的要素市场，资源方能得到更优配置，要素价格才能真正按照供求关系确定。金融发展在提高居民的市场化收入过程中作用十分显著。中小企业的效益直接关乎居民的市场化收入水平，但是中小企业融资难一直是一个顽疾，我们需要借助金融机构与金融市场促进中小企业的发展，从而促进居民市场化收入水平的提高。与此同时，居民在获得居民可支配收入后，可以通过金融市场、金融产品等途径扩大自己的居民财产性收入水平。

二、国民收入分配图

国民收入分配图如图 5-1 所示。

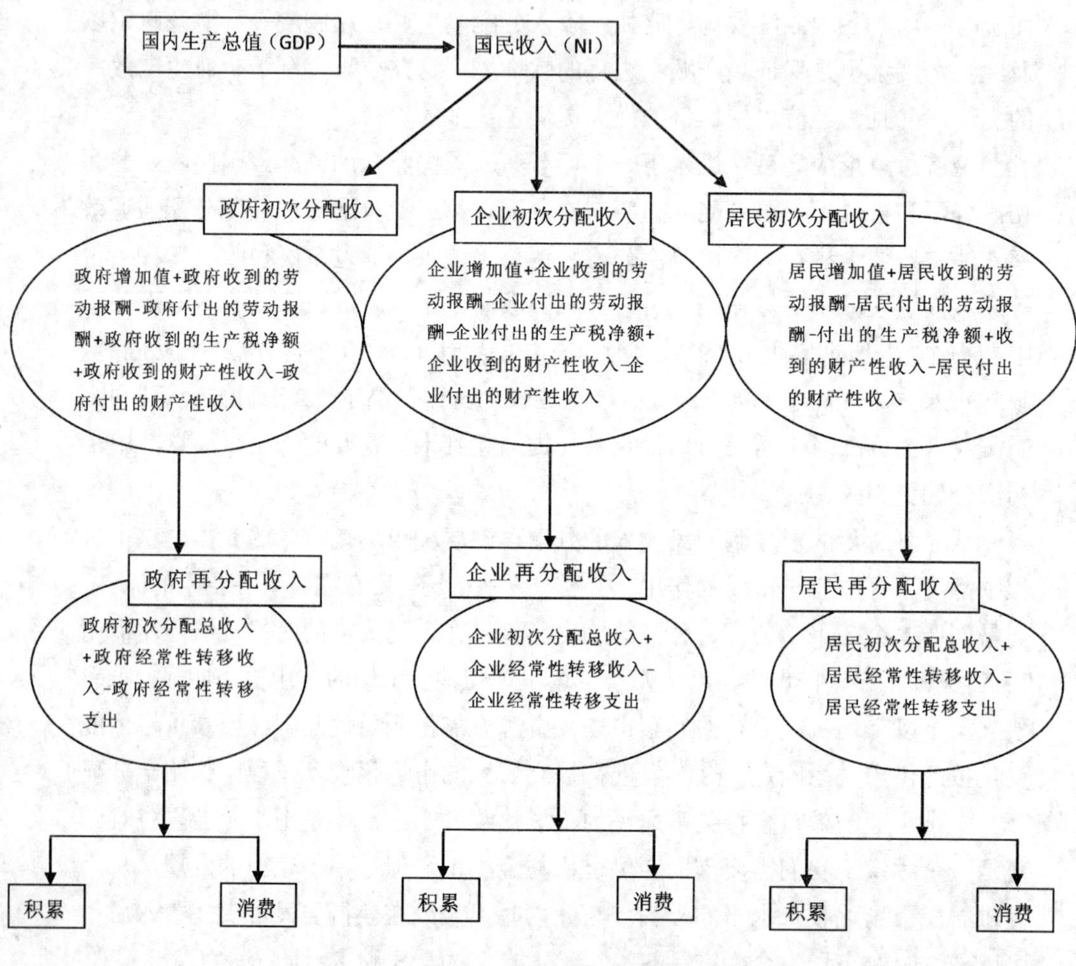

图 5-1　国民收入分配图

注：（1）政府的收到的劳动报酬是指政府工作人员收到的工资及工资性收入，政府收到的财产性收入是指政府利息和红利收入，政府付出的财产性收入=政府贷款利息支出+中央政府国债利息支出，政府的经常性转移收入=政府收到的收入税+政府收到的社会保险缴款，政府经常性转移支出=社会保险基金支出（政府的社会保险福利支出）+政府的社会补助支出；（2）企业收到的劳动报酬包括工资性收入和社会保险付款两部分，财产性收入和生产税与政府中的分析是一样的；（3）居民个人收入的相关指标同上。

由图 5-1 可看出，国民收入的初次分配是国民收入在物质生产领域内部进行的分配，经过初次分配形成了国家、企业、居民的原始性收入，初次分配收入直接关系到国家、生产单位和居民个人三方面的经济利益。国民收入的再分配是国民收入在初次分配基础上在全社会范围内进行的进一步分配，通过再分配所获得的收入称为派生收入。再分配的主要形式有：（1）财政支出。通过财政预算，一方面以利润和税金的形式集中一部分国民收入；另一方面又把集中起来的国民收入通过财政补贴、支付非生产部门劳动者工资等形式分配到各部门、各地区去，以满足社会生产，发展科学、文化、教育事业，进行行政管理和加强国防等方面的需要；（2）信贷。以偿还为条件，通过筹集社会闲散资金贷放给使用单位来实现再分配的过程；（3）价格。国家通过指令性价格、指导性价格和市场调节价等多种价格形式，建立合理的价格体系，实现国民收入的再分配。此外，各种劳务付费、居民之间的馈赠、生产单位直接举办的各种福利事业，也可影响国民收入再分配。国民收入的再分配，最后形成生产单位、非生产单位和居民的最终收入。最后，国民收入经过初次分配和再分配最终分配到积累和消费两个方面。

第二节　居民市场化收入的影响因素及增长路径

通过分析，我们认为居民市场化收入的形成过程主要为：一是做大“经济蛋糕”，即经济基础是决定收入分配的源泉；二是分配“经济蛋糕”，即国民收入在政府、企业、个人之间的分配，个人之间收入分配。并且在对发达经济体、新兴经济体居民收入的研究过程中，我们发现，生产要素、金融市场、制度因素、财政政策以及经济发展对居民市场化收入的提高有重要影响。我们从生产要素开始，具体剖析居民市场化收入的增长路径。

一、基于生产要素角度的市场化收入的增长路径

基本的生产要素包括劳动力、资本以及土地。对于商品经济而言，人力资本、技术以及管理水平成为越来越重要的生产要素。下面我们主要从劳动力、人力资本以及土地三个方面，分析居民的市场化收入增长路径。生产要素分类

如图 5-2 所示。

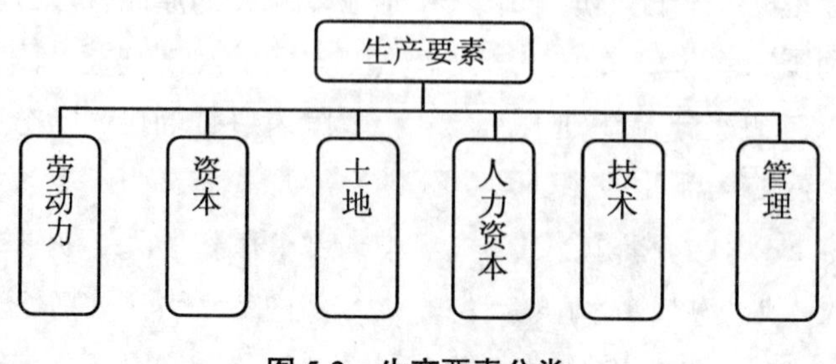

图 5-2　生产要素分类

（一）劳动力要素对居民市场化收入的影响

刘易斯二元经济理论认为，发展中国家农业部门存在着大量处于隐形失业状态的人口，即农业过剩劳动力。当农业过剩劳动力向城市工业部门转移时，农业部门的产出并不会受到影响，而城市工业部门，只要提供略高于农业部门平均收入的工资水平，就能源源不断地从农村获得所需的任何数量的劳动力，且这一工资水平将一直维持下去，直到农业过剩劳动力全部转移出去，刘易斯将这种现象称之为“劳动无限供给”。

刘易斯认为，城市中工业部门为获得所需的劳动力所提供的实际工资水平的下限，是农业部门中劳动力维持自己和家庭最低生活水平的平均收入，即生存收入。考虑到以下几个方面：（1）城市衣食住行等生活费用都比农村的高；（2）从农村转移到城市需要承受环境转变的心理成本；（3）工业部门生产力水平高及工会的作用。刘易斯推算，工业部门的实际工资水平比农业平均收入应该高 30%左右①。

大量农村劳动力涌向城市带来的结果是，工业部门劳动生产率提高，各区域充分发挥资源、要素和区位等优势，进行专业化生产，促进区域合理利用资源，提高各区域的经济效益。而大规模的社会劳动地域分工还会促进区域专门化的发展并逐步演化成区域分工、区域交换和区域协作。劳动分工促进了服务业的增长，主要表现在两个方面：其一，促进了消费者服务业的发展。譬如，现代社会中，家政服务的快速发展，其实质是市场服务取代了家庭服务，即家庭将原本由家庭自我提供服务发展成为向市场购买家庭服务；其二，促进了生产者服务业的发展。上世纪 70 年代以后，生产者服务业的迅速发展则使原先作

① 吴义刚．刘易斯模型-劳动力价值与农民工工资决定[J]．内蒙古社会科学，2009（05）．

为企业内部的研发、设计、会计、营销、咨询等服务职能部门分离出来，成为独立市场主体的结果。专业化而不是规模经济，是企业面临多样化需求竞争环境下的一个重要的战略性选择（波特，1985）。第三产业的进一步发展不仅促进产业结构升级，同时刺激经济快速发展，国民收入进一步提高。这样，形成一个良性循环，居民可以进行更多的人力资本投资，从而增加公司效益，经济持续增长，从而，居民的工资性收入与经营性收入增加，居民的市场化收入提高。

农民为企业提供劳务，企业支付农民工资。耕地资源的有限性以及农产品的需求缺乏弹性，使得农民增产不增收，从而在很大程度上增加农民的收入要取决于来自于第二、三产业收入的增加，特别是依靠工资性收入的增加。这就要提高非农就业机会，将大量的农村剩余劳动力转移到城市，在城市第二、三产业就业。那么，根据刘易斯二元经济理论，农民的工资性收入会大大提高，因此市场化收入提升。这就进入一个良性循环，农民有经济基础对自己进行教育投资，企业的经营水平就会有进一步的提升，从而整个产业水平、产业结构得到提升，经济蛋糕越做越大，居民的市场化收入水平会进一步的提高。其中，政府要发挥其“看得见的手”的作用，积极引导农村剩余劳动力向城市转移。我国的市场化改革正是在做这样的努力。21 世纪 80 年代，伴随着改革的春风，非国有企业迅速成长起来，大量的非国有企业吸收了众多的劳动力，不仅为社会提供了更多的就业机会，创造了更大的经济总值，同时也增加了国民收入，提高了城乡居民的市场化收入水平。

（二）人力资本对居民市场化收入的影响

人力资本也是一个重要的影响居民市场化收入的要素。在中国经济转型时期，农村劳动力流动即农村劳动力市场化进程中，农村劳动力市场从无到有，从严重分割到逐步完善，而这会通过提高人力资本的收益率来促进农村居民市场化收入增长。譬如，一个受过良好教育的农业劳动力转移到非农部门就业，其所获得的收益增加来源于两个方面：一是通过劳动力在生产率不同的部门间的重新配置而获得了额外的收益，这种额外收益在一般情况下是一个没有受过教育的简单劳动力也能够获得的；二是由于教育在农业部门的收益率要低于非农部门，因此，劳动力在部门间的重新配置，还会通过提高人力资本的收益率使得个体获得额外回报。

一般来说，在一个竞争的、自由流动的劳动力市场中，受过良好教育的个体的生产力会得到充分发挥，其所得报酬倾向于与其边际生产力相等。但是，如果由于劳动力市场分割导致了市场的非竞争性和非流动性，那么劳动力便不能获得其所创造的边际产品价值，从而降低教育的回报。同时，由于我国劳动力市场仍处于二元分割的局面，进城农村劳动力受到了职业选择和工资待遇的双重歧视，这阻碍了农村劳动力的市场化进程，制约了中国农村居民教育收益率的提高①。

通过以上分析，得出居民市场化收入的增长路径一、路径二。

路径一：公司的快速健康成长—对劳动力的需求加大，就业岗位增加—农村剩余劳动力涌向城市，尤其是第三产业转移—对劳动力进行技术等方面的培训—农民工资性收入的提高—更优质的劳动力—公司绩效的提升—第三产业进一步发展—产业结构得到升级—经济可持续发展—国民收入增加—居民市场化收入增加。

路径二：农村剩余劳动力涌向城市—对劳动力进行技术等方面的培训—人力资本水平提升—劳动力在部门间重新配置—劳动力获得报酬增加—工资性收入增加—居民市场化收入增加。

（三）土地对居民市场化收入的影响

土地作为一种重要的生产要素，具有两个重要的流转，一是土地承包经营权的流转；二是集体建设用地和宅基地的流转。国务院发展研究中心的调查显示，征地之后土地增值部分的收益分配中，投资者拿走大头，占 40%到 50%，政府拿走 20%到 30%，村级组织留下 25%到 30%，而农民拿到的补偿款大约只占整个土地增值收益的 5%到 10%。北京大学国家发展研究院综合课题组所作的一项农村集体土地流转的调查研究表明，合法转让权是农民财产性收入的基础，在确权基础上进行土地流转，不但可以让农民获得远高于征地情况下的财产性收入，还大大地减少了农民利益受到侵犯的可能。

加强土地承包经营权流转管理和服务，建立健全土地承包经营权流转市场，按照依法自愿有偿原则，允许农民以转包、出租、互换、转让、股份合作等形式流转土地承包经营权，发展多种形式的适度规模经营，从而企业、新型农业经营主体增加，有条件的地方可以发展专业大户、家庭农场、农民专业合作社等规模经营主体。因此，肯定会大大解放农村生产力，提高土地的利用率以及农业效率，促进城乡不断结合，农民的财产性收入以及经营性收入势必会增加，

① 王先柱，余吉祥．人力资本积累与中国农村居民收入增长——来自农村劳动力市场化进程的作用[J]．农业技术经济，2012（01）：74-82．

居民的市场化收入提高。

就目前而言，我国的土地制度为1978年以来实行的农村联产承包责任制，可以概括为“集体所有，分户经营”；并且在1997—1999年进一步落实了“30年不变”的延包政策。具体表现为，土地所有权属集体经济所有，并且通过“按人配地、按户承包”方式进行土地分配。因此，建立在全面财产权基础上的要素流转是提高农民收入、统筹城乡发展的关键。而政府应该在界定和保护产权的同时，逐渐从直接参与土地交易中抽身而出，完成向“公共服务提供者”角色的转变①。

在这种现实背景下，可以建立农村土地产权交易市场，通过多元的资本市场使农村土地能够进行交易，这意味着在更大范围内配置土地资源，吸引更多资本向农业农村流入。农村承包地经营权、农村宅基地及房屋等可以进行产权交易，不仅农民可以增加其财产性收入，同时，也能使资本向农村持续流入。

通过以上分析，得出居民市场化收入的增长路径三、路径四。

路径三：农户—土地流转—企业、新型农业经营主体—土地集约型的利用—土地增值—农户财产性收入、经营性收入增加—居民的市场化收入增加

路径四：产权交易市场—促进土地流转—增加农民资本积累—提高居民财产性收入—居民的市场化收入增加。

二、基于金融发展角度的市场化收入的增长路径

金融体系对居民市场化收入的影响主要有两个途径：一种体现在资本支持中，一种体现在金融运行中。金融体系的发达程度对居民市场化收入中的财产性收入和经营性收入的影响力大于对其他部分的影响。一方面，金融体系可以提供直接或者间接的投资融资工具，为企业和居民提供参与市场经济运行的资本。通过投融资平台对企业的金融支持可以为企业提供发展的源泉，帮助企业采用新技术改善经营管理，扩大生产规模，从而促进企业效益提升和利润的增加，通过企业内部的分配，居民的工资性收入相应会有所增加；同时，对居民个人的金融支持可以直接发放到居民个人，居民可以通过资金的运用参与到社会生产中，增加自身的经营性收入；另一方面，在金融运行中，居民通过自身

---

① 周阳敏，轩会永．基于包容性的农民收入增长路径研究[J]．四川理工学院学报（社会科学版），2013（02）．

积累或者从金融市场获得的外源融资，投入虚拟经济的运行中，通过金融市场获得财产性收入。尤其对于农村居民而言，便捷的金融机构服务有利于农村居民参与金融活动，无论是储蓄还是理财投资都能提高其财产性收入①。这两种途径均会不同程度改变居民收入的结构，增加居民的市场化收入水平。

在上述金融发展提升居民市场化收入的分析中，金融发展主要是通过促进资本积累、技术进步这两个根本渠道实现的。下面就具体分析金融发展的哪些功能利于促进资本积累、技术进步，从而促进了居民市场化收入水平的提升。

（一）金融发展促进资本积累

金融体系的基本职能是实现资本的优化配置。金融体系通过资本积累和技术创新两条途径影响居民的市场化收入水平。就资本积累而言，金融体系通过影响资本积累率来影响经济增长，进一步影响居民的财产性收入以及经营性收入水平，而金融体系对资本积累率的影响又是通过影响储蓄率或者通过重新配置资本到更有效率的生产部门来实现的。金融发展影响资本积累的机制为：

1. 金融发展的储蓄动员机制

一般来说，金融机构是可以用来吸纳存款、借出贷款，因此金融机构数量的增多与规模的扩大，都意味着储蓄将会更多。如果这些机构扩散到每一个人的身旁，人们不费时费力就可以与金融机构合作，则人们更倾向于储蓄。

金融中介的发展为人们的储蓄提供了更多的选择空间。在金融不发达的地方，人们只能通过货币或者实物的形式进行储蓄，比如手持金银，购买土地，持有过多的存货。金银的储存会使货币退出流通领域，不但无益于个人生活质量的提高，也不利于整个社会的消费。过多的存货仅仅是为了保值，但并不容易交换成其他的货品，而且存在着某些存货随着时间的推移价值逐渐减少的情况。随着经济货币化与金融工具的广泛应用，实物储蓄逐渐被货币储蓄所替代，并向更高层次的储蓄递进。随着经济增长与金融发展，人们可以选择向银行存款、购买债券等方式进行储蓄和投资，也可以通过股票、基金、衍生品工具进行储蓄，而且各种方式的变化也非常容易，资源的跨时空流动也变得非常安全与简单。

金融工具的发展通过提供不同的收益率与风险值吸引具有不同风险承受能力的储蓄者。金融机构对储蓄的刺激来源于其收益率对储户的吸引力，可以将

① 任碧云，姚博．城镇化进程中农村金融发展与农民财产性收入关系实证研究[J]．现代财经，2013（11）．

其准备用于实物储存和消费的资金吸纳至金融机构中来。这个收益率不一定很高，比如偏远地区就非常低，是因为早前人们并不能通过储蓄实物获得额外收益，所以收益率只要高于人们的心里价位便可以将存款吸纳，而且这种储蓄的风险也较低。随着金融的发展，多种多样的金融机构出现，债券、股票、基金等为人们提供了越来越多的金融投资机会，收益率也随着风险的大小而变化。在面临一个有吸引力的收益时，人们会综合考虑未来的收益，综合选择消费与储蓄的比例，在收益率足够吸引自身并可以与风险相匹配时，储蓄的规模就会增大。

2. 金融发展的投资激励机制

企业存在的目的是帮助其所有者盈利，所以企业会通过各种各样的经济活动带来收益，而生产和投资活动是最直接帮助企业所有者赢利的活动。如果投资收益大于其投资的成本，那么整个投资活动就会继续进行下去，盈余的资金或者用于消费，或者用于扩大再生产。

社会经济中投资活动是为了获取利润或取得综合的效益最大化。利润是投资收益与投资成本的差额。在没有金融机构存在的情况下，企业或个人只能将自己的储蓄用于投资或者不投资，对于出现的投资机会也有可能因为储蓄不够而无法进行投资。金融机构广泛存在为储蓄不够而无法投资的投资主体提供了可靠的外部投资渠道，有效的刺激投资需求的增加。另外，投资者的筹融资成本可通过金融机构专业的经营管理与资本运作得到降低，在投资收益一定的情况下能够增加投资者的利润从而提升了投资者的投资需求。最后，金融发展可以通过风险—收益的机制，给予愿意承担不同风险的投资者相对均衡的收益，如为愿意承担高风险的投资者提供较高的收益从而刺激其投资需求，对只愿承担低风险的投资者以较低的收益，让其放心的投资。这不仅降低了市场中的整体投资风险，也将资源进行了合理的分配，有利于提高社会投资总需求。

3. 金融发展促进储蓄向投资转化的机制

在便利储蓄投资的转化方面，金融发展通过沟通转化渠道、提高转化效率、创造转化需求等促进储蓄向投资的转化。我们可以从金融机构、金融市场、金融工具的创新三个方面来分析其影响储蓄向投资的转化。

金融机构最根本的职能就是充当储蓄和投资的媒介，通过自身信用促使资金拥有者与资金需求者两者之间契约的达成。金融机构可以出示存款凭证将资金从储蓄者那里收集并借给贷款者，发行债券、股票、保险单、基金等将筹集资金从资金拥有方转移到资金需求方。金融中介的这些行为，一方面使投资职能分离，另一方面也促成了储蓄与投资的统一。金融中介促成了社会分工革新，资金供给强但经营能力、投资能力弱的人从事储蓄，而具有经营能力和投资水平的人从事投资活动，为社会创造更大的价值。金融中介的存在很好地解释了“穷人存钱、富人借钱”的现象。“穷人存钱”并不是指真正的穷人，而是指这部分储蓄者因为将钱存到金融机构可以得到比自己投资更高的收益，但因为资金量小或收益率低，所以并不能带来收益的大额增长。“富人借钱”也并不是指真正的富人，而是指这部分具有创新精神的企业家可以通过投资赚到远高于资金成本的利益，因此企业家的存在不仅提高了自身的收益水平，也会带来整个社会的经济增长。金融中介的出现沟通了“富人”与“穷人”的渠道，减少了不同经济部门和不同经济单位中的收入不平衡，为投资者带来高的收益的同时，给储蓄者带来了资本的增值；同时，金融中介匹配了资金供给者与需求者资金期限上的矛盾，通过规模上的扩张抹平了供给与需求的期限。因此，金融机构使得企业、政府和经济单位从自身储蓄的桎梏中解放出来，从规模小、效率低的内融性投资中解放出来，提高了储蓄向投资的转化效率，扩大了资本形成总量。

此外，金融市场通过提供丰富的金融工具，促成了储蓄向投资的转化。金融工具是指金融机构将资金从储蓄者手中转到投资者手中所必须的工具。一般来说，我们将不论何种形式的发行和流通，并说明资金供给与资金需求两方权利义务关系的信用凭证都称之为金融工具，支付的余额与支付条件是金融工具的基本要素。一般而言，金融工具包括债券、保单、股票、期货、外汇等。金融工具都具有偿还期、流动性、收益性、风险性四种属性。金融工具的发行与流通，重新创造了债权与债务关系，债务的产生直接促进了资本的形成。而股票、债券等直接融资方式直接将储蓄资源转移，促进了储蓄向投资的转化效率。一方面，金融工具为储蓄资源从资金拥有者流向资金需求者提供了载体，这是金融机构发生中介作用的载体方式；另一方面，丰富多样的金融机构刺激了储蓄与投资需求，提高了储蓄向投资的转化效率，提高了社会的总需求水平，并最终促进了资本形成。

通过以上分析，得出居民市场化收入的增长路径五。

路径五：金融发展—储蓄动员、投资激励、储蓄与投资转化—促进资本积累—资本运用—企业效益—居民经营性收入、财产性收入增加—居民市场化收入增加。

（二）金融发展促进技术创新

企业技术创新具有典型的信息不对称和信息不完全特征，这一特征也决定了技术创新过程的高风险性。通过信息传递和处理功能，金融体系可以筛选出好的技术创新项目加以投资。由于企业在进行技术创新的研究开发、中间试制、商业化生产和产业化等过程中，会面临各种技术风险和市场风险，金融体系通过其风险管理功能，会形成有效的风险分散机制，促进企业的技术创新。不同的金融安排在对企业技术创新进行融资过程中会形成不同的公司治理模式，从而也形成了不同的激励约束机制，以促进企业更好地进行技术创新[①]。而企业技术创新是企业提高业绩的最根本途径，也是提高居民的经营性收入水平、工资性收入水平的根本途径。

1. 金融机构

熊彼特（1912）从经济循环流转的角度，把银行信贷看作是企业家创新的首要条件。他认为，金融中介的任务是使储蓄由低效率部门转向高效率部门，实现这种转换的载体工具是金融资产，提高利率，吸引储蓄者从持有真实资产或通货，转变为持有金融资产，这是增加投资和提高投资效率的有效方法[②]。

我们从信息费用的角度看，假定获取一项技术创新的信息费用是固定的，在没有金融中介的情况下，每个投资者都必须支付这一固定成本。而如果投资者形成（加入或利用）金融中介，借助金融中介远高于个人的专业评估技巧，充分利用金融中介获取信息的规模效应，就会使得获取与处理投资信息的费用经济化。相较每个投资者都去掌握评估技术然后再进行评估，金融中介可以为所有投资者节约大量的信息成本，信息获取费用的经济化方便了对于投资机会的信息获取，投资者可利用金融中介和金融市场较容易挑选出最具有发展前途的技术创新项目，因而有利于资源配置，加快技术创新。

在银行对企业融资过程中，商业银行可事先对资金的使用者进行甄别，并通过贷款合同约束资金使用者的行为，以及信息共享或关系融资等机制对资金使用者进行事后监督。由于银行是传统信贷市场上的专业化组织，能够以较低的成本完成监督任务，所以，这种融资方式对资金使用者信息透明度的要求相对较低。而技术创新企业的信息透明度比较差，恰好与这种金融安排形成互补，

① 朱欢．中国金融发展对企业技术创新的效应研究[D]．中国矿业大学，2012（12）．

② 宁智平．资本形成金融深化与经济发展[J]．世界经济文汇，1993（04）．

银行信贷就成为他们主要的外部融资选择。

除了银行类金融机构，其他金融机构也可以通过不同方式帮助企业获得资金来源，进而利用好资金进行技术研发和市场推广，证券公司可以通过辅助企业上市获得资金，风险投资机构可以在中小企业急需资金的发展早期提供资金支持。因此，无论是从信息费用经济化的角度，还是从提供技术创新资金的角度，金融机构对于技术创新的作用是明确而重要的。

2. 金融市场

与成熟的大企业相比，大多数技术创新的中小企业所面临的不确定性、抗风险能力弱、治理结构不规范、创新人才匮乏等问题决定了通过权益融资（包括传统权益融资以及风险投资）所形成的资本对技术创新企业的成长更有帮助。

资本市场体现的是一种权益融资，这种权益融资既包括股票市场的权益融资方式，也包括风险资本的权益融资方式。关于资本市场对企业技术创新的作用机理，艾伦和盖尔（2002）提出了一个观点多样化的模型，用以说明新兴产业的出现需要市场主导型金融机构的支持。对于技术创新企业而言，观点的多样性决定了在其发展过程中信息的分散搜集以及不同主体之间的信息反馈不但是有益的，而且还是必要的。在权益融资市场中，单个投资者所拥有的私人信息都可以反馈到价格之中并利用价格进行传递与整合，或者说股票价格反映了大范围内投资者的投资选择，因此，对企业的管理者而言，资产价格对如何更有效地经营管理企业提供了多种观点反馈的一个平台，进而权益融资市场提供的信息将逼近企业的真实信息集合和企业的真实价值，而正是这种信息显示的有效性为技术创新企业的融资提供了经济基础。

由于风险投资对创新企业的监管不仅是通过消除或降低创业企业家的逆向选择和道德风险，而且是通过提供企业运营的指导、提供合作的资源和人脉关系等，帮助企业提高创业成功率，因而，风险投资方对企业的监管参数更多地是反映风险投资方在帮助企业走向成功方面所付出的努力和投入，监管努力水平越高，创新型企业成功的概率也越大。一个经济体的风险投资体系越发达，风险投资的专业投资人员水平越高，他们不仅仅能够为创业企业提供资本，更重要的是能够为企业的成长提供全方位的管理咨询和社会关系的支持，由此所带来的价值就反映在创业企业较高的成功概率上，这是风险投资对于创新的根本价值点。而中小企业的成功自然会增加居民的经营性收入。

通过以上分析，得出居民市场化收入的增长路径六、路径七。

路径六：金融发展—信息处理—促进企业融资—促进技术创新—企业生产率提升—企业效益增加—居民经营性收入增加—居民市场化收入增加。

路径七：金融发展—加大风险投资—提高企业成功率—企业实现技术创新—企业效益提升—居民经营性收入增加—居民市场化收入增加。

三、基于制度因素角度的市场化收入的增长路径

初次分配机制内涵图如图 5-3 所示。

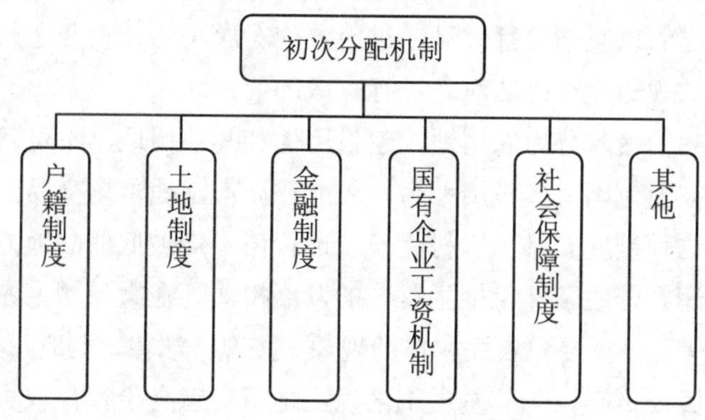

图 5-3　初次分配机制内涵图

制度因素在市场化收入增长路径中扮演着十分重要的作用。可以说，制度因素是促进市场化收入提高的软环境，一个好的制度可以为市场化收入的提高扫平障碍，同时也有利于缩小贫富差距。

（一）土地制度对居民市场化收入的影响

农村土地承包经营权流转不畅、农村集体建设用地管理失控和农地征收矛盾突出，已经成为制约统筹城乡发展的瓶颈性因素，从而进一步制约着农民经营性收入与财产性收入的增长。从本质上看，这些矛盾产生的根本原因在于，农村集体土地产权主体虚置、权属关系不清，土地流转制度不完善以及农民的土地权利难以得到有效的制度保障。只有奠定基本的产权基础，并保证要素的流动性，才可以形成市场配置机制，实现居民市场化收入的长期、稳定的增长。

1. 农村土地产权不清晰

土地所有权不清晰，对农村居民市场化收入增长不利。我国不同的法律对于土地所有权有着不同的规定，如在《宪法》中规定农村土地归集体经济组织所有，《民事通则》则规定土地所有权归行政村，而《中国土地管理法》规定土地属于村民集体所有并由集体经济组织和委员会经营管理，法律规定的不一致性导致土地究竟属于哪一级别的集体所有有着不同的解释，模糊了农地所有权的归属。如果对土地进行承包，按照“交够国家、留足集体、剩下都是自己的”的原则，所有权主体概念上的模糊，将会导致农村居民的很大一部分市场化收入被无偿占有。此外，农民要向土地所有权的主体缴纳租金，由于地方政府和部门可以按照自己的意愿来进行解释，进而致使对农民的乱收费之风盛行，但通过现行的法律法规却没有办法对之进行有效的约束。

农村土地按其用途，分为农用地、建设用地和其他用地，不可随意改变性质。农地被国家征用为国有建设用地后，才能在城市土地市场交易，用途也可由此改变。由于这种制度安排，农村建设用地价值长期被低估，地方政府售卖土地所获高额利润则催生了“以地生财”的发展模式。在大量圈占农地的过程中，很多地方出现了严重侵犯农民权益的现象。按现行法律，土地归集体所有，土地发包者是村民委员会，一些基层干部以土地所有者身份行使权力，操纵土地流转，如果受到群众阻拦，往往以警力相挟。这种行政强制性的土地流转，其补偿是微薄的，安置政策是难以落实的。有资料显示，土地用途转变增值的权益分配中，地方政府大约得 60%~70%，“农村集体组织”得 25%~30%，失地农民只能得 5%~10%。据粗略估算，改革开放以来至少有 8 万亿元的土地级差收益从农民流向了其他社会集团或个人。农村土地产权制度的缺陷带来的严重后果是：大量耕地流失，国家粮食安全受到威胁，失地农民不断增加，特殊贫困阶层不断扩大，加剧了城乡差别和贫富差距，影响社会安定。

2. 土地流转制度不健全

完善的农村土地管理制度，健全的土地市场体系，是优化农村土地资源配置、促进农村经济健康发展、提升居民经营性收入的重要条件。

目前，国家出台了国有土地流转管理的相关法律、政策，然而，却未出台相关的农村集体建设用地流转的法律、政策，造成了集体土地管理相当薄弱。有关法规对农村承包地的流转也只是抽象规定，对土地使用权的出让、流转中各方权利、义务及法律责任并没有明确的规定，致使农村土地流转过程中存在着严重的地方利益和意志倾向，有关部门也难以对集体土地流转实行全面有效的管理。集体土地使用权发生权属纠纷时也很难从法律和行政上进行解释和处理。农户之间的土地流转也存在着盲目随意、操作无序等不规范现象，一旦发生纠纷则处理难度很大。土地流转的价格也很不规范，流出户漫天要价，转入户则把价格压得很低，缺乏对土地流转合理价格的定位。同时，流转农地的用途也缺乏有效管理，一些农户随意改变土地用途，将转入的农地用于非农项目，如开挖鱼塘、修建圈舍、建造厂房等，严重干扰了正常的农村土地流转市场秩序。此外，农村还存在着一些农户不愿种地也不想把承包地流转出去的现象，致使土地闲置、抛荒而无人问津，浪费了大量宝贵的耕地资源。在征用农村土地过程中，各级政府和各利益集团往往通过低价买进、高价卖出来获得土地的增值租金，而农民却得不到合理补偿的情况时有发生。

现有的土地流转制度对农民市场化收入增长不利。我国现行的相关法律规定，农村土地承包经营权进行流转（转让）需要签订合同，以转让方式流转的，还需要向土地所有者提出申请（韩克庆，2005）。由于我国的众多农村交通不便和信息不灵，因此，关于农村土地承包经营权流转的规定会增加交易成本，相对减少农民的土地收入。此外，按照我国相关规定，土地承包经营的转让必须在同一集体经济组织内部进行，这虽说可以避免土地所有权发生变更，但对于跨地区的土地经营权流转就是一个阻碍，无法让农民按照自身的意愿进行土地转让，进而在经营权转让时难以获得最大的收益。

通过以上分析，得出居民市场化收入的增长路径八。

路径八：农村土地产权明晰、土地流转制度健全—土地流转中农民获得更多的财产性收入—农民市场化收入提高。

（二）金融环境对居民市场化的影响

随着金融资源配置效率的提高，居民通过金融体系获得的财产性收入就会增加，同时企业可以从金融体系获得更加便利的融资，为企业扩大生产、技术创新提供支持，一方面可以增加居民的经营性收入、另一个方面可以增加居民的工资性收入。但是，金融体系发挥其资源配置的功能，必须拥有一个完善的金融环境，包括法律制度、政府制度与文化制度。

1. 法律制度

法律制度在金融体系演变过程中的作用主要体现在产权保护、保证契约实施以及减少信息不对称等方面。健全的法律体系有助于维护一个稳定的投资环境，塑造规范的、公平竞争的金融市场参与主体，有效遏制恶意欺诈和逃废金融债务等失信行为的发生。在产权保护和法律执行薄弱的地区，金融机构通过收取较高的利率来弥补因承担高风险而可能造成的损失。但由于逆向选择和道德风险等原因，随着风险的逐渐增加，利率工具渐渐失效，信贷配给的现象也就随之发生。产权保护程度的加强和契约执行力度的提升会有效降低项目的投资风险，显著增加投资高收益项目的预期回报，有助于金融资本更多流向研发周期较长、市场不确定性高的技术创新项目和生产率较高的集约型产业，优化金融资源配置。白重恩等（2005）认为法制对私有产权的保护是影响私营企业投资行为的重要因素。在产权保护不力和受政策歧视的情况下，私营企业难以获得贷款。私有产权保护水平的提升有助于解决借贷双方间存在的信息不对称和道德风险问题，从而效率较高的私营企业对信贷资金的需求得到满足，最终影响到居民的市场化收入水平。

2. 政府制度

从 1980 年起，中国开始实行“分权让利”的财政管理体制，拉开了市场经济改革背景下的财政分权改革的序幕。分权改革之前，地方政府收支之间的联系被割裂，地方政府并没有独立的经济利益，对本地区经济增长的关注程度也不高。财政分权制改革的实质是加强了地方政府的权利和责任，增强了地方政府追求区域经济利益的动机和意识（张军洲，1995）。由于财政分权和地方政府利益的介入，金融市场化改革的路径则被扭曲为中央政府逐步退出和地方政府逐步进入的过程（周立，2003）。中国金融改革与发展与各级政府的政治关联极为密切，地方政府作为中央政府和地方非政府主体的双重代理人，其经济行为既要符合中央政府的要求，又要有利于当地经济发展，还要能实现地方政府自身的利益。地方政府成为独立的利益主体，不再是简单执行中央政府政策的附属部门。考虑到政府行为在很大程度上表现为地方主观意志的客观现实，官员政绩考核与经济总量之间高度正相关的实际，加之金融是支持经济增长最主要推动因素。为此，分权改革后，具有独立利益偏好的地方政府为了更好地控制金融资源，大力兴办地方政府能够有效控制的地方性金融机构，就成为各地普遍采取的政策选项。

在这样的制度背景下，地方政府通过干预国有银行的信贷决策，大量的银行信贷被配置到生产效率低下的国有企业，而具有活力的新兴企业则非常缺乏信用支持。这种干预活动的最重要的问题在于，地方政府的介入破坏了银行与企业之间基于各自经济效率最大化基础上的自由信贷契约，并进一步导致银行信贷资源配置的无效率和银行坏账的产生。正如前文理论所述，金融发展会通过资本积累和技术创新两条途径促进居民市场化收入的增加。低效的融资体系，不利于有效风险分散机制、激励约束机制的形成，抑制企业技术创新的脚步，从而进一步影响到居民的市场化收入水平。

3. 文化制度

一个合作、诚实守信、开拓创新的文化环境作为一种非正式制度安排，也无时无刻不影响着金融系统资源配置功能的有效发挥。从本质上讲，金融业是一类基于诚信文化之上实现跨期交易的社会信用体系。由于金融契约交易的跨期性、交易空间的广阔性使得金融市场信息不对称的情况比其他市场更加严重，此外，以文化环境为依托的隐性契约机制有助于降低资金使用者出现道德风险的可能性，降低金融系统过多对法制环境的依赖，从而提升金融效率。沈艳和蔡剑（2009）通过调查 1200 多家企业发现，企业社会责任的增加是中小企业提升竞争力、有效缓解融资瓶颈的重要途径，较高的企业社会责任感有助于中小企业从正规金融机构获得更多的资金支持，从而在一定程度上缓解与消除“所有制歧视”和“信贷偏向”等现象。李延凯和韩廷春（2011）通过建立金融环境演进作用于实体经济增长的分析模型，发现一个企业家精神盛行、积极进取、勇于创新的文化信用环境可以弥补法制环境的不足，约束资金使用者的道德风险，有助于优化金融资源的配置效率，从而提升企业的经营业绩，居民的经营性收入大大增加。

通过以上分析，得出居民市场化收入的增长路径九。

途径九：良好的金融环境—促进金融资源配置效率提升—企业更容易获得信贷支持—企业经营业绩提升—经营性收入提高—居民市场化收入提高。

（三）社会保障制度对居民市场化收入的影响

目前，我国社会保障制度面临着多方面的挑战。加快城镇化进程是全面建设小康社会的必然要求，也是统筹城乡发展、逐步改革城乡二元经济结构，解决农民市场化收入结构性问题的重要举措。按照国际惯例，城市化率一般以 30% 以下、30%~70%、70%以上分为“初期”、“快速发展”、“成熟”三个发展阶段。2013 年，我国城市化率达到 52.6%，而据有关部门和专家预测，未来十几年还将以每年 1 个百分点的速度提高。按国际标准，我国城市化进程已进入“快速发展”阶段。但城市化进程加快对社会保障带来两方面的直接挑战：一是流动到城镇的农村劳动力的社会保障问题日益追切。1994 年以后，国家取消了户口按照商品粮为标准划分农业户口和非农业户口的二元户籍模式，以居住地和职业作为划分农业和非农业人口的标准，建立了包括常住户口、暂住户口和寄住户口三种管理模式在内的户口登记制度。然而，二元的户籍制度没有被真正打破，并没有改变城市人口和农村人口在福利待遇上的差别，对于人口流动和迁移的意义并不大。目前，我国进城务工农民工已超过 2 亿人，还有 1.3 亿农民从第一产业转移到农村第二、三产业，即乡镇企业工作，他们虽然已成为产业工人队伍的重要力量,但却得不到与城镇职工一样的基本社会保障制度的保护；二是在大量农村青壮年劳动力流向城镇对城镇社会保障制度带来挑战的同时，农村人口的实际老龄化程度将比城镇和全国总体水平更为严重，传统的家庭保障难以为继，追切需要相应的农村社会保障。

除了来自城镇化方面的挑战，就业形势多样化也为社会保障制度的改革带来了困难。一方面，随着企业改制和经济转轨，中国的经济成分发生重大变化，非公有制经济成为就业和再就业的主渠道；另一方面，由于产业结构变动及全球化导致的剧烈市场竞争，工业化前期以正规就业为主要就业形成的格局也发生了明显变化,"后工业"就业格局显现，表现为正规就业相对萎缩，各种灵活多样的非正规就业增多，劳动力市场中的部分弱势群体，特别是我国转轨和结构调整过程中产生的下岗失业工人在激烈的就业竞争中不得不进入了非正规的灵活就业领域。传统的依托单位的社会保障体系在保障理念、制度设计和经办管理等方面均不适应这种分散化、流动性强的就业格局，以致为数众多的非公有制经济从业人员、灵活就业人员实际上至今仍未纳入覆盖范围，甚至原已参保的国有企业下岗失业人员从事灵活就业后也中断了参保，社会保险关系难以接续。

基于现有的社会保障制度，大量社会人员并没有被纳入社会保险的保障范围之内，这样带来的一个直接后果，便是居民的储蓄越来越多、消费越来越少、投资越来越少。为了养老，居民不敢将闲置资金拿来投资，这样会大大限制居民财产性收入的增加。因此，只有解决了居民个人的后顾之忧、完善了我国的社会保障制度，使每个人都老有所养、病有所医，才能实现居民的市场化收入的可持续、稳定的增长。

通过以上分析，得出居民市场化收入的增长路径十。

路径十：城镇化改革、当前就业形势—对社会保障制度提出更高要求—老有所养、病有所医—闲置资金变为资本—居民财产性收入增加—居民市场化收入增加。

四、基于财政政策角度的市场化收入的增长路径

财政政策主要分为财政支出政策和税收政策。而财政政策属政府行为，政府管得多，市场就会受约束，管得少，市场会出现失灵。因此，在研究市场化收入问题上，探讨政府与市场的关系、财政政策安排与导向十分重要。

（一）财政支出政策对居民市场化收入的影响

财政支出政策是实现财政政策目标的重要手段，是政府进行宏观经济调控的重要杠杆。财政支出政策主要包括购买性支出政策以及转移性支出政策。财政支出政策在促进农民市场化收入增长的作用中，具有以下特点：一是在调控上具有直接性。财政支出规模扩大，直接增加有效需求，并通过支出的乘数效应，带来需求规模链式扩张。因此调控具有直接性。二是在传导上，支出政策实现需求扩张主要通过政府机制实现，支出规模的确定，具体项目的安排，资金的拨付和使用，均在政府体系内运作，以政治行政方式完成，政府意志和行政效能起决定作用。三是在重心上，支出政策侧重于需求管理，作用领域主要是公共品领域。四是支出政策的目标具有短期均衡特点。在存在资源闲置的经济中，支出政策直接作用于总需求，可在短期内较为有效解决闲置资源的利用问题。财政支出政策主要是通过购买性支出和转移性支出调节社会总供求关系和国民收入的分配关系，以实现经济增长、居民市场化收入提升等目标。

购买性支出指政府作为购买者，以有偿购买的方式取得为实现政府各项职能所需要的商品与劳务的财政支出。比如，政府加大对农村交通基础设施的投资力度，就会带动地区劳动力转移，更多的农村剩余劳动力参与非农业生产，直接增加了农村居民的工资性收入。另外，交通基础设施投资对农村居民市场化收入的长期效应不可低估，交通基础设施的不断改善，促进了农业劳动生产效率的提高，拓宽了农村与外界交流的渠道，有利于农村乡镇企业的发展和外来企业的投资，从而在长期内使得农村居民市场化收入持续增加成为可能。

政府投资对促进农民增收的作用，主要体现在政府投资具有乘数效应。即政府支出具有一种大于原始支出数额的连锁效应，一笔支出可以取得几倍于原

始支出额的收入水平。这种现象被称之为乘数效应。设 K 为乘数，$\triangle G$ 为政府增加的财政支出，则乘数效应（总量）为 $K \cdot \triangle G$，即在乘数原理的作用下，政府每增加一笔支出 $\triangle G$，经济就相应增加了 K 倍于 $\triangle G$ 的国民收入。乘数与边际消费倾向同方向变化，与边际储蓄倾向呈反方向变化。因此，政府财政投资作为一种基础性投入，一方面可以吸引金融资金和民间资金投入农业；另一方面可以直接或间接地增加农民经营性收入并通过农民消费刺激需求，从而获得良好的经济效益和社会效益。例如，政府有500亿元财政支出，运用这笔资金作为向农村投资的贷款贴息。以年利5%计算，可带动10000亿元的资金投向农村。假设其中的40%转化为农民的经营性收入，就会有1亿的农村劳动力一年增加4000元的货币收入，不仅农村和农民从这10000亿元的农村投资中获益，城镇人口也会随着农民消费的流动而增加收益，政府同样也会在社会财富的增长中，获得比500亿元贴息多得多的财政收入。

通过上述分析，得出居民市场化收入增长路径十一。

路径十一：购买性支出—乘数效应—吸引金融资金和民间资金投入农业—农业企业效益增加—农民经营性收入增加—农民市场化收入增加。

将乘数效应反过来看，居民市场化收入的增加又会形成对政府支出进一步增加的需求，从而出现了“支出增加—市场化收入增加—支出进一步增加—收入进一步增加”的加速原理。加速原理说明了居民收入对投资的反作用。根据加速原理，投资并不是产量或收入绝对量的函数，而是产量或收入变动率的函数（即 $Q=I/\triangle Y$，Q 为加速系数，I 为投资，$\triangle Y$ 为收入增量）。要保持投资增长率，产量或收入就必须持续地按一定比率连续增长。这表明，为了促进农民市场化收入持续增长，财政对农业的投资必须持续增长。

通过上述分析，得出居民市场化收入增长路径十二。

路径十二：购买性支出增加—农民经营性收入增加—支出进一步增加—经营性收入进一步增加—居民市场化收入增加。

（二）税收政策对居民市场化收入的影响

税收是政府调节居民收入分配的有力手段，从理论上讲，各项税收对居民市场化收入水平都会产生影响，如财产税、遗产税、公司所得税、个人所得税、消费税等。1994年税制改革后，我国建立了以商品税为主、所得税为辅、财产税为补充的税收体系，这种税收体系已经或多或少地包含了公平收入分配的机制（彭骥鸣，周开君，1997），有利于我国个人收入更加公平。对个人收入进行征税，不仅会直接改变原有市场化收入水平，还会通过棘轮效应导致社会生产减少，使得人们收入水平进一步下降。

从国际经验来看，个人所得税、财产税和社会保障税是用于调节居民市场化收入的主要税种，而以所得税为代表的直接税是发达国家的主要税种。例如，英国在 1994—1995 财政年度征得的税款为 1625 亿英镑，其中个人所得税占 40%（韩凤芹，1997）。但我国的税制结构一直以来都是以流转税为主，而流转税对社会的调节功能极为有限，再加上我国所得税占总税收的比重较小、财产税不完善、社会保障税还未征收，导致税收调节收入公平分配的功能受到了较大挑战（蒋波，2004），如 2000 年我国个人所得税占财政收入的比重仅为 4.9%。

鉴于我国现行的税制在调节居民收入分配过程中存在明显的累退倾向（钱晟，2001），这在一定程度上还会恶化现有的市场化收入水平，因此在采取个人所得税政策来协调我国的居民市场化收入水平时，要充分考虑到政策的实施效果。

通过上述分析，得出居民市场化收入增长路径十三。

路径十三：合理的税收政策—形成合理的居民收入结构—居民市场化收入相对增加。

五、基于经济发展角度的市场化收入的增长路径

居民市场化收入的实质是将经济“蛋糕”进行分配，故与经济发展有着直接关联性，即经济发展决定着市场化收入水平的高低。因此，我们选取经济发展相关的一系列指标，如经济增长方式、经济增长质量、工业化程度、国际贸易、外商直接投资以及市场化程度等因素，分析对居民市场化收入的影响。

经济发展内容丰富，是一个国家摆脱贫困落后状态，走向经济和社会生活现代化的过程，不仅意味着国民经济规模的扩大，更意味着经济和社会生活素质的提高。一般来说，经济发展主要包含三层含义：一是经济总量的增长，也就是一个国家或地区生产的商品和劳务的增加，它构成了经济发展的物质基础；二是经济结构的改进和优化，经济结构主要指技术结构、产业结构、收入分配结构、消费结构以及人口结构等；三是经济质量的改善和提高，即一个国家和

地区经济效益的提高、经济稳定程度、卫生健康状况的改善、自然环境和生态平衡以及政治、文化和人的现代化进程。

（一）经济总量的增长对居民市场化收入的影响

由经济增长和国民收入的关系可知，一国经济发展在总量上体现为国内生产总值的提高，在其他因素不变的情况下国民收入也会相应增加，由于国民收入的分配主要是在政府、企业和居民个人三个主体之间的分配，所以国民收入的增加在一定程度上会导致企业收入的增加，扣除成本的部分即为企业利润也会增加。对于受雇于企业的居民来说，企业利润的增加，为调动职工的工作积极性，企业会增加职工的工资和福利，按照一定的企业薪酬制度和工资制度，居民的工资性收入就会得到一定程度的提升；而对于受雇于自身的居民来说，企业利润的增加会增加这部分居民的经营性收入。

居民的收入主要会被运用于积累和消费两个部分：消费直接形成有效需求，对社会生产和国民经济发展有直接的促进作用，是拉动经济增长的主要动力；积累部分居民主要用于投资，这样一方面通过金融市场使社会闲散资金集中起来，最终作用于实体经济，促进经济增长，同时，居民的财产性收入和经营性收入得到增加，具体取决于居民把积累投资于虚拟还是实体经济。

通过上述分析，得出居民市场化收入增长路径十四，如图 5-4 所示。

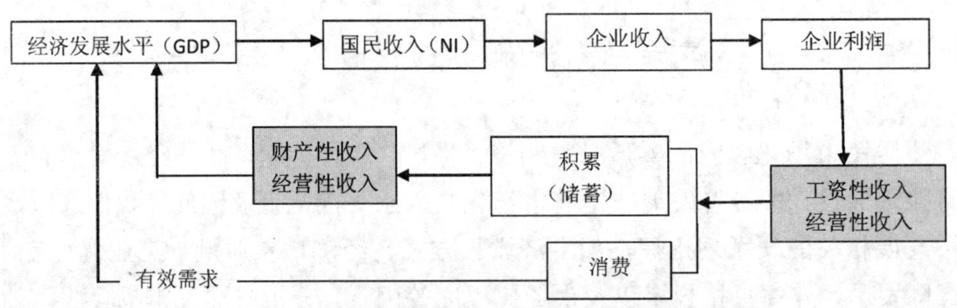

图 5-4　居民市场化收入增长路径十四

与上述分析相同，一国国内生产总值的提高，在其他因素不变的情况下国民收入也会相应增加，由于国民收入的分配主要是在政府、企业和居民个人三个主体之间的分配，所以国民收入的增加在一定程度上会导致分配在政府部门的财政收入的增加，在政府的财政支出总体增加的情况下，政府针对于居民个人的转移性支出在一定的社会保障制度和转移支付制度下，满足政策条件的居民转移性收入也会相应增加。这部分收入和工资性收入一样，主要用于积累和消费两个方面，积累的增加将扩大对金融资产的投资、或者增加对企业的投资，从而进一步增加居民的财产性收入与经营性收入水平，居民的市场化收入提高。

通过上述分析，得出居民市场化收入增长路径十五，如图 5-5 所示。

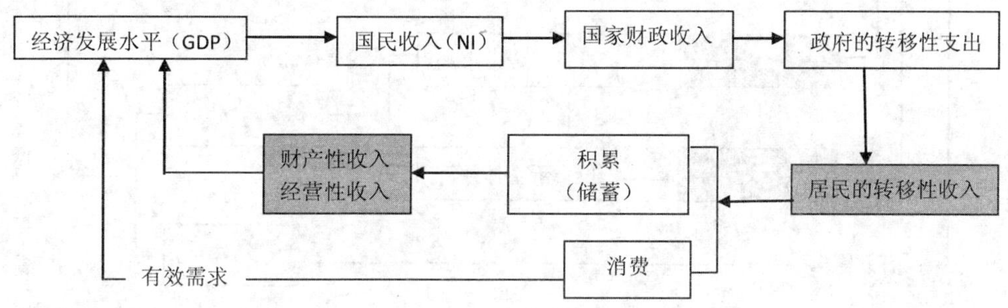

图 5-5　居民市场化收入增长路径十五

居民的财产性收入和经营性收入比较类似，同工资性收入和转移性收入有很大不同。从资金来源说，经济总量增加，国民收入增加，会导致居民工资性收入和转移性收入的增加，二者扣除居民用于自身消费的部分之后剩余的部分作为居民的积累（储蓄）用于投资；在经济形势良好、投资者预期看涨的情况下，居民自身的积累可能并不能满足自身的投资需求，这时居民会选择在金融市场上通过借贷等方式获得资本，也就是外源资本。自身积累部分和外部资本同样也会分配到积累和消费，消费部分同前所述，形成有效需求直接作用于经济；积累部分一部分投资于金融市场，通过储蓄或者买卖股票、债券、基金以及衍生性工具获得一定的风险收益最终达到资本的保值增值，形成居民的财产性收入，另一部分投资于实体经济，在产品市场上生产销售产品，获得收益，形成居民的经营性收入；同时，投资于金融市场的部分也可能通过基金、信托等机构作用于实体，最终增加居民的经营性收入，投资于实体经济的部分也可能通过货币市场和资本市场作用于虚拟经济，提高居民的财产性收入。

通过上述分析，得出居民市场化收入增长路径十六，如图 5-6 所示。

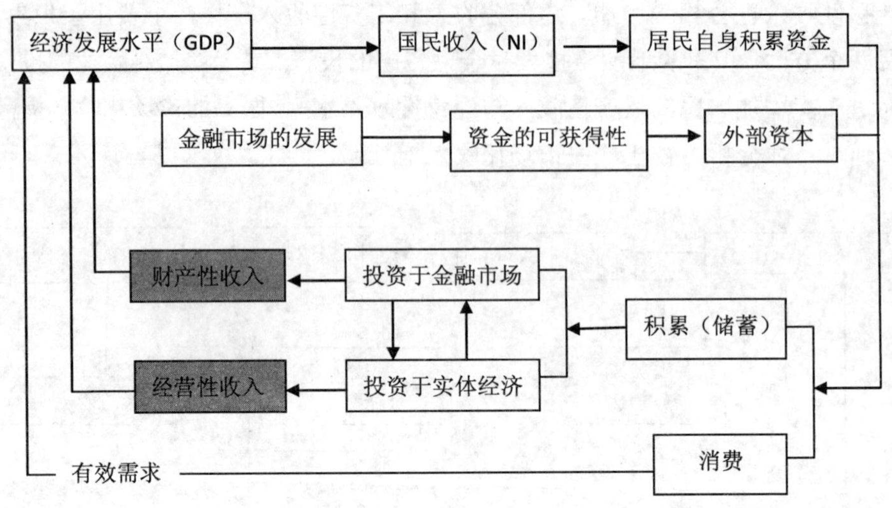

图 5-6　居民市场化收入增长路径十六

综上所述，经济发展水平的提高会通过多种途径提高居民的工资性收入和转移性收入，最终分配在消费和积累两个方面。消费对经济增长的推动作用是强有力和直接的，通过形成有效需求影响供给最终促进一国的社会生产和国民经济水平的提高。积累部分作为居民的自身积累和从外部获得的资金一起投资于金融市场或者实体经济，在市场经济发展状况良好的情况下，这样的投资会分别增加居民的财产性收入和经营性收入，这两部分和新形成的工资性收入、转移性收入共同组成新的积累进行下一轮的投资，完成收入—投资—收入的良性循环。

（二）产业结构演进对居民市场化收入的影响

产业结构演进一般是指随着现代化、高科技、高附加值产业、产业结构中主导产业和支柱产业逐渐向技术进步快、成长性好、市场潜力大的产业集中，科技进步和劳动生产率将进一步提高，产业产值贡献和收入份额会逐渐上升，因此，这些部门的就业者工资性收入就会相应增加，相反传统产业部门的就业者收入则会因劳动效率下降而减少。有具体两层含义：一是三大产业在发展中保持协调的比例关系；二是三大产业结构不断向高度化演进。首先，从静态角度看，产业结构的比例协调要求经济资源配置在各个产业之间大体保持适当比例，而均衡资源配置会影响经济结构平衡，从而形成经济增长改善居民市场化收入水平。再从动态角度看，产业结构高度化演进会引起国民收入递增效应和就业结构转换效应，并由这两个因素影响甚至决定市场化收入水平。

工业化进程是产业结构演化的一个重要表现。按照 Murphy et al.（1989）的工业化理论观点，市场化收入水平与工业化进程有着直接关联。收入分配不均会阻碍工业化进程，而工业化进程也会影响收入分配。鉴于工业部门的劳动生产率高于农业部门，工业化发展将大量农村人口转移到高生产率的部门，在提高流动人口市场化收入的同时也为提高农业生产率创造了条件。因此，工业化进程的推进，能将劳动力和资源从生产效率较低的农业部门转向生产效率较高的工业部门，这会对居民市场化收入产生一定的影响。

通过上述分析，得出居民市场化收入增长路径十七。

路径十七：工业化进程—产业结构演进—高科技等企业集聚—全社会生产效率提高—经济增长—居民市场化收入增加。

（三）国际贸易对居民市场化收入的影响

改革开放以来，我国由相对封闭向市场经济转型，进出口贸易总额由 1978 年的 355.0 亿元升至 2013 年的 258212.3 亿元，与之相对应的是，贸易依存度由 1978 年的 9.74%提高到 2013 年的 45.39%。我国外贸依存度在 1994 年前扩大趋势明显，而 1994—1998 年外贸相对萎缩，但到了 1999 年后尤其是我国加入 WTO 后，外贸发展非常迅猛，在近五年外贸依存度增加了近 25 个百分点。

各种国际贸易理论一般认为，自由贸易可以提高参与国的福利水平和市场化收入水平，这也是世贸组织要在全球推行贸易自由化的根基所在。然而在现实中，非熟练劳动者地位逐渐恶化和工资不平等日趋扩大，致使国际贸易能提高市场化收入水平的传统观点遭到了质疑（Manasse and Turrini，2001）。有学者从地理因素方面对贸易的收入效应进行了考察，发现外贸依存度每提高 1%将促使人均收入增加 1%~2%。很多事实都表明，一国经济的开放程度对居民市场化收入提升有积极的影响。

（四）外商投资水平对居民市场化收入的影响

由宏观经济学的基本理论可知，投资对经济增长有乘数效应，而经济增长与居民市场化收入水平存在显著关联性，故投资与居民市场化收入水平也应该有着一定关联性。我们从外商直接投资角度探讨对居民市场化收入的影响。

外商直接投资方面，自改革开放以来，外商对华直接投资取得了迅猛增长，从 1983 年的外商直接投资 9200 万美元到 2013 年的 1175 亿 8600 万美元。同时，在改革开放的三十多年里，中国居民的收入水平发生了深刻变化，城镇居民可支配收入从 1983 年的 564 元上升到 2013 年的 51474 元，30 年间增长了 91 倍；数亿人口摆脱了贫困，许多居民生活基本实现或达到小康。外商直接投资在中国主要流入东部沿海地带和第三产业。从各省公布人均 GDP 和居民市场化收入的数据来看，外商直接投资流入多的东部沿海地带人均市场化收入明显高于外商直接投资流入少的中部和西部地区。同时外商直接投资进入较多的行业和产业其收入明显高于外商直接投资进入少的行业和产业。

外商直接投资带来资金的同时，也带了市场经济所需要的管理、技术、品牌等资源，外商直接投资促进我国经济市场化的同时，必然也带来了收入分配的市场化，增加了市场化收入的份额。

（五）市场化程度对居民市场化收入的影响

市场化程度决定了在一个国家和一个市场中资源配置的使用效率，在经济的发展过程中，以市场为主导和以政府为主导的经济体会呈现出不同的特点。市场化程度高的经济，在价格规律、竞争规律和供求规律的作用下，价格能够正确反映供求，基本的均衡状态能够反映市场本身的状态，是一种高效率的配置资源方式，对居民市场化收入的影响主要通过市场调节的方式。市场化程度不高的经济，则呈现出相反的状态，行政指令和政府命令在经济发展过程中起主导作用，会在一定程度上形成价格的扭曲，使之不能及时正确反映经济体本身的供求关系，严重时存在隐藏的通货膨胀，一旦这种需求能力释放出来，对经济体的危害更大。

市场化程度的高低影响经济的发展，进一步影响居民市场化收入的构成。对市场反应敏感的财产性收入和经营性收入在市场化程度高的经济环境中发展会更顺畅，而在市场化程度较低的环境下则会受到一定程度的限制，投资环境和金融环境各方面发展相对不完善，不利于居民市场化收入的提升。

通过上述分析，得出居民市场化收入增长路径十八。

路径十八：对外开放程度、市场化程度高—获得更先进的技术、管理经验—资源配置更加高效、顺畅—企业效益提高—居民经营性收入、工资性收入、财产性收入增加—居民市场化收入增加。

第六章 促进我国居民市场化收入稳定增长的战略选择与长效保障机制

提高居民收入关键在于提高居民市场化收入，居民市场化收入的提高不仅可以刺激居民的消费，同时可以缩小居民收入之间的差距，促进产业结构的升级等。然而，通过前文分析发现，我国居民市场化收入存在收入水平较低、城镇与农村居民的市场化收入结构不合理、居民财产性收入过低等问题。因此，如何确保我国居民市场化收入稳定增长、市场化收入结构更加合理，是一个具有理论意义和实践意义的研究内容。本章从分析促进我国居民市场化收入增长的现实条件、提升我国居民市场化收入的路径选择、构建提升我国居民市场化收入水平的长效保障机制三个层面探讨如何促进我国居民市场化收入稳定持续增长。

第一节 我国居民市场化收入增长的现实条件

要长期有效地提高居民市场化收入水平，探讨我国居民市场化收入水平的路径选择，首先要明确居民市场化收入形成的社会基础及制约我国居民市场化收入提高的瓶颈，唯有在此基础上才能找出相应的路径，否则只能是空中楼阁。

一、居民市场化收入形成的社会基础

（一）物质基础使居民“有资可投”

居民市场化收入的增长离不开经济发展这个物质条件，经济生活如果没有创造超出居民基本生活所需的价值，居民的收入除了衣食住行需求外没有剩余，

财产性收入和经营性收入作为市场化收入的主体，提高也就无从谈起。

（二）市场基础使居民“有处可投”

将财富转化为财产需要借助市场机制发挥作用，只有参与财富创造才能获得报酬。良好的金融交易市场为居民市场化收入的实现提供各种金融工具和金融服务，同时完善的金融市场可以提供资金供需的有效信息，为市场化收入增加创造条件。

（三）政策和法律基础保障居民“合法投资”

政策倾斜和法律保障是发展经济的先决条件，拿财产性收入来说，如果居民的财产权利无法通过《物权法》得到保护，党和国家政策限制居民的投资性支出，或者通过税收等途径将大部分财富聚集于国家部门，那么居民自身的财产性收入就无法通过正当途径进行交易，无论是规模还是结构都会大大萎缩。

二、农村居民市场化收入增长的现实条件

从促进我国居民市场化收入增长的支持条件来看，近年来无论是从认识层面还是经济实力层面都有着很大的进步，我国已经具备了走出农民增收困局的坚实基础。

（一）国家战略转向城市支持农村

目前我国人均国民收入已经达到 4400 美元，进入中等偏上国家行列，总体上进入“以工促农、以城带乡”的发展阶段。随着国家强农惠农政策的扶持力度持续加大，“三农”发展政策环境越来越好，农业逐步走上依靠技术和管理的“知识经济”发展阶段，通过体制完善加快农民增收已成为未来的战略取向。

（二）农村有着扩大内需的重要市场

就发展时机而言，2008 年下半年以来，国际金融危机对我国的投资——出口主导增长模式产生了冲击，短期内我国已通过实施一揽子的经济刺激政策而实现了 GDP 增长率的反弹，但长期来看，持续的经济增长必须构建在国内居民消费增长的基础上，刺激国内居民消费必须关注占人口大多数的农村人口，而影响农民消费能力的关键要素是收入增长。

（三）产业结构进一步优化

就经济结构而言，我国产值结构、就业结构和人口结构已有显著转化，1978—2008 年第一产业产值占比从 28.2%降至 10.01%，第一产业就业人数占比从

70.5%降至 2012 年的 33.60%，农村人口占比从 1978 年的 82.1%下降至 2010 年的 50.32%。未来城市化率每年将增加 1 个百分点，农业劳动力和农村人口所占比重将进一步下降，为缓解农业资源紧张关系、提升农业生产效率和增加农民家庭经营收入提供有利条件。

三、城镇居民市场化收入增长的现实条件

对于城镇居民而言，财产性收入占比低是一个现实的问题，并且也是最需要解决的一个问题。目前，我国金融市场正在逐步完善、财政支持力度不断加大，为城镇居民提高市场化收入水平，尤其是财产性收入提供了现实基础。

（一）金融市场建设逐步完善

金融发展影响经济人的人力和物资资本投资机制的一个重要方面是扩展了人们的投资机会，金融发展导致无论是中、低收入，还是高收入家庭都可以选择适合自己的投资产品，这样增强了其抗风险能力并提高了投资回报率，通过获得更高的融资服务促进其人力资本投资，从而提高人们的财产性收入水平。目前，我国正在大力建设资本市场，并积极打破现存的金融二元格局，鼓励民营资本进入金融领域。这些举措都为增加居民的财产性收入创造了有利条件。

（二）财政能力明显增强

改革开放以来，我国 GDP 保持了年均增速超过 9.8%的成绩，生产条件和人们生活状态也有了显著改善。随着经济总量的高速增长，政府的财政能力明显增强，1978—2013 年财政收入已经从 1132.26 亿元增至 129142.2 亿元，财政对基础设施建设、人力资本等的投入为人们增加市场化收入水平提供了更多的“原始资本”。

第二节　提升我国居民市场化收入的战略选择

伴随着经济的发展，居民市场化收入的提高已经成为我国政府和居民重点关注的问题之一，国强民富的思想渐渐深入人心。不可否认，居民市场化收入的增加是个必然趋势，这种客观存在性要求我们必须高度重视这个问题，充分利用当今世界经济和金融市场蓬勃发展的机遇，发挥市场化收入增长的潜力。

然而，发挥市场化收入增长的潜力，只依靠“看不见的手”是远远不够的，必须配合以政府“看得见的手”，双剑合璧，实现二者的分工与合作，才能够实现市场化收入的长期、稳定的增长。

一、提升我国居民市场化收入过程中政府的职能定位

为提升我国居民的市场化收入水平，政府究竟应该如何做？做什么？事实上，要提升我国居民的市场化收入水平，必须建立起市场经济机制，政府需要做的事情是该管的管、不该管的不管，从原来的一些职能中退出来，更好、更强有力地执行另外一些政府应该执行的职能。在市场经济中，在体制改革过程中，一直存在着一种观点，认为市场化改革就是削弱政府，就是政府放权，就是政府管的事越少越好，似乎市场就真的是“无政府”。其实，与市场经济对政府的要求相比，传统体制下的政府在“管企业”、“管生产”等方面管得太多了，而在提供“公共物品”方面却做得很不够。而政府的基本职能，就是组织“公共物品”的供给。

这就是说，在促进我国居民市场化收入的增长过程中，政府的职能就是“组织和执行公共物品的供给”，其余的交予市场，即按照生产要素的贡献度进行收入分配。我们不否认国家或政府也会成为“阶级压迫的暴力机器”，但如果只讲这一特殊“功能”，而不讲“公共物品供给”这一基本功能，是对国家或政府的片面理解。在市场化改革过程中，如果忽视政府作为“公共物品供给者”的基本属性，而只讲其他一些属性，政府职能就不会得到根本性的改善。政府之所以只应管“公共物品”的供给而不必去管、不应去管“私人物品”的供给，是因为私人物品由于消费的排他性，一般不会发生“搭便车”“占便宜”的问题。资源能合理配置，便实现供求均衡，政府过多干涉会导致资源浪费，应让市场机制逐步调整。因此，所谓的市场经济，简而言之就是由民间自由交换实现“私人物品”的有效率生产，而由政府负责安排公共物品的供给这样一种特殊的制度安排。

由此而论，提升我国居民市场化收入的关键是建立市场经济机制，而建立市场经济机制的一个重要前提就是明确政府的职能定位。政府的首要职能应该是保护产权、提供“公共物品”，这其中包括宏观经济稳定、经济基础设施、公共服务。稳定的宏观经济环境对单个生产者和消费者来说是一种“公共物

品”，因为每个人都可以从中获益，不稳定则大家受损。宏观调控不是指“经济计划”，也不是指产业政策和收入政策，而是指通过政府支出与货币供给政策，对经济运行的总量进行调节。经济基础设施主要是指基础科学研究，市政基础设施和公共交通系统等。公共服务包括环境保护、城市规划、市容美化、社会福利、消防救灾等①。

二、提升我国居民市场化收入的路径选择

当前，提高我国居民收入的核心内容是在保持居民非市场化收入稳定增长的基础上，稳步提高其市场化收入的水平。通过前文分析，市场机制是形成居民市场化收入的核心要素。市场机制的良好运行必须要有相关政策、政策和法律的保障，政府只有为要素市场、金融市场等各种市场创造出规范、公平的交易环境，居民的市场化收入才能有切实的提高。

因此，针对我国现阶段经济情况，需要进一步释放市场的潜能、发挥市场的作用；同时，政府充当一个“小政府”的角色，为市场的运行实行一些制度的安排，为市场机制的健康运行保驾护航，真正建立一个市场与政府协调运行的长效收入增长机制，即建立一个以市场机制为基础，价格为导向，可宏观调控的居民收入形成机制。也就是说，利用市场机制来提高政府计划的运行效率，用政府计划降低市场机制的波动幅度，实现市场化收入与经济同步、持续、稳定地增长。通过市场机制取得收入的难易，取决于社会总供求是否均衡、市场竞争的强弱的程度、价格体系是否合理以及市场主体的行为和政府对市场的干预是否规范等因素，市场化机制能够最大限度地保证效率。

具体来讲，提升我国居民市场化收入，要尊重客观规律，放开生产要素市场、完善金融体系、健全制度安排、合理制定财政政策、促进经济结构升级。这五个方面并不是提高居民收入的全部内容，但却是极其重要的五大路径。

（一）打破生产要素二元市场

目前，虽然户籍制度本身对城乡劳动力市场分割的作用日渐淡化，但户籍制度仍然阻碍城乡一体化劳动力市场的形成。劳动力流动受阻，直接影响到居民的市场化收入水平。同样地，土地作为另一种生产要素资源，也是居民市场

① 樊纲．市场中的政府[J]．中国改革，2000（08）．

化收入的重要来源，尤其是财产性收入。但是在农村，农民只有土地使用权，不能对土地进行流转，这样农民就损失了很大一部分财产性收入。所以，只有使生产要素自由流动、生产价格由供求决定，生产要素才能得到最佳的资源配置，居民的市场化收入方可稳定增长。

（二）建立多层次金融体系

金融发展主要研究的是金融制度、金融结构等问题。从居民市场化收入的形成途径来看，金融发展可以作用于第一个环节，也就是做大“经济蛋糕”，提高居民市场化收入水平。多元化资本市场的建立为企业提供了更丰富的融资渠道，一定程度上缓解了中小型企业融资难的问题，中小企业效益提高，居民的经营性收入增加；同时在第二个环节——分配“经济蛋糕”，金融发展也可通过为投资者提供更多的投资品种、更高的投资收益、更新颖的投资理念，为投资者的财产性收入的增加提供了更多的可能。

（三）完善各项制度安排

生产要素市场的放开、金融市场的完善能够直接促进居民的市场化收入水平，而制度的完善是提供一个软制度环境，能够为生产要素的自由流转、金融市场的高效运行建立一个公平、公正、公开的法律环境；完善收入分配制度，国有企业利润分配制度等有利于解决收入分配不公的问题，从而提高居民的市场化收入水平；建立健全社会保障制度，使人们老有所养，病有所医，解决了生活上的后顾之忧，居民才会将银行储蓄或是通货转为其他的金融资产，从而获得财产性收入。

（四）合理制定财政政策

财政政策一直被认为是缓解贫富差距的重要措施。对于农村经济来说，政府对农业、农村和农民的主要方针政策是“多予、少取、放活”，而农民增收更是成为政府工作的重中之重。财政应通过加大支农力度、调整支农结构、创新支农体制、推进税费改革等方式，采取长短结合的财政支农政策，建立一系列保障农民收入增加的长期稳定的制度机制。对于城镇，政府投资是一个有效地刺激经济发展的方式，政府购买、政府投资可以带动地方企业的投资热情，从而从全社会范围内鼓励企业投资，居民的市场化收入自然会有所上升。

（五）促进经济结构升级

“十二五”期间的一项重要改革任务，即转变经济发展模式，积极促进经济结构调整。从产业经济学角度分析，第一产业与第二产业的发展并不能作为一国经济发展的主要引擎，很多发达国家的第一产业、第二产业国民生产总值占比还不到百分之三十；从经济的可持续发展来看，由于出口对国际经济环境的依赖性较强，投资拉动的政策性意味又较重，属短期行为，所以未来的中国经济需要靠消费拉动，加快第三产业发展是重中之重，而第三产业的发展又可解决大量就业问题，因而大大提高了居民的经营性收入等市场化收入。

第三节　构建我国居民市场化收入稳定增长的长效保障机制

改革开放以来，我国居民市场化收入已呈现出持续提高的趋势，但就收入结构来看，当前在经营性收入、工资性收入和财产性收入方面，均存在着制约居民市场化收入稳定快速增长的因素。现有的支持政策已经体现了对这些制约因素的积极回应，但通过完善政策来持续促进居民市场化收入增长仍有空间。据此，必须基于新时期的经济社会格局转变，积极构建居民市场化收入稳定增长的长效保障机制，以此驱动居民市场化收入持续稳定快速增长，进而为扩大国内需求、构建和谐社会提供坚实基础。

一、居民市场化收入稳定增长的长效保障机制的内涵

机制的本意是指机器的构造和工作原理。在构建长效保障机制中，是指各因素之间的相互作用及其调节功能。就居民市场化收入稳定增长机制而言，就是在一系列经济社会政策和措施的综合作用下，确保居民市场化收入稳定持续增长的内部运转和外部作用原理。

讨论长效保障机制回避不了其制约机制、动力机制和耦合机制。制约机制包括了我国现阶段经济发展状况、居民个人的自身特点以及现实条件的可行性等。现阶段，我国仍属于经济二元结构。从城镇角度分析，金融机构长期处于垄断地位，金融市场不许民营资本进入，金融体系不完善，金融产品缺乏创新，金融风险监管不全面，这些都导致居民参与资本市场难度加大，在资本市场收

益微薄。同时，由于垄断行业的存在，居民的工资性收入存在很大差异，收入分配没有按照要素进行分配，收入分配制度出现严重扭曲。从农村角度来看，自然因素决定了农民决策周期长受自然和市场双重约束，因为农产品满足的是基本需求，所以若是产量过多即便是降价也销售不出去；大部分农民由于自身处于满足生理需要的最底层需求层次上，所以没有稳定预期不敢做出太大改变，其决策往往是次优的而不是最优的，这也导致了其收入增长速度往往慢于有更多积累和保障的城市居民；并且，一系列政策实施和壁垒的打破，涉及的往往是利益格局的重新分配，在此过程中，既得利益者会强烈阻挠，极端情况下经济风险会演化成政治风险。因此，认识并分析这些制约因素，是探究市场化收入形成路径的核心内容。

动力机制主要来自居民改善自身条件的强烈需求，以及我国推进三化同步实现小康社会的重要政治任务。在分析居民市场化收入的形成路径中，必然要考虑居民状况改善是否会触动其他方面的利益，必须统筹兼顾各方利益。要激发不同利益主体的利益动机，并将这种动机转化为实现最终目标的推动力。动力机制的构建和完善，要处理好两个基本环节：第一，要正确处理政府、居民自身和市场之间的利益关系，通过选择适当的组织形式，形成不同利益主体之间的利益制衡机制；第二，要选择合理的利益分配原则和分配形式，使各方承担的责任与利益相对称，实际付出与所得相对称，从而使政府和居民从切身利益上关心收入提升成果，实现各方利益的最大化。

耦合机制是指两个或两个以上的系统或运动方式之间，通过各种相互作用而彼此影响以致联合起来的现象，是在各子系统间的良性互动下，相互依赖，相互协调，相互促进的动态关联关系。有关联性、整体性、多样性和协调性的特点。耦合机制的关键是打破原有系统的界限，解除原有系统的束缚，以构成要素的自然关联和信息的自由流动为原则，将关联要素进行重新组合，形成具有自组织结构的、系统内各要素具有能动性“活”的主体的系统。

二、构建居民市场化收入稳定增长的长效保障机制的原则、思路和目标

促进居民市场化收入增长是一个涉及多环节的复杂工程，必须要有一个长

效保障机制保证居民市场化收入的稳定、持续的增长。但需要注意的是，建立长效保障机制有其特定的历史背景，只有遵循相应的原则和思路，才能达到预期目标。

（一）构建居民市场化收入稳定增长的长效保障机制的基本原则

未来一段时期是我国实现全面小康社会、促进经济社会持续协调发展的关键时期，也是工业化、城镇化、农业现代化加快发展时期，此阶段构建居民市场化收入稳定增长长效保障机制应确立如下原则：

1. 机制的主要目标应从产业增产转向居民增收

改革开放以来，我国生产力和产品供给能力已有了显著提高，在特定阶段产品产量虽有波动，但在市场和政策的双重作用下，产品供给均能在较短时期内得以恢复和提升，可见，产业增产在很大程度上不是居民的供给“能力”问题，而是居民的供给“意愿”问题。倘若供给增加不能转化为收入增长，居民就会减少投资。此外，上世纪 80 年代中期以来，城乡收入差距的相对拉大，以及内需对经济增长的贡献长期偏低，使农民的市场化收入增长问题变得日益重要。据此，政策的目标优先序应从“增产增收”逐渐转为“增收增产”，并通过居民市场化收入稳定增长来形成产业增产的持续动力。

2. 机制的作用方式应从政府干预转向市场调节

在市场化改革的背景下，居民市场化收入稳定增长长效保障机制不应过度强调政府干预，而应通过公共产品的有效供给来促使市场机制更有效地发挥作用。美、英、日等经济体也不是通过政府“取代”市场，而是通过市场环境的改善等来消减产业弱质特征，增加居民的市场参与能力。当前，我国正处在从计划经济转向市场经济的体制转轨时期，政府的资源配置能力趋于减弱，而企业和居民的资源配置能力不断增强，基于此，居民作为“理性人”和“经济人”，也主要是基于市场价格信号、通过劳动等要素的优化配置来实现收益最大化，构建居民市场化收入稳定增长的长效保障机制必须重视市场因素，过度强调政府干预既不可行，也难以奏效。

3. 机制的实施基点应从“外部输血”转向“内生造血”

居民市场化收入稳定增长长效保障机制的关键词，既在于“增长”，更在于“稳定”和“长效”。“外部输血”可以解决短期问题，而“内生造血”更能实现增收的稳定性和持续性。改革开放以来，我国居民市场化收入增长的波动性以及城乡收入差距的拉大趋势，均表明居民市场化收入稳定增长长效保障机制正处在逐步构建阶段。如果产业政策主要立足于阶段性的“外部输血”，而对居民增收自生能力的培育和增强相对重视不够，则“外部输血”将难以转化为“内部造血”，“外部输血”因形势而逆转就会导致增收波动。可见，“多予、少取、放活”是增加居民市场化收入增长的三个方向，而长效保障机制必然要使“多予”和“少取”常规化，同时也要求政策更强调“放活”，即在把握居民市场化收入增长制约因素的基础上，通过体制完善为居民增收自生能力增强创造有利条件。

4. 机制的运行条件应从理念确定转向可操作性

决策层和理论界均已认识到居民市场化收入增长的重要性，也认识到构建居民市场化收入稳定增长长效保障机制的紧迫性。“应促进居民市场化收入稳定增长”在某种程度上已成为社会共识，但理念转化为政策、政策转化为实践仍需付出努力。理念与实践之间是以政策为纽带的，而政策制定不仅要考虑预期目标，而且要考虑约束条件和可操作性。“好的”政策安排是理论“完美”与现实“条件”两者结合的结果。可见，居民市场化收入稳定增长长效保障机制必须考虑战略与现实的对接，按照循序渐进、分步分类原则给出具有可行性的方案。

（二）构建居民市场化收入稳定增长的长效保障机制的思路

基于上述原则，构建居民市场化收入稳定增长长效保障机制的思路是：立足于经济社会发展的新形势，以体制完善和制度创新为基点，针对制约居民市场化收入增长的关键因素，形成能够切合居民内在需求、增强居民自生能力的市场化收入增长政策体系，由此实现居民市场化收入稳定快速增长和城乡居民收入差距的显著缩减。这一思路的确定主要是基于如下考虑：

1. 立足于经济社会发展的新形势

这一点主要是指构建居民市场化收入稳定增长长效保障机制必须考虑客观背景。从SWOT分析的角度看，未来一段时期居民市场化收入增长面临着新机遇，例如：工业化和城镇化的结构转化加速推进；经济增长和政府财政能力的持续提升；政府对居民增收问题的重视和政策倾斜等。但与此同时，居民市场化收入增长也面临着诸多挑战，例如：产业生产和经营面临着市场风险。讨论居民市场化收入稳定增长长效保障机制必须考虑这些有利和不利条件，充分利用机遇而努力克服困难，这样居民市场化收入增长长效保障机制才具有前瞻性和可行性。

2. 以体制创新和制度完善为基点

这一点主要是指构建居民市场化收入稳定增长长效保障机制必须强调体制机制的主导作用。新制度经济学指出，体制机制或制度安排是重要的，它可以确定人们的行为选择边界，促使人们对其决策形成稳定预期。但体制机制的形成从来都不是恒定的，而应随着时间推移进行适应性调整，唯有如此，制度的增长效应才能充分彰显。当前，影响我国居民市场化收入增长的因素是多元的、复杂的，但从政府作用发挥的角度看，体制完善应成为未来实现居民市场化收入增长的重要抓手。具体来说，有些体制安排可能需要持续增强，例如：产业综合服务体系；有些体制安排可能需要进行改革，例如：城乡户籍制度；有些体制安排可能需要自发运行，例如：产业组织方式创新。

3. 针对制约居民市场化收入增长的关键因素

这一点主要是指构建居民市场化收入稳定增长长效保障机制必须强调"对症下药"、"有的放矢"。体制完善、机制设计和制度创新不是先验给出的，而应是基于对当前我国居民市场化收入增长影响因素的系统性解析。前文已经指出：理解居民市场化收入增长的影响因素必须从收入结构特征出发，分别考虑家庭工资性收入、经营性收入、财产性收入三个方面。上述三种收入均受到诸多因素的影响，未来一段时期我国应重视财产性收入以及农民工资性收入水平的增长，但家庭经营性收入和工资性收入仍将是居民市场化收入的两大主要来源。家庭经营性收入的主要影响因素是居民的产业产出效率和市场谈判能力，而工资性收入的主要影响因素是行业选择空间。长效保障机制的构建必须要体现出对主要收入来源、主要制约因素的有效回应。

4. 形成能够符合居民内在需求、增强居民自生能力的收入增长政策体系

这一点主要是指构建居民市场化收入稳定增长长效保障机制的落脚点是提升居民的自生能力。在市场化改革的背景下，居民市场化收入增长在本源上是取决于居民自身的要素禀赋和经营能力，不可能实现由其他群体可以替代居民而在居民市场化收入增长中发挥主体作用。但这并不意味着，政府可以在居民市场化收入增长中无所作为，恰恰相反，政府的公共产品供给功能可以影响市场经营环境，也可以影响居民的自生能力。从产业政策的出发点，政策制定者必须精确把握居民真实状况以及居民对政策的真实需求，在此基础上确定的政策安排才可能达到预期效果。此外，由于影响居民市场化收入增长的因素具有复杂性，因此，就不能设想通过单一化的政策措施来解决居民市场化收入增长

问题，而应通过一揽子的政策组合来形成对复杂性成因的回应。

5. 实现居民市场化收入稳定快速增长和城乡居民收入差距的显著缩减

这一点主要是指构建居民市场化收入稳定增长长效保障机制的参照系是城乡居民收入差距演变态势。构建和实施长效保障机制的预期目标是实现居民市场化收入稳定快速增长，然而，“稳定”、“快速”本身是有弹性的，预期目标的不确定很可能会导致对长效保障机制的效力评价出现分歧。从群体比较的角度看，可以通过设立“参照系”来相对地理解居民市场化收入增长程度，我们认为城乡居民收入差距的敛散性是检验长效保障机制效力的重要指针，即城镇居民的收入增长态势成为农村居民收入增长的“参照系”。事实上，我们讨论居民市场化收入稳定增长长效保障机制，讨论居民市场化收入稳定快速增长，也是从统筹城乡发展、构建城乡一体化新格局的角度提出的。这说明，从城乡居民收入差距演变的角度来看待和衡量居民市场化收入稳定增长长效保障机制的实施目标是可行的。

（三）构建居民市场化收入稳定增长的长效保障机制的参照目标

确定了原则和思路，有必要对增收的目标再进行详细的分解。问题在于增收的目标在哪里，居民市场化收入增长到何种程度才不再是政府首要考虑的问题，本文认为有以下三个层次：

首先，是最基本的生存目标。居民当然是公民，公民就要解决最基本的生存问题，根据 2011 年中央扶贫开发工作会议决定，农民人均纯收入 2300 元作为新的国家扶贫标准，这个标准比 2009 年的 1196 元提高了 92%。我国贫困人口从 2010 年底的 2688 万突增为 1.28 亿。也就是说，目前我国每 10 人中仍有 1 人生活在贫困线以下。那么单个居民纯收入最低标准也就显而易见，至少为我们制定的贫困线 2300 元。因此，我们要积极促进居民市场化收入水平的提高，降低我国贫困人口数量。

其次，是城乡居民收入差距不断缩小的目标。城乡差距的持续扩大会影响到经济增长，加剧经济秩序和社会秩序的混乱，不利于社会稳定，影响全面建设小康社会的进程，甚至会引致社会动荡和政权基础不稳。因此，缩小城乡居民收入差距，使其保持在合理的范围内，促进社会的稳定与和谐是政府的职责所在。

最后，是城乡一体化目标。伴随着城市化进程的加快、农民数量的不断减少，城乡居民收入会趋于一致，甚至像一些发达国家农村居民收入要大于城市居民收入。

事实上，对于城镇、农村的居民，提高其市场化收入的侧重点并不完全相同。对于农村居民而言，居民市场化收入增长的目标应该以城镇居民收入增长作为“参照系”，而且随着收入水平的提高可以实现收入差距收敛。这一点也可以从统计数据中加以证实。考虑到全国各省区经济发展不平衡，发达省份经验值得追赶阶段省区学习的基础上，本文对2000年以来全国31个省区城镇居民可支配收入和农民家庭人均纯收入进行了对比分析，列出了其城乡差距并以2010年城乡差距进行了排序，详见表6-1。

表6-1　2000—2010年全国各省区城乡居民收入差距情况（城市是农村的倍数）

年份 省份	2000	2001	2002	2003	2004	2005	2006	2007	2008	2009	2010	平均倍数
全国	2.79	2.9	3.11	3.23	3.21	3.22	3.28	3.33	3.31	3.33	3.23	3.18
上海	2.09	2.19	2.13	2.23	2.36	2.26	2.26	2.33	2.33	2.31	2.28	2.25
江苏	1.89	1.95	2.05	2.18	2.2	2.33	2.42	2.5	2.54	2.57	2.52	2.29
天津	2.25	2.27	2.18	2.26	2.28	2.27	2.29	2.33	2.46	2.46	2.41	2.31
北京	2.25	2.3	2.31	2.48	2.53	2.4	2.41	2.33	2.32	2.29	2.19	2.35
浙江	2.18	2.28	2.37	2.45	2.45	2.45	2.49	2.49	2.45	2.46	2.42	2.41
黑龙江	2.29	2.38	2.54	2.66	2.49	2.57	2.58	2.48	2.39	2.41	2.23	2.46
辽宁	2.27	2.27	2.37	2.47	2.42	2.47	2.54	2.58	2.58	2.65	2.56	2.47
河北	2.28	2.3	2.49	2.54	2.51	2.62	2.71	2.72	2.8	2.86	2.73	2.6
吉林	2.38	2.45	2.72	2.77	2.61	2.66	2.68	2.69	2.6	2.66	2.47	2.61
江西	2.39	2.47	2.75	2.81	2.71	2.75	2.76	2.83	2.74	2.76	2.67	2.7
山东	2.44	2.53	2.58	2.67	2.69	2.73	2.79	2.86	2.89	2.91	2.85	2.72
福建	2.3	2.46	2.6	2.68	2.73	2.77	2.84	2.84	2.9	2.93	2.93	2.73
湖北	2.44	2.49	2.78	2.85	2.78	2.83	2.87	2.87	2.82	2.85	2.75	2.76
海南	2.46	2.62	2.82	2.8	2.75	2.7	2.89	2.9	2.87	2.9	2.95	2.79
河南	2.4	2.51	2.82	3.1	3.02	3.02	3.01	2.98	2.97	2.99	2.88	2.88
湖南	2.83	2.95	2.9	3.03	3.04	3.05	3.1	3.15	3.06	3.07	2.95	3.01
广东	2.67	2.76	2.85	3.05	3.12	3.15	3.15	3.15	3.08	3.12	3.03	3.01
内蒙古	2.52	2.81	2.9	3.09	3.12	3.06	3.1	3.13	3.1	3.21	3.2	3.02
山西	2.48	2.76	2.9	3.05	3.05	3.08	3.15	3.15	3.2	3.3	3.3	3.04
安徽	2.74	2.81	2.85	3.19	3.01	3.21	3.29	3.23	3.09	3.13	2.99	3.05
四川	3.1	3.2	3.14	3.16	3.06	2.99	3.11	3.13	3.07	3.1	3.04	3.1
宁夏	2.85	3.04	3.16	3.2	3.11	3.23	3.32	3.41	3.51	3.46	3.28	3.24

续表

省份＼年份	2000	2001	2002	2003	2004	2005	2006	2007	2008	2009	2010	平均倍数
新疆	3.49	3.74	3.7	3.41	3.34	3.22	3.24	3.24	3.26	3.16	2.94	3.34
重庆	3.32	3.41	3.45	3.65	3.67	3.65	4.03	3.59	3.48	3.52	3.32	3.55
广西	3.13	3.43	3.63	3.72	3.77	3.72	3.57	3.78	3.83	3.88	3.76	3.66
青海	3.47	3.76	3.7	3.76	3.74	3.75	3.82	3.83	3.8	3.79	3.59	3.73
甘肃	3.44	3.57	3.87	3.98	3.98	4.08	4.18	4.3	4.03	4	3.85	3.93
陕西	3.55	3.68	3.97	4.06	4.01	4.03	4.1	4.07	4.1	4.11	3.82	3.95
贵州	3.73	3.86	3.99	4.2	4.25	4.34	4.59	4.5	4.2	4.28	4.07	4.18
云南	4.28	4.43	4.5	4.5	4.76	4.54	4.47	4.36	4.27	4.28	4.06	4.41
西藏	5.58	5.6	5.53	5.18	4.89	4.54	3.67	3.99	3.93	3.84	3.62	4.58

资料来源：根据历年中国统计年鉴整理计算。

对每一省份不同年份城乡差距考察发现，随着农民人均收入（绝对数）的增长（2000 年以来，各省区农民收入绝对数呈连续上涨态势），各省区城乡居民收入差距呈现先扩大后收敛态势。根据不同地区表现分析，同样发现，随着农民人均收入增长超过 6000 元，城乡差距倍数基本在 3 倍以内。为消除年度非系统性变化影响，对 2000—2010 年 11 年城乡差距倍数进行了平均，并按从低到高的顺序进行排序，发现，城乡差距较小的省份就是处于高收入组的省份，城乡差距较大的省份就是处于低收入组的省份。由此进一步证明，农民收入增长到一定时点，城乡差距会趋于收敛。鉴于我国农民人均收入已经接近 6000 元，所以，以城乡差距缩小为目标的居民市场化收入增长机制是可行的也是适合的，当然这并不是说居民市场化收入增加了就可以缩小差距了，差距的缩小是一系列措施的综合结果，但以上分析可作趋势性参考。

因此构建居民市场化收入稳定增长长效保障机制应以城镇居民收入增长为“参照系”，单纯讨论居民市场化收入增加难以反映构建长效保障机制的重要性和紧迫性。机制设计必须规避农民收入减速增长和城镇居民同速增长，而应争取超速增长并由此实现城乡居民收入差距的渐趋缩减。

三、构建居民市场化收入稳定增长长效保障机制的具体措施

我国现在仍处于经济转轨时期，计划和市场并存将是一种常态。相应地，靠计划和靠市场调节的收入机制，也必将同时并存。因此，要长期有效地提高居民收入水平，在很大程度上就是要处理好这两种收入形成机制的相互协调问题[①]；并且，需要有配套政策的出台与相应市场的建设才能实现。例如，要实现工资性收入的市场化，就需要对国有企业的利润分配制度进行进一步的改革；要增加居民财产性收入和个体经营性收入，就需要政府逐步加大相关行业的政策支持力度，尤其是在金融服务领域的支持，以消除市场机制运行的诸多阻碍。

通过对发达经济体与新兴经济体居民收入结构的研究，我们认为，从短期来看，提高我国居民市场化收入必须要积极培育金融市场，扩大金融交易的品种，建设多元化的资本市场；从长期来看，要保证金融市场的健康运行，必须要保证宏观经济的健康、可持续发展。因此，要大力发展我国经济，促进我国产业结构的升级。在保证大环境的前提下，为居民的市场化收入提供实现的平台。同时，政府要积极建立相关的规章制度，为市场的健康运行提供有力的支持。

因此，基于上述对于构建居民市场化收入稳定增长保障机制的原则、思路与目标的分析，并结合我国现实的经济环境基础与现存的问题，我们进一步制定和研究出一些具体的发展措施，归结为以下九个方面。

（一）完善要素市场建设

在经济全球化深入发展的背景下，资源要素范围迅速拓展，流动不断加速，呈现出结构性偏向，集聚效应愈加明显。要素大流动预示着经济发展的新跨越。而推动要素市场的建设和发展是构建居民市场化收入稳定增长长效保障机制的有效措施，同时也是加快经济结构调整和经济发展方式转变，建设具有中国特色社会主义市场经济的重大举措。

---

① 任碧云. 居民收入形成机制的区域结构分析[J]. 中国经济问题，2010（2）.

1. 转移农村劳动力

为了提升农村居民的市场化收入水平，一个重要的途径是把农村剩余劳动力转移到城市里工作，加快其工资性收入水平的提升。这也是一个国家发展到一定程度所必需要经历的，美国早在上世纪 50 年代就开始了大规模的农村人口向城市转移了。城市化水平低和城乡二元结构的存在，遏制了城市工业化对劳动力的需求，也限制了农民市场化收入的增长，影响了农村消费市场的规模，最终将制约城乡经济与社会的协调发展。所以，逐渐打破城乡二元结构的束缚，增加农民市场化收入，用农村消费需求推动城市经济发展，通过转移农村剩余劳动力加快城市化进程，是当前必须着力解决的问题。

从目前看，农村转移劳动力的边际生产力高于农业劳动力的边际生产力，但二者的差距已经不是很大，如果未来农村劳动力转移速度较快，这种差异可能会很快消失。但从长期看，建立在农村劳动力素质不断提高基础上的农村劳动力转移对推动经济增长、居民市场化收入增长具有非常重要的作用，因为目前我国城镇劳动力的边际生产率要比农村转移劳动力的边际生产率高得多。要实现农村居民市场化水平提高的目标，其中一项重要的工作就是要有序转移农村剩余劳动力，让农村的剩余劳动力实现就业，增加农民市场化收入水平。

首先，加快农业产业化和农村工业化步伐，增加就业岗位。农业产业化和农村工业化不仅是解决农民个体小生产与变化莫测的大市场对接困难的有效手段，而且可以拉长产业链，增加就业岗位。目前，我国农业产业化和农村工业化程度较低，农产品深加工水平和层次都不高，这样，农村消化劳动力能力有限。要积极鼓励有条件的农民创办龙头企业，推动种养大户办经济合作组织，创造更多的就业机会，带领农民致富，是农村劳动力就地转移的有效途径。

其次，积极推进城市化进程，减少政策性限制，加快农村劳动力转移。城市化进程与增加就业成正比，根据我国经济发展水平，城市化水平每提高 1%，从业人员就增长 6%以上。目前我国城市化水平低于世界平均水平，难以吸纳更多的农村剩余劳动力。因此，应积极发展中小城市，大力推进城市化进程，减少政策性限制，为农民进城、农村劳动力就近转移降低成本提供方便。工业化是推进城市化的主要力量，但目前我国乡村企业分散，不利于城镇规模的扩大，不利于第三产业的发展壮大，不利于吸纳大批剩余劳动力。因此，要注意引导乡村企业向城镇集中发展。

最后，大力组织劳务输出，提高农村劳动力转移的层次和水平。劳务输出是过去农村转移劳动力的主要手段，是今后农村劳动力转移的重要补充。随着企业改革的不断深化，技术含量越来越高，体力型劳务输出越来越困难，迫切要求劳务输出提高层次，以适应新形势的发展需要。从目前劳务输出情况来看，85%以上是自发转移，盲目无序流动情况严重，增加了转移成本。所以，要对农村劳动力转移加大组织力度，加快城乡劳动力市场建设步伐，加强地区之间的劳动力合作与交流，建立劳务中介组织，提高劳务输出有序化程度，加强劳务输出的管理和待转移劳动力的培训。

2. 加快市场化改革

想要提高居民的市场化收入，充分发挥生产要素，尤其是劳动力和人力资本的优势，需要加快市场化改革的步伐，同时厘清在市场化改革过程中政府的角色。如果政府干预过多，公权力过大，会抑制市场在配置资源等方面的作用，劳动力等生产要素不能够自由流动，不仅有碍于产业结构的升级，同时也不利于经济发展。因此在下面部分，我们试图分析市场化改革的过程中，政府在其中的角色。

政府要创造更多的就业机会，可以做出努力：出台相关的法律法规；稳定物价；加强政企合作；加快金融市场的建设。第一届诺贝尔经济学奖获得者丁伯根一个主要的定理是，不平等不能靠生产能力分布不平等来解释，而只能用特殊类型生产服务的供给与需求的不平衡来解释。正是过度供给，而不是某种特殊劳动技能的绝对缺乏，导致了低工资收入。他认为，解决这个问题的方法是，要使教育超过技术的发展，以减少缺乏当时生产所要求技能的劳动力。政府政策应具有提高居民社会生活能力的机制。在重视完善劳动力市场价格机制的基础上，更加强调个人能力的提高，加大人力资本投入，不断提高劳动力素质。这也正是政府提供服务的目的，也是个人具有服务需求的原因。政府要确立人力资源密集型的发展模式。一些西方国家把这一发展模式同提高穷人收入比重成功地结合起来，强调以劳工和技术密集型出口为基础的经济增长。这一战略，可提高人民教育水平，出现许多生产性的就业机会，同时要形成以劳动保障部门所属的公共就业机构为主体，民办职介机构为补充的职业介绍体系，进一步加快劳动力市场信息网络建设①。

① 黄世贤，鄢立新．提高居民收入的关键是提高劳动报酬[J]．求实，2010（11）．

3. 完善土地制度改革

土地是农民户口最大的“含金量”，是农民生产生活所依赖的基础性要素，必须重视土地及其价值实现在农民市场化收入增长中的作用。土地制度改革涉及多个方面，在现有土地所有权集体所有、土地经营权个人拥有的制度安排下，要继续推进农户土地承包经营权的确权、登记、颁证工作，进一步明晰土地的权利边界和执行主体，优化农民对土地经营权的配置方式，以此来促使农民能从土地资源的再配置中获取更多收益，增加财产性收入。

（1）土地征用制度改革。

长期以来我国农民财产性收入严重受损。根据测算，从 1952 年到 2002 年，农民向社会无偿贡献的土地收益为 51535 亿元，相当于被无偿剥夺了农民价值 26 万亿的土地财产权，而我国自实行土地征用补偿政策以来，累计支付的土地征用费不超过 1000 亿元。我国目前土地征用制度扭曲下的价格实质实际上体现了我国二元土地制度下对农民财产权的变相剥夺。学界目前就土地征用制度的改革主要有两种观点，一种是在现有土地征用制度框架内，缩小征地范围，提高补偿标准，规范征地程序，严格土地执法；另一种是打破现有土地征用制度框架，形成城乡统一的土地市场体系。

在农民土地征用过程中，必须保证农民的各项权益，保证失地农民的养老、医疗和社会保障得到妥善解决，近年来出现的农民上访多与土地征用补偿不足有关，这就需要地方政府严格以法行事，同时改变对地方政府的考核机制，降低土地财政的冲动，形成对农民利益的保护。建立合理的征地补偿安置机制，引入市场机制尽快完善农村土地市场。明确政府的权限和保障农民的权力，构建基于市场价格的征地补偿标准体系，提高农民的土地财产性收入。采取多样化的征地补偿安置。在一些地方采用了股权式的补偿方法，这样的做法更好的市场化，使得农民的利益得到保护。留地开发安置，政府按照规划确定的用途，给被征地农民集体和农户留出一定数量土地并且监管督促保险公司进行人性化经营，提高勘损理赔的技术和效率，提高诚信度。在此基础上，有必要积极推行有条件的强制性保险，使得农业保险政策目标的实现得到有效的保障。

（2）加强土地经营权的流转。

在土地经营权和使用权明确的情况下，应当进一步推进土地经营权的转让和流转，促进农业适度规模经营，同时也是城镇化和农民外出务工的必要回应。这同样需要充分发挥政府作用，做好顶层设计，土地流转以家庭承包经营为基

础，在不改变土地用途的情况下坚持平等、自愿、有偿的原则。优先鼓励土地在农户间流转，健全社会化服务体系，进一步培育职业农民和核心农户。

农村土地市场由两部分组成，即农村土地所有权市场和农村土地使用权市场。因为农村土地所有权市场完全由国家垄断，只有单向的流动，即国家征用农村集体土地。所以，这里只分析农村土地使用权市场。尝试建立和完善农村土地流转市场，农村土地使用权可以作为资本在二级市场上转让和拍卖，条件成熟的地方可放开土地经营权的抵押，以此来实现农民土地经营权的资本化。农村土地使用权市场应包括两个层次，即一级土地使用权市场和二级土地使用权市场。在培育和发展农村土地使用权流转市场过程中，两个层次的土地市场的建设应该是相辅相成的。但是，目前应重点发展土地使用权二级市场，与此同时，积极规范土地使用权一级市场。土地制度的改革特别是合理的土地流转制度，将进一步释放农民的创造性，使得农民可以适时调整产业结构并为从农业生产中分离提供了支持。

其一，积极规范农村土地使用权一级市场。一级土地使用权市场是农村集体经济组织依法将土地使用权在一定期限内有偿出让或出租给农户和其他农业生产单位所形成的市场，体现着土地所有者与使用者之间的关系。一级土地使用权出让或出租市场是一种不完全竞争市场，这种不完全竞争主要来自农村土地劳动群众集体所有制的基本属性。在土地仍然是大多数农民生存保障的情况下，如果全部土地通过公开竞争面向社会出让或出租，那将意味着对部分农民生存权的否定。因而，集体的土地应面向现有合法的集体成员出让或出租，愿意耕种者均可得到相应的一份。为了便于耕作和经营管理，防止地块过于零碎，每个农户的地块应尽可能整合。土地租期应在 30 年以上，土地租金的数额应以农户实际占有的土地数量和质量加以确定，并以经济地租为限。

其二，着重发展农村土地使用权二级市场。二级土地使用权市场是土地承包者在不违反土地使用权出让或租赁契约的前提下，将土地使用权再转让或转租给其他土地使用者所形成的市场，体现着土地使用者之间的关系。这种土地使用权的有偿转让可能会继续若干次，但只要是土地使用权在土地使用者之间的有偿转移，都应属于二级土地使用权市场的范畴。二级土地使用权市场应是完全竞争市场。政府部门和土地集体所有者，除了对土地使用权转让或转租行为进行注册登记，以便及时掌握土地流转动态和对土地使用方向予以监督控制外，其他事项如转让面积、转让价格、转让形式等均由转受让双方当事人自由

协商，充分发挥市场机制的作用。当各种条件发生了变化，一些农村需要增加减少土地时，是通过农村土地流转市场自动实现土地的调整和重新优化组合，而不是通过行政性统一调整得以实现。

4. 发展教育文化事业

对于农村居民而言，提升劳动力的人力资本水平是提升其市场化收入的重要路径。无论是农业生产和经营，还是非农化流转在其他产业就业，农村劳动力的人力资本含量均与其收入水平直接相关。为此，应从农民就业增收的角度，确立农村劳动力人力资本持续提升战略，在中央和地方财政支出中，应明确对县域范围农村教育投资的占比额度和增长额度，特别是要基于我国产业结构优化升级的现实需要，大力发展农村基础教育、职业教育和技能教育，形成与传统制造业和先进制造业相耦合的职业教育体系，培养多类型、多层次、多技能的农村劳动力，农村人口接受高等教育应根据情况增加资助或补贴额度。农村劳动力在其他产业就业时，还应鼓励企业定期或不定期对农民工进行在职培训，对企业开展员工人力资本提升应给予政策扶持。

当前及今后一个时期，农民教育培训工作应努力做好广泛的大众化普及性培训、系统化的职业农民技能培训、农民创业技能培训以及农民职业教育四类培训。从农村劳动力的角度而言，应抓住全国大力促进农业农村实用人才队伍建设的有利时机，围绕优势农产品区域布局规划，培养当地急需的种、养、加能手，发展生产型实用人才；依托现有的职业培训机构和鉴定机构，鼓励和引导农民参加职业技能鉴定并获得相应的职业资格证书，加强技能型农村实用人才培养；依托农产品市场体系建设，加大对农产品经纪人的培养力度，支持农村实用人才带头人牵头建立专业合作组织，积极扶持他们创业兴业，加强经营型农村实用人才培养。

成年农民的教育培训可以解决当前的就业和农业生产问题，但是不能从根本上解决农民素质问题。农民家庭科技需求调研显示，农民收入水平与所接受的学历教育密切相关，一时的培训像橡皮筋一样，培训时作用很大，但时间一长又恢复了往常。因此，必须重视农民的脱产教育，特别是从儿童抓起的义务教育，这里可以借鉴美国实施的“2061 计划”（该计划于上次哈雷彗星临近地球的1985年启动，对中小学、幼儿园普及科技教育，意在下次哈雷彗星再次临近地球时美国实现全面的科技扫盲），下大决心、花大力气，对农村基础教育实行国家在吃、穿、住、用等方面的全面负责制，彻底改变下一代农民素质，从

而避免总是培训但又总是培训不完的状况，从根本上解决农民素质问题。教育是让人适应外界变化的条件，这种适应能力是推动经济向前发展的真正动力，至于增加人力资本并进一步实现收入增长仅仅是其副产品之一，这一问题值得引起国家和各级政府重视。

（二）深化金融体制改革

财产性收入水平低是影响我国居民市场化收入水平的重要原因。在今后的一段时间内，提高我国居民的财产性收入有很大空间。而持有金融资产是居民获取财产性收入的重要途径。因此，必须借助当前金融体制改革的良好契机，深化金融改革，提高金融运行效率，大力推进现代金融服务体系的建设。具体可以从以下两方面着手。

1. 加强产品创新，增强金融服务意识

我国居民市场化收入不足的一个重要方面就在于居民的财产性收入和经营性收入不足，而尚不成熟的金融服务体系是影响这两项收入增长的重要因素之一。在市场化改革过程中，我国金融体系作为投融资中介的作用仍没有得到合理而充分的发挥。这主要体现在：一方面，居民的大量储蓄，因缺乏有效的投资平台而不能带来与之相应的市场化收入；另一方面，大量个体私营性的中小企业，因为融资渠道单一和银行对国企大项目的信贷偏好，普遍面临流动性紧张的融资困境。这些问题与我国目前的金融服务体系缺乏方向性、目的性和创新性，过于追求短期效应有很大的关系。

首先，细分目标客户，由于金融市场上的投资者是金融产品的消费者，因此制约投资者选择金融产品的最基本要素就是其收入水平。每个理性的投资者，都会在衡量自身收入和投资品价格后，选择一款能使自己的收益尽可能大的产品。因此，商业银行等金融机构在创新金融产品之前，必须要先根据投资者的收入水平对投资者进行细分，划分成几个不同的群体，再根据不同群体的需求设计、创新出适合他们的投资品。

其次，推出差异化产品，可以按市场细分确定的不同客户群设计不同的产品，扩大产品销售，吸引客户。如针对高端客户提供证券投资、外汇、黄金、期货交易、房地产投资等。对低端客户提供简单低档的个人理财产品，如储蓄组合、基金买卖等。可以按地域推出差异化产品，我国中、东、西部地区经济特征差异较大，因此可以针对不同区域的不同经济类型和经济发达程度，开发适合于当地大众的投资理财品种。可以按照客户生命周期推出差异化产品，根据生命周期理论，人一生可以分为不同的生命周期，而每一个生命周期都有不同的理财需求，银行应针对不同生命周期客户不同的理财需求来为其提供不同的理财产品。

再次，树立“以客户需求为中心”的理念。长期以来我国金融机构对客户实行无差别服务策略，不能够深入了解各个阶层客户的需求，不能抓住真正的赢利客户。“以客户需求为中心”的经营理念还停留在口号上，处于表面状态。“要让更多群众拥有财产性收入”必然离不开个人理财业务的发展。这就要求金融机构必须以客户为中心，以市场为导向，满足不同阶层客户的理财需求。客户对个人理财业务的需求不仅仅是购买一个理财产品、申请一个银行账号或证券账户，还需要有一个合理的财务规划过程。“以客户需求为中心”就要求做到客户至上、客户第一、客户满意和客户价值增加。客户至上主要体现了银行的服务姿态；客户第一主要指把客户的需求作为银行工作的重心，银行全体人员及其全部行为都要围绕客户；客户满意指以客户的满意度作为评价工作的标尺；客户价值增加指通过向客户提供产品和服务项目，使客户价值增加。

最后，培养专业素质较高的金融人才。一个专业的金融从业者不但是个人客户的开拓者、金融服务产品的开发者和营销者，也是目标客户的理财顾问。这就要求金融从业人员必须精通会计、投资、税收、保险等多方面知识和操作技巧，同时又需要具有丰富的文化修养和素质、高超的人际沟通能力。金融工作者会针对客户的需求，比如自己的资产规模、生活质量要求、预期收益目标和风险承受能力等，有针对性地制定出一套符合客户个人特征和需要的理财方案，同时，通过对不断调整客户存款、股票、债券、保险、动产和不动产等方面的各种投资组合，为其设计合理的财务规划，实现个人资产增值的目的。

因此，培养一批业务知识扎实的、文化素质较高的专业金融人才十分重要。在选拔人才上，商业银行不能只局限于对银行业务的考核，应该选拔一批综合素质高、知识结构丰富、可塑性强的人员。对已选拔人员进行严格、全方位的培训，包括各种相关专业基础知识，如银行业务、保险、股票、债券、基金、税务、法律、心理学等的强化训练，提高其综合业务素质。最后，在工作过程中，严格制定金融从业者职责和职业发展目标，建立合理、科学的考核体系。

2. 加大对金融发展的支持力度

胡锦涛总书记在党的十七大报告中明确提出，要“创造条件让更多人民群众拥有财产性收入”。据报道，美国居民财产性收入占总收入比例在20%以上，我国距此还相差甚远。

首先，在策略安排上，政府加大对金融产品创新的支持力度，减少产品创新的行政阻力引导金融机构建立完善的个人金融理财系统；加强对金融创新产品的监督，提高风险防范意识；帮助金融机构构建个人征信体系，建立金融机构信息资源的共享平台；“让利于民”。具体来讲，政府要大力组织和推动信托产品的发展。政府在推动信托产品发展过程中，要解放思想，允许金融企业在风险可控前提下，对现有的规定和政策有所突破；政府要舍得把好的项目提供给信托公司和其他金融机构，为信托产品提供足够的优质项目，进而让广大人民群众分享经济改革与社会发展的成果。

对于农村地区而言，积极优化发展结构，实现投资理财产品多样化和差异化。农村金融市场的发展不只是为了给农业和乡镇企业的发展提供融资的便利，还应该成为农村居民提高财产性收入的通道，成为农村居民财产进入资本市场及其金融衍生品市场的桥梁。考虑到农村居民大多缺乏金融知识和理财经验，风险承受能力低，农村金融机构应该积极优化金融产品结构，实现全面发展，把保险、股票、债券等金融投资理财产品引入到农村市场中，建立多样化的金融组合产品以降低风险，为农民构建起财产性收入来源多元化、风险差异化、资产存量组合化的理财平台。另外，农村金融机构还应该积极探索金融产品差异化。因为农村居民资产积累较少，即使是小额投资和小额贷款，当期的利息负担也会影响到他们的生活，或是再生产的继续，所以农村金融机构应该依据居民收入水平、风险承受能力及个人信用等要素，对贷款条件及投资理财产品进行差异化处理。例如根据信用制定不同期限的贷款利息补缴政策，或是适当降低投资理财门槛，以此最大化发挥农村金融机构对居民财产性收入的促进作用①。

另外，2013 年，全国平均每个乡镇有 2.13 个金融网点，一个网点服务近 2 万居民，我国农村金融基础设施严重不足。但是，铺设标准化银行网点需要付出较为高昂的建设成本、经营成本以及人力成本；并且银行提供的多为标准化金融服务，目标客户基本为能够提供“硬信息”的金融需求主体，农村地区却是“硬信息”缺乏，“软信息”丰富。所以，可以在我国农村发展移动支付业务：借鉴肯尼亚 M-PESA，引入电信运营商，通过发挥其电信基础设施的综合作用、

① 任碧云，姚博．城镇化进程中农村金融发展与农民财产性收入关系实证研究[J]．现代财经，2013（11）．

拓展网点代理商，为农民提供基础性金融服务，逐步打通金融服务的“最后一公里”。具体来讲，电信运营商可以与商店、超市、邮局等当地实体店铺开展合作，在传统银行网点之外开拓移动支付业务网点。对于还没有实现金融机构全覆盖的农村地区，可重点发展移动支付的汇款、存取款业务；对于经济较为发达的乡镇，则可选择建立具有多种金融功能的移动支付体系，重点对接当地商品交易电子化的需求①。

其次，规范资本市场，逐步完善融资体系。在构建多层次资本市场的过程中，政府只有与其他相关部门紧密联动，才能切实缓解中小企业的融资困难。为此，地方政府可采取下列措施：（1）尝试为满足条件的中小企业提供银行贷款担保鼓励银行降低放贷要求，向第三产业和服务业的企业提供贷款；（2）采取有力度的政策，鼓励商业银行和其他金融机构设立专门的、名副其实的中小企业贷款部门，满足这些企业的资金需求；（3）在清理整顿和规范我国企业产权和股权交易市场的基础上，进一步开放为中小企业直接融资服务的场外交易市场；（4）积极鼓励相关机构和部门选择那些有条件、新成长的中小型企业，进入创业板证券市场进行融资，从宏观上创造良好的上市环境；（5）大力发展地方性产权交易市场，采用改制、兼并、联合、重组等多种形式，吸收民间闲散资本、私人资本及外资进行参股，从而逐步改善我国中小企业的融资环境，壮大中小企业的经营规模。

再次，加强政企合作，建立创业融资平台。通过创业可以大幅提高居民市场化收入，是构建居民收入增长长效保障机制的关键。虽然非市场化收入可以保证居民收入长期较为稳定，并且受外部经济环境的影响较小，但是单纯依靠非市场化收入（主要为转移性收入）对提高居民收入的空间较为狭窄，对整个国民收入以及国民经济的促进作用不是很大。通过创业，可以使得有创业需求和创业资源的个体利用市场的契机，大幅提高其自身的收入水平。通常，一个创业行为可以带动少则 3 至 10 个，多则几十甚至上百个的工作岗位。这些新创造出来的工作岗位也给一部分人群提供了一个通过间接介入市场，利用市场经济提高自身及家人的市场化收入水平的途径。

结合目前实际，政府需进一步加大对创业融资服务的工作力度。由于缺乏足够的信用，金融机构对个人创业信贷一直较为谨慎；直接对个人创业进行创

① 任碧云，张彤进. 移动支付能够有效促进农村普惠金融发展吗?——基于肯尼亚 M-PESA 的探讨[J].农村经济.2015（05）

业信贷，对金融机构而言确实存在较大风险。因此，地方政府必须提供信用担保或政策支持，或者与金融机构共建创业融资平台来保证个人获得创业资金。具体可以从这三方面着手：其一，抓好与金融机构的合作，服务小额贷款，适时推出青年创业成长小额贷款项目，即适合城乡青年创业实际需求的无抵押、低息的小额贷款；其二，抓好青年创业基金会和小额贷款公司的组建，为创业青年提供无抵押、无担保、无利息的小额信用贷款，也可设专项资金来扶持青年就业和大学生创业，直接服务青年创业；其三，营造良好的创业环境，建立规范的中小企业治理结构以及有效的员工激励机制，可以在一定程度上优化市场经济结构，从而从根本上促进居民市场化收入与非市场化收入的匹配。这方面，我国塘沽等部分区县已经取得了良好的实验效果，应尽快进行大范围推广。

最后，完善资本市场相关的法律法规。法律监督是资本市场稳健发展的必要途径，一方面要用法律规范市场的参与者；另一方面也要用法律规范市场的监管部门。包括基金法律的进一步规范、上市公司退市法规的逐步完善和禁止证券欺诈相关法律制度的构建等。近年来，在我国资本市场高速成长的背后，存在着诸多隐患。其中，最为显著的莫过于市场中证券欺诈的泛滥。因此，建立和完善证券欺诈禁止制度，通过反欺诈条款来维护市场的公平和秩序势在必行；建立和完善禁止证券欺诈的法律制度，通过对监管者职能的准确定位和公正、严明的执法，以及司法监管体系、自律监管体系的建立，为证券欺诈禁止制度的运行创造一个多层次的监管体系；通过与证券欺诈禁止制度相关的法律、法规及规章的制定，避免法律“真空”状态的出现，保障和鼓励投资者对花样繁多、层出不穷的市场欺诈行为提起诉讼、要求赔偿。

（三）提高初次分配效率

要正确处理效率和公平的关系，就要坚持落实效率优先、兼顾公平的原则，提高初次分配的效率，发挥市场的作用，为居民提高市场化收入水平创造公平的竞争环境。同时，坚持和完善按劳分配为主体、多种分配方式并存的分配制度，坚持各种生产要素按贡献参与分配，着力提高低收入者收入水平，扩大中等收入者比重，有效调解过高收入，取缔非法收入，努力缩小地区之间和部分社会成员之间收入分配差距。

1. 改革国有企业的利润分配制度

财产是财产性收入获得的物质基础，大多数人最初的财产都是通过劳动收入积累起来的。所以，让更多的人拥有财产性收入，首先是要让更多的人有更多的劳动收入。所以，要建立起职工工资正常增长机制与支付保障机制。它的建立是为了让广大职工的收入与企业的效益和社会经济的发展共同增长，使广大职工共享企业和社会发展的成果。切实做到逐步提高居民收入在国民收入分配中的比重，提高劳动报酬在初次分配中的比重。

国有企业的利润分配制度改革，一直是国有企业改革的重要内容。我国目前仍存在一定数量的所有制改革不彻底、产权制度不明晰、企业治理不完善的国有或集体企业。在利润分配上，这些企业仍然沿用了计划经济时期的工资等级制度，向职工分配的企业利润较少，工资缺乏市场弹性，严重影响了这些企业的经营活力和居民的整体收入水平。而要深化国有企业利润分配制度的改革，必须依赖政府的推动。具体来讲，政府可以从以下几方面改革企业利润分配制度，逐步提高居民的工资性收入。

其一，在企业治理结构方面，将国有企业的行政治理模式转化为公司治理模式。规范企业的生产与经营，提高企业的市场竞争力，为人力资本参与企业收益的分配创造良好的制度基础；其二，在人力资本定价方面，构建国有企业人力资本市场化定价机制。明确界定人力资本所有权，加强人力资本流动，解除人力资本与企业的人身依附关系，使人力资本价格由市场决定，通过人才市场供求关系与竞争机制形成人力资本价格调节机制；其三，在企业产权制度方面，积极完善人力资本参与企业收益分配的产权制度。大力推行国有企业股权制度改革，鼓励员工持有本企业的股份，建立国有企业技术入股制度、经理人年薪制度和股票期权制度等多种形式的人力资本参与企业收益分配制度。

2. 完善社会保障制度

社会保障制度的完善能够解除人们的后顾之忧，正如许多发达国家，社会保障做得好，人们才舍得把存款用于消费，或者投资。我国围绕“人人享有基本社会保障”的目标，以推进城乡居民养老和医疗保险为重点，认真落实国家和我国医药卫生制度改革工作部署，不断扩大城镇职工社会保险覆盖范围，提高待遇水平，努力构建制度范围广覆盖、保障水平多层次、可衔接可转换、管理服务现代化的全民社会保障体系。

其一，积极推进城乡居民基本养老保障制度发展完善。党和政府历来十分重视我国养老保险制度建设。改革开放以来，按照建立社会主义市场经济体制的要求，借鉴国际社会保险制度发展与改革的经验，结合国内经济与社会发展实际，我国对企业职工退休养老制度进行了一系列改革，取得了重大进展。但是，现行基本养老保险制度显现出一些与社会经济发展不相适应的问题。主要表现在：覆盖范围不够广泛，大量城镇个体工商户和灵活就业人员还没有参保；养老保险个人账户没有做实，未能真正实现部分积累的制度模式，难以应对人口老龄化对基金的需求；养老金计发办法不尽合理，缺乏参保缴费的激励约束机制；基本养老金调整机制还不健全，养老金总体水平还不高；统筹层次比较低，多数地区还没实行省级统筹，基金调剂能力比较弱；企业年金发展滞后，多层次的养老保障体系还没建立起来。这些都影响到制度的平稳运行和可持续发展，亟待进一步改革和完善。

因此，我们需要对养老保障制度进行一些必要的改革，主要改革方向：一是继续确保基本养老金按时足额发放，保障离退休人员基本生活，不得发生新的拖欠。二是统一城镇个体工商户和灵活就业人员参保缴费政策，不断扩大养老保险覆盖范围，保障劳动者的合法权益。三是逐步做实个人账户，真正实现由现收现付制向部分积累制的转变。四是改革基本养老金计发办法，建立参保缴费的激励约束机制。五是建立基本养老金正常调整机制，让广大退休人员分享经济社会发展成果。六是积极发展企业年金，建立多层次的养老保障体系。七是加强基本养老保险基金征缴，加大财政投入，完善多渠道筹资机制。同时强化基金监督管理，维护基金的安全和完整。八是提高统筹层次，增强基本养老保险基金的抗风险能力。九是进一步做好退休人员社会化管理服务工作，加快公共老年服务设施和服务网络建设步伐，不断提高退休人员的生活质量。十是加强社会保险经办能力建设，建立高效运转的经办管理服务体系，实现规范化、信息化和专业化管理，确保把社会保险的政策落到实处。

其二，逐步提高职工群众社会保险待遇水平。继续提高企业退休人员养老金调整大病统筹医保制度，提高筹资比例，提高医保最高支付限额；调整急诊大额医疗费补助制度，实施城乡统一的医疗救助制度，配合民政部门做好城乡低保、特困救助、农村五保人员以及其他特殊困难人员的医疗救助工作；提高工伤人员待遇。

其三，加强社会保险基金监督管理。严格预算编制，强化预算执行，逐步健全社会保险基金预决算公开制度。完善社会保险监督机制，建立社保基金监督软件信息系统。加强医保诚信档案管理，建立医保消费动态网络监控系统；实行医保费用指标信息披露制度，严厉查处欺诈骗保、侵吞基金的违规行为。

其四，进一步完善低收入群体的社会保障体系，创造条件增加低收入群体的财产存量。财产性收入是财产的一种衍生财富，没有财产就没有财产性收入。只有让群众特别是低收入者先成为有产者，才有可能增加其财产性收入。因此就低收入群体的社会保障问题还需进一步完善。我们可以通过逐步提高扶贫标准和最低工资标准、建立企业职工工资正常增长机制和支付保障机制、扩大各种转移支付，支持低收入者创业就业、完善各种社会保障制度等来适度增加低收入群体的收入，从而增加低收入群体的财产增量，创造条件使低收入群体参与财产性收入分配。

其五，建立健全农业政策性保险和风险保障机制，在政策和财力上进一步加大对农业保险的支持力度。可以采用多种方式，通过政府转移补贴对农业保险进行补贴，并将农业保险费列入农业生产成本，最终建立强有力的风险保障体系。另外，稳步推进农业对外开放，加强农产品贸易救济与损害监测，强化农产品出口促进措施，做好粮食、棉花、大豆、化肥等贸易政策制定和协调，并参与国际农业标准规则制修订工作，为农民增收争取空间。

同时，应切实增加对农村居民在教育、医疗、养老等层面的福利供给。不断扩大农村新型合作医疗的覆盖范围和保险金额，鼓励不同地区探索适合当地发展的农村合作医疗制度，最大程度减少“因病致贫、因病返贫”现象。建立完善新型农村社会养老保险制度，逐步提高政府补贴范围和力度，解决农村老年人养老问题。在扶贫基础上逐步提高农村最低生活保障和五保供养水平，切实保障没有劳动能力和生活常年困难农村人口的基本生活。

（四）完善产权制度改革

产权不明晰一直是制约农村居民财产性收入水平提高的重要因素。因此，需要明晰所有权、放活经营权、落实处置权、保障收益权，以“还权赋能”为核心，构建归属清晰、权责明确、保护严格、流转顺畅的现代农村产权体系，促进农村资产资源权属明晰化、配置机制市场化、产权要素资本化、管理监督规范化，为农业农村经济加快发展提供制度保障。

1. 开展农村集体土地所有权改革

开展农村集体土地所有权确权登记发证工作。按照集体成员按份共有、集体决策的原则，探索建立集体经济组织和集体成员共同管理集体所有土地的体制机制，处理好集体经济组织和集体成员之间的权责关系。国家征收集体所有的土地要足额兑现征地补偿，全面落实就业、社会保障等配套政策。转变土地用途后的增值收益按一定比例返还集体经济组织，用于公益事业建设和集体成员生活保障以及发展壮大经营实体。

2. 开展农村集体建设用地使用权制度改革

开展农村集体建设用地使用权确权登记发证工作。在尊重历史、符合规划、用地限额的基础上，探索建立集体建设用地使用、调换、互换等体制机制，激活用好农村集体建设用地。在符合土地利用总体规划、城乡建设规划的前提下，集体建设用地可用于公益事业和探索用于公共性住房建设。

3. 开展农村房屋产权制度改革

开展对农户和村乡办企业合法建房登记造册工作，建立健全房屋登记管理制度，核发房屋所有权证，逐步实现城乡房屋同证、同权。支持农户通过出租合法住房增加财产性收入，利用住房发展农家乐、乡村旅馆、农产品加工等，增加经营性收入。支持农户引进资金、人才、技术、管理等进行合作开发、合伙经营。

4. 开展农村土地承包经营权制度改革

开展农村土地承包经营权的确权登记颁证工作，保持现有土地承包关系长久不变。坚持依法、自愿、有偿的原则，支持引导农户采取转包、出租、互换、入股、转让或者其他方式流转土地承包经营权，支持土地向农村特色优势产业流转，带动土地利用向规模、集约、高效方向发展，做大做强特色优势产业。

5. 深化农村集体林权制度改革

建立健全集体林权制度改革长效机制，依法维护经营管理权稳定和林权权利人合法权益，巩固集体林权制度改革成果。探索建立林权流转管理服务新机制，加快开展林权抵押贷款工作，大力推进农民林业专业合作社建设，探索林下经济发展的政策和模式，全面落实林木采伐、林权流转、森林保险、投资融资、产业扶持等配套政策，保护林业资源，促进林农增收、林业增效。

6. 开展农村小型水利工程产权制度改革

小型水库由国有水库管理单位管理，小型水库可以单独或连片成立管理单位管理，也可以由中型或小型水管单位代管，或由乡镇水利站及用水户协会管理，明确管护主体，落实管护责任，确保工程安全运行和效益发挥。对农村集体所有的库容 10 万立方米以下的塘库及其附属设施，小型及其以下的引水、提水（含机电提灌站、水轮泵站）工程及其附属设施，小水池、小水窖、小机井，小（微）型饮水安全工程和烟水配套工程等工程，可以采取拍卖、流转等方式，明晰所有权，明确水权和土地使用权，并进行确权和颁证。也可以采取租赁、承包、股份合作等形式，界定管理权，明确使用权和经营权，落实管护主体和责任。在保障工程主要功能不变和本村组优先的前提下，鼓励农户、联户、用水合作组织、村民自治组织以及自然人和其他法人积极参与农村小型水利工程产权制度改革和投资农村小型水利工程建设。建立稳定的公益性农村小型水利工程管护经费公共财政补助机制。

7. 开展农村集体财产股份制改革

清理核实农村集体经济组织资产、负债和所有者权益，经农村集体经济组织成员会议确认、公示，乡（镇）人民政府签署意见后，报县级农业行政主管部门备案。在坚持集体资产归集体经济组织成员“共同所有”的前提下，严格按照制定方案、清产核资、资产量化、股权设置、股权界定、股权管理、资产运营、收益分配、监督管理的程序，实现向集体经济组织成员“按份共有”。

8. 改善农村集体资产治理结构

集体资产增值收益是农民财产性收入的重要来源，但因为产权不清、管理不善等原因，农民目前从集体资产中获取收益的渠道还不畅通。针对我国农村集体资产产权不清这一现状，学界提出对农村集体经济组织进行产权制度改革，将集体经营性资产进行股份量化到个人，按照股份合作制原则将农村集体经济组织改造成股份合作制经济组织。同时加快建立集体资产产权界定和登记制度、流转和评估管理制度、年检和报告制度，强化农村集体资产管理，加强以集体资产保值增值为重点的资产运营管理，盘活闲置的集体资产和资源。

（五）改革户籍制度，打破行业壁垒

农民工资性收入增长受制于其从事的职业，目前我国农民工就业职业多为建筑业和制造业，而这两个行业的工资水平又处于平均水平以下，导致了工资性收入难以快速、大幅增长。而且，流转成本的高昂又在一定程度上抵消了本就不多的收入。在城市，农民工的成本主要体现在随迁子女教育、劳动保障以及城市暂住证、工作保证金等其他服务和管理收费。而造成这一现象的主要原因就是农民外出务工的职业流转和身份流转的不一致、不同步，这种情形不仅导致农村劳动力非农化流转的进程受阻，而且导致城市、特别是大城市形成了城市人口与外来人口对立的“新二元结构”。

由此可以看出，户籍制度改革已成为经济结构和社会结构转化的迫切需要。考虑到户籍制度形成的原因以及附着在户籍制度上的各项显性、隐性福利，其改革涉及各阶层的重大利益调整，因此户籍制度改革不可冒进，需要逐步渐次实施。

首先，应当清理和取消针对农民进城就业的歧视性规定和不合理收费，逐步建立城乡统一的劳动就业制度和城乡相互衔接的社会保障制度；其次按照分地区、分步骤的方式深化改革，拓展农民工的职业选择范围，提升农民工的薪酬谈判能力，增加农民工的城市融入机会；最后，在条件成熟的情况下，逐步放宽、放开农民进城定居条件，实现农民的市民化。就具体实施而言，在中小城市，应率先消除不同户籍人口在行业选择和社会保障获取中的差异，允许外来务工人员根据市场需求进入制造业、建筑业之外的其他领域，切实解决进城农民工的职业培训、子女教育问题，允许外来务工人员根据贡献程度获取相应的养老、医疗、教育等社会保障。大城市则应在经济持续增长和管理能力提升的基础上，通过提高城市承载力而缓解农民工流入和融入问题。

户籍制度的改革是重大改革，将彻底把农民从土地、乡村解放出来，将给农民带来系列制度性收益，不但能通过降低城市融入成本、减少迁徙成本促进现有体制下的农民增收，而且能进一步减少农民数量，从平均意义上提高农业劳动生产率，提升实际从事农业劳动者的收入水平。

（六）加大财政支持力度

财政对于经济发展的作用有乘数效应，同理，对居民市场化收入的增加也有乘数效应。但是，对于城镇与农村，财政政策的发力点有所不同。就城镇而言，要加强社会公共支出，推进税收体制改革。要以支出责任与财力相匹配、与财权相适应改革和预算管理体制改革为重点，依据“收入体制完善、支出体制攻坚、预算体制突破”的总体思路和“先收支体制配套改革、后预算体制改革”的顺序，按照“两步走”战略推动新一轮财税体制综合配套改革；就农村而言，应加大对农业的支持力度。我国的国情决定了政府始终是农业投入的重要主体，而财政对农业的支出则是政府支农的主要手段。因此，强化政府支农职能作用，完善财政支农政策手段，首先就是要增加财政对农业的投入。

1. 增加政府社会公共支出

随着社会主义市场经济的建立，国家对经济的管理由直接管理为主，宏观、微观一起管理的状态转变为间接管理和宏观管理为主。对各项社会事业的管理方式，也就要求根据社会的公共要求和市场经济的特点加以调整。政府公共支出预算是政府公共预算的主要组成部分，是政府为满足社会公共需要，为社会成员提供大体均等的公共服务所需开支的分配计划。政府公共支出预算涵盖了政府活动的全范围，反映着政府活动的方向，是调控宏观经济、促进社会事业发展，实现政府职能的重要保障，也是政府支出管理的核心任务。然而，必须看到我国现行的财政支出预算体系是在计划经济体制下逐步发展形成的，虽然几经改革，但仍没有完全摆脱计划经济体制的影响。随着改革的深入和市场经济的发展，现有的政府公共支出预算体系逐渐暴露出种种弊端，不适应社会主义市场经济和政府职能转变的需要。

因此，建立公共支出预算体系，需要明确政府财政供给范围；政府适当退出竞争性领域，经济建设的投资主体由政府转向企业，财政只进行涉及国计民生的大型公益性基础设施的建设，提供更符合大众需要的公共产品，如加大教育、医疗、社会保障等方面的财政支出，通过改善服务消费环境，以及稳定或降低公共服务的价格水平等途径，来促进消费快速增长；增加科学技术投入，增强劳动力技能和素质，提升要素自身价值，利用科学技术的引进、开发，逐步提高企业竞争力，促进产业结构升级，提高企业经济效益。

2. 进一步推进财税体制改革

要完善与财产性收入有关的税收制度，运用不同的财税政策手段和制度安排，通过经济杠杆的调节作用，使财产性收入的增加更加均衡。在法国，政府为鼓励私人购房出租获得财产性收入，规定房东支付的物业管理费和贷款利息，可以在其报税总收入中以相同金额扣除，然后按余下部分计算缴税，并且在《新罗比安法》中还规定购房者可在 9 年内享受对 50%房价的折旧减税。其具体是：在房东申报租金收入时，购房的头 7 年内每年从其房租收入中扣除购房款的 6%后再计税，后两年该比例为 4%。如果房租收入低于应扣除部分，那么两者之差还将在报税总收入中扣除。我国也可以借鉴法国经验，并结合本国国情，适当通过税收优惠鼓励居民进行房产投资，从而获得财产性收入。另外，还可以降低甚至取消储蓄存款利息收入所得税，让低收入家庭从储蓄存款中获得更多的财产性收入；适时提高个人所得税的起征点，使课税对象的主力向高收入者转变，减轻工薪阶层的税负负担，增加其收入积累，为获得更多的财产性收入打下基础。

减少中小企业税负，保证各种所有制经济依法平等使用生产要素、公平参与市场竞争、同等受到法律保护，创造更加宽松的创业环境，鼓励中小企业、劳动密集型企业发展。事实上，对所有国家而言，在企业和劳动力方面有两个普遍的规律：一是其全部企业的 99.5%以上是中小企业；二是微型和中小企业平均就业人数为 9~15 人，总就业的 65%~80%是由微型和中小企业吸纳的。减少中小企业税负，既可以提高企业经营净收入，对我国经济转型和就业有极大的意义，又可以增强企业提高普通劳动者工资水平的能力，促进工资性收入的增长[①]。

财政和税收是遏制收入差距、保障城镇居民最低收入的有效工具，但中国财税体制改革相对滞后，明显减弱了财税在理顺收入分配关系中的杠杆作用。因此，在新一轮的财税体制改革中应重点推进公共型财政建设进程，无论财政的收入或支出都以公共服务为基本趋向，在初次分配中，可以考虑将国有资产租金和利润、土地出让金等预算外收入和非预算外收入纳入财政预算，形成规范的全口径财政收入体制。与此同时，实施结构性减税政策，降低政府生产税的比重，改变个人所得税以工薪阶层承担为主的局面，切实降低低收入者税负，在提高居民市场化收入和劳动者报酬份额中发挥作用；在再分配中，调整财政支出结构，注重大幅度降低经济建设支出和行政管理费用的占比，为推进基本公共服务均等化奠定重要的财政基础。

3. 增加财政对农业的投入

考虑到我国农业生产条件落后的状况以及加入 WTO 的冲击，今后农业财政支持政策的一个基本取向是：采取有效措施，逐步提高财政支农支出比重，力争将这一比重提高到 10%。具体政策建议包括：其一，确保国家新增财力向农业倾斜。建议国家财政每年新增财力分配要切出 10%的份额用于农业，这是强化农业投入的一条重要措施。其二，确保国债资金分配向农业倾斜。1998 年以来我国实施积极的财政政策，增发长期国债，加强了农业基本建设投资，效益和作用相当明显。建议今后国家发行的债务收入，除去还本付息之外，仍要拿出相当比例的国债资金投向农业，这对于加强农业和农村基础设施，增强农业发展后劲，必将发挥十分重要的作用。其三，尽快出台农业投资法，将各级政府行为纳入法律规范。立法应将国家各级政府对农业投资行为作为规范的对象，同时既要明确各级政府尤其是地方政府的支农职责，也要将对其农业投入数量界限做出规定，这必将促进整个农业投资主体的行为规范化，强化政府投资主体的导向功能。四是大力发展经济，不断充实和提高我国财政实力，保证财政支农有一个长期可靠的资金基础。

① 夏华. 从收入的来源结构分析我国实现收入倍增计划措施[J]. 中央财经大学学报，2014（02）.

4. 加大对农业结构调整的支持

中国农业已进入一个新的发展阶段，面临着战略性结构调整，这就是要调整农业生产结构，发展有竞争优势的农产品，发展畜牧业和林果业，促进农产品加工转化增值，积极发展乡镇企业和各种不同形式的农村经济组织。首先，调整种植业内部结构，粮食生产要稳定，品种结构要改善，质量要提高。财政集中力量支持粮食主产区发展粮食产业，建立一批国家优质专用粮食基地，优先支持主产区推广一批有重大影响的优良品种和先进技术，对直接从事种粮的农民给予一定补贴。同时，水果、蔬菜要适当发展，质量要大幅提高。其次，调整农业产业结构。应大力发展畜牧业，使其在农业中的比重达到或超过种植业的比重；沿海地区、湖区等有条件的地方要大力发展水产业；同时大力发展林业，保护森林资源，充分发挥其生态效益。最后，调整农村产业结构，要大力发展二、三产业特别是农产品加工业。我国农产品加工链条短，是限制农民市场化收入增长的重要因素。据有关专家测算，价值 1 元的初级农产品，经过加工处理后，在美国可增值 3.72 元，日本为 2.2 元，我国仅为 0.38 元。同时注意使加工业结构、交通结构、服务结构与农业产业结构相互适应。另外，也要大力发展农村新型合作经济组织，提高农民组织化程度。这些农村新型合作经济组织包括专业合作社、服务合作组织、农民协会等，可以有效地把农民组织起来，提高抵御市场风险的能力，降低交易成本，保护农民利益。

（七）加速产业结构升级

加快我国服务业发展作为重要战略，是经济转型的重要举措，这将促使我国行业结构、产业结构日趋优化合理，经济发展的引擎作用日益凸显，并在吸纳劳动就业、提升居民的市场化收入水平、带动经济增长、提高经济效益方面发挥重要作用。促进产业结构升级要处理好发挥市场的基础性作用和发挥政府的引导功能的关系。在转轨时期，一方面要加速完善市场机制、促进市场发育；另一方面，政府要对市场信号扭曲和失效部分进行弥补，同时，适应产业结构矛盾由过去部门之间的不协调，向各部门相互协调的变化。由过去的部门结构性倾斜，向结构性支持与关键环节功能性支持并重转变，一方面对战略性产业进行有效支持；另一方面，突破制约我国产业结构优化升级的研发、设计、营销、品牌、技术服务、专门化分工等关键环节。

1. 发展新兴产业，促进产业结构的轻型化

为了促进我国产业结构调整升级和新兴支柱产业的发展，需要一些政策和

体制条件。第一，要加大市场在劳动力资源配置中的基础性作用，促进劳动力转移和扩大就业：取消阻碍了二、三产业吸纳农业剩余劳动力的能力的歧视性政策；适度抑制城市工资的过快增长，否则会迫使企业用资本替代劳动，使我国经济发展过早出现资本排挤劳动的趋势；加大促进中小型劳动密集型企业发展的政策力度。第二，要继续扩大对外开放，利用全球科技与市场资源，获得全球范围内研发出来的大量新技术。促进国内产业结构调整升级的顺利进行。第三，促进高增长行业发展：要加快住宅产业的市场化进程；要保护、引导、加强汽车产业的良好增长态势，尽快出台鼓励汽车消费的政策；要加快城市建设投融资体制的改革，拓宽城市建设资金来源，促进房地产业及城市基础设施建设的快速发展。

我们要按照“十二五”规划纲要的要求，加快培育发展战略性新兴产业和高技术产业，全面实施国家自主创新能力建设规划，制定出台投资、税收、金融、人才等方面的鼓励政策，发布战略性新兴产业重点产品和服务指导目录。要促进传统产业优化升级，继续实施重点产业振兴和技术改造投资专项，推进煤炭、钢铁、石化等行业跨区域、跨行业、跨所有制兼并重组，制定分解淘汰落后产能目标。要进一步推进服务业综合改革试点，推动服务业加快发展；研究制定鼓励服务业新兴产业、新型业态发展目录。结合我国的实际，在第三产业的改革创新目标应是立足于服务、配套第二产业又快又好的发展，立足于优化第三产业行业结构和提高服务质量，加快建立适合于国情市情的社会主义统一市场经济体系和城市社会化综合服务体系。

2. 促进自主创新，增强产业核心竞争力

当今社会，技术的发展日新月异，只有提升自主创新水平，才能够增强产业的核心竞争能力。首先，要加快建立有利于高技术产业、创新型企业的投融资机制和环境条件。如风险投资机制、技术鉴定、知识产权保护和交易机制，创新型的人力资本、知识资本与金融资本、实业资本的合资、合作机制；健全完善知识产权保护体系、科技成果转化和产业化的支持体系、技术服务体系、技术产权交易体系等。其次，制定和完善提升自主创新能力的相关规划和产业政策。政府加大对研究开发及其产业化的支持力度和政策支持，如增加对研究开发的资助，建立专门的担保体系等；完善对高技术企业及研究开发活动的税收优惠与加速折旧制度。再次，转换“技术引进”模式，把技术引进、消化吸收和自主创新结合起来，形成自主创新与消化吸收、集成创新互动结合，在合作中提高自主创新能力的良性局面。最后，完善产业技术供给体系，增强产业共性技术、关键技术开发及工程化能力；关注技术升级方向性问题，组织和支持有利于改善国际分工地位、具有外部效应的关键技术、共性技术的协作和联合攻关，建立合作研究机制。

3. 转换制定产业政策

合理的制度、优惠的政策是加速产业结构升级的一个重要手段。首先，降低高新技术产业的进入门槛。随着电子技术与信息技术的发展，今天单个人所能实现的技术能力比以往有了很大提高，这就意味着每天都有可能产生众多有突破性的潜在技术平台。如果能够配合以交易成本较低的金融市场、原材料市场、人才市场、信息渠道与政府审核制度，那么，这些潜在的技术平台就会转化为真正的高新技术中小企业。尤其是从吸引海外高科技人才归国创业的角度来看，这些交易成本较低的市场平台与制度平台将能够有效地为归国人才打开创业的空间。因此，应当努力降低建立高新技术中小企业的融资成本、审批成本、信息成本，以激发企业的创新活力，不断催生出有旺盛生命力的高新技术企业。

其次，促进替代性产业之间的竞争。在制定一个产业的相关政策时，应当参考其替代产业的情况，促进替代性产业之间的竞争，以推动各个产业的技术创新与升级。以往人们比较关注产业内企业之间的竞争，以及由此导致的技术更新。然而，在科学技术不断打破传统产业界限的今天，不仅应从企业的角度，还应从产业的角度审视技术竞争与创新。比如，手机产业的迅速发展，已经使传呼业在中国销声匿迹；在现代中小学生中迅速普及的电子辞典，对传统工具书行业正产生日益明显的替代性影响；空调业的迅速发展，迫使众多的电风扇企业提升技术，以满足各种特殊的市场需求；等等。因此，在制定某个产业的政策时，应当引导该产业发展多功能、低能耗、高品位的产品，以促使其替代性产业不断提高技术创新能力，进而促使这些产业竞相创新、共同发展。

再次，推动互补性产业之间的合作。在制定一个产业的相关政策时，还应参考其互补性产业的情况，推动互补性产业之间的合作，以此来促进各个产业的技术创新与升级。在科学技术迅猛发展的今天，坚持以信息化带动工业化，广泛应用高新技术和先进适用技术改造提升传统产业，是推进产业结构优化升级的必然选择。由于现代科学技术的多功能与多元化，很多技术能够同时辐射式地嵌入或改造众多产品，所以，应当从“改造提升”的角度理解互补性产业的内涵。比如，电子识别技术的发展，正在促使各种锁具从机械结构转为电子结构；各种塑料管材正在逐步替代钢铁管材，推动着建筑业的发展；生物技术的发展，不仅促使医药技术不断革新，而且能够提升种植业与畜牧业的生产力等。因此，在制定某一产业政策时，需要同时关注具有支持性的互补产业的产业政策，从而使相关产业之间的政策具有衔接性，推动相关产业共享新技术成果。

最后，提高知识技术资源全民共享的程度。互联网技术的迅速发展，使低成本、高效率地扩散知识技术成为可能。然而，无论从科技教育的角度来看，还是从政府管理的角度来看，目前我们推进知识技术资源全民共享的速度还远未跟上互联网技术发展的速度。加快建设创新型国家，必然要以众多的掌握先进技术的国民为基础。因此，不仅要进一步完善教育体制，还应当以互联网为平台，努力提高知识技术资源在全民中的共享程度，从而将我国巨大的人口资源转化为巨大的智力资源，促进产业技术升级和创新。

（八）实现农业现代化

农业现代化是用现代工业装备农业、用现代科学技术改造农业、用现代管理方法管理农业、用现代科学文化知识提高农民素质的过程；是建立高产优质高效农业生产体系，把农业建成具有显著效益、社会效益和生态效益的可持续发展的农业的过程；也是大幅度提高农业综合生产能力、不断增加农产品有效供给和农民收入的过程。

改革开放以来，我国作为一个发展中国家，农业经济得到迅猛发展，取得举世瞩目的成绩，但与发达国家相比，我国的农业经济，无论在速度上、规模上、还是在效益上，与世界现代农业还有很大差距。没有农业的现代化，就谈不上全面建设小康社会，也就没有中国整个社会的现代化，而直接受到影响的，就是农民的市场化收入水平的提升。因此，我们必须重视并加快我国农业现代化的进程。

1. 完善基础设施，降低农业成本

完善的基础设施是巩固和提高农业综合生产能力的必要条件，也是农民提高家庭经营性收入的重要基础和保障。近几年，我国农业和农村基础设施建设步伐明显加快，但仍存在较多薄弱环节，特别是节水灌溉设施不健全，防灾抗灾能力弱等。

政府加强基础设施建设，可以从以下几个方面入手：一是加强乡村道路、农村水电以及农村通讯等农村基础设施建设，减少农产品运输和生产成本；二是继续加强农田水利建设，推进高标准农田建设，改善水利设施条件，大力支持土地整理，鼓励发展大棚、滴灌等现代设施农业；三是加强与农业生态保护有关的基础设施建设，加大对防灾减灾、水土保护、江河治理、面源污染消除等方面的投入力度，改进农业生产环境，通过树立良好的产地形象，提高农产品市场竞争力；四是普及信息服务，优先实施重点县村村通有线电视、电话、互联网工程，加快农村邮政网络建设，推进电信网、广电网、互联网三网融合，减少农民信息不对称，降低销售成本。基础条件的改善可以提高农产品产量，并全方位降低农民经营农业的成本，为农业经营性收入增长提供基本保障。

2. 调整农业结构，优化产业布局

农业结构是指农业生产过程中形成的各个产业部门或产品的数量及其各自所占的比重，是生产要素在农业领域的分配比例，包括农业生产结构、农业区域结构、农业技术结构、农业劳动力结构、农业市场结构、农业投入结构和农业制度结构，等等。从宏观政策上来讲，今后一段时期应致力于转变增长方式，注重低碳、生态、环保。切实加快转变农业增长方式，发展低投入、低消耗、低排放和高效率的农业循环经济。加大农业污染防治力度，积极发展生物质能产业。加强农业生态环境保护和治理，保护好水、土地、草原和水生生物等自然资源和动植物野生种质资源，促进农业发展与人口、资源、环境相协调，促进农业可持续发展。为了最大限度地发挥区域比较优势，应以区域资源禀赋为立足点，促使优势品种与优势区域资源禀赋相匹配，同时综合考虑产业基础、市场环境以及生态环境等因素，确定好农产品优势区域布局和产业发展目标，在严格保护耕地和重点生态功能区基础上，促进生产要素在空间上的优化配置和重点产业的集聚和提升，促使优势区域种养业与加工、流通等环节相衔接，主导产业与农村服务业等产业相协调，加快优势产业生产、加工、流通一体化进程，加速构建现代农业产业技术体系和优势产业集群，不断提高产业整体竞争力，加快形成区域特色鲜明、分工合理、体系完备的农业产业发展新格局。

就农户而言，应当积极顺应趋势潮流，明确自己地位并合理确定产业结构。例如种植业应在强调农业产品贡献的同时，更多凸现农业的市场、生态、休闲、文化等衍生功能，大力发展创意农业、休闲农业、旅游农业、服务农业和品牌农业；大城市应根据其发展阶段因地制宜地发展都市农业，不断提高农产品的附加值和比较收益。同时，在人均收入水平普遍提高的背景下，人们的食品消费将更多地从直接粮食消费主导转化为间接粮食主导，为此应鼓励和扶持农民根据市场需求转变调整产业结构，在稳定粮食生产的基础上，大幅度增加对肉禽蛋奶等间接粮食生产的供给，进入促使农业内部结构从狭义的种植业转向包括农林牧渔在内的“大农业”。

规模经营是发展现代农业的必然要求。分散的小规模农业经营方式很大程度上制约了农业生产力水平的提高和居民市场化收入的增长，迫切要求加快发展规模经营。首先，要把推进土地流转与发展农业适度规模经营结合起来，引导土地向规模经营主体集中。积极探索不同产业发展规模经营的途径和方式。建立有效的激励机制，着力解决好部分农民种田积极性不高、流转土地积极性不高的问题。其次，建立乡镇土地流转交易中心，健全土地承包经营权流转市场，构建区域性土地交易平台，制定最低价保护价和片区指导价，形成流转价格合理增长机制，引导和促进农民有序流转土地承包经营权，提高土地流入和流出两个方面的积极性，力争在推进规模经营、提高农业集约化水平方面取得突破性进展。最后，在耕地不断减少的情况下，要促进农业发展、确保粮食等主要农产品有效供给，依靠增加种植面积来提高农产品产量并不现实，依靠增加化肥、农药等投入品来提高农产品产量也难以为继，必须紧紧依靠农业科技进步和创新，注重农民素质的提高，用知识武装农民，提高土地产出率、资源利用率、劳动生产率，增强农业可持续发展能力。

3. 延长经营链条，发展合作组织

农业生产包括了从技术研发、生产资料供应、田间生产、产品加工、批发销售等诸多环节，延长农业经营产业链条不仅能促进农业增产增效，而且还创造了大量的就业机会，是农民就业增收的重要方式。按照农业产业化的思路，鼓励扶持农民自发形成实体性的农产品加工储运机构，引导农民根据市场需要提供具有区域特征的特色农产品，促使农民能够更多分享农业产业链延伸所形成的经济收益。

农业产业化发展离不开农民专业合作经济组织的创建。农民专业合作组织是以家庭承包经营为基础，农民自愿、自主经营，以开拓农产品市场销路为突破口，以扩大农产品数量、提高产品质量、增加农民收入为目标的互助性经济组织。新制度经济学的代表、美国经济学家道格拉斯·诺斯在《西方世界的兴起》一书中指出：有效率的组织是增长的关键因素。建立和发展农民专业合作组织是现代农业建设的必然要求，是提高农业市场竞争力的主要途径，也是世界各国农业现代化建设的共同经验。当前我国农业生产具有家庭化、分散化、零碎化特征，为了化解“小生产-大市场”之间的不对称性，增强农民的谈判能力，降低市场的交易成本，必须推动农业组织方式创新。当然，在培育专业合作经济组织过程中应注意避免合作组织的企业化，要充分体现风险共担、利益共享机制，而不是追求利益最大化。在合作组织发展初期，政府相关部门可以通过培训、引导等方式，鼓励大型农产品加工企业组织、大学生村官、乡村能人组织兴办，并对他们和农户之间的关系及时加以规范和引导。

当然，随着外出就业人员的增加，在各类合作组织中也要注重发展农业生产性服务组织，为农民提供代耕代种、仓储运输、统防统治，甚至是代销等服务。这样可以有效避免农业兼业化、农村空心化和农民老龄化对农业经营造成的负面影响，从而在增加二、三产业收入的同时，保证第一产业收入不减少。

4. 加强科研支撑，促进成果转化

政府部门思想上高度重视科技进步是发展现代农业的根本出路。政府和农业生产者都应该树立长远目标，摒除目光短浅，把提高农业科技水平来促进农民增收作为一项长期政策来实施，创建科技富农的长效机制。要坚持科技兴农，大幅度提高科技进步对农业发展的贡献率。加大科技三项费的投入，健全农业科技创新体系。瞄准国内外农业科技前沿，面向“三农”发展，有效整合资源，组织联合攻关，着力提高农业科技自主创新能力。重点实施种子工程，大力培育具有自主知识产权、重要应用价值的优良品种。充分发挥大学、科研院所在科技创新中的作用，推动产学研紧密结合。

在农业耕地难以显著增加的前提下，农民的农业生产率将主要取决于技术进步和推广程度。为此，应根据农业生产区域特征有针对性地实施农业技术进步和推广工程，继续实施“粮食主产区持续增产科技支持工程”“农产品加工储运效率提升科技支持工程”“农业自然风险应对能力增强科技支持工程”“农业机械化和生物化进程加速支持工程”等工程。品种在增产增收方面的重要性不言而喻，因此要加快农业生物育种创新和推广应用体系建设，继续推进农作物种子工程、畜禽良种工程和水产良种工程，大力推进优质小麦、玉米、水稻、大豆以及其他农业种类的良种繁育，并及时将其产业化。

有了先进科技还需要做好推广和转化，今后一段时期，农业技术推广应努力做到农业科技创新、应用与推广一体化。加强和完善现代农业产业技术体系，提高农业应用研究和关键性技术、产品的创新和转化能力，推进农用工业技术改造，建立科技人员直接到户、良种良法直接到田、技术要领直接到人的科技成果转化应用新机制。建设和完善现代农业示范园区，充分发挥科技示范户作用，积极发展多元化、社会化农技推广服务组织。农业发展，人才先行，在促使农业生产技术进步和推广的进程中，尤其要通过教育和培训形成一大批懂经营、有技术、善管理的新型农民，通过激励机制设计形成一大批面向农村、服务农民的现代农业科技研发推广人员，为农业增产增收提供科技支撑。

（九）繁荣县域经济，扩大就业需求

城镇化对于农民增收有着促进作用，其对劳动力吸纳产生的工资性收入在农民人均纯收入中的地位越来越重要。县城和农村集镇是农村工业化和城镇化的主要基地，也是中小企业最集中的地方，在跨区域流动的高成本以及现有城市吸纳能力有限的约束下，繁荣县域经济就成为优势选项。从浙江、江苏等发达地区经济崛起经验来看，他们大多从乡镇、县域经济的工业化起步，从乡镇到县、再到中等城市、最后到大城市，采用自下而上推进工业化并带动产业升级，实力强劲的县域经济能够推动劳动力、生产要素不断集聚和产业扩张，并形成协调有序的城市发展体系。

县域经济发展离不开有效消费需求的扩大，有需求才能有相应的供给，但是也应该注意到，供给也能创造需求。这就需要通过政策引导促进农民分工、分业，专业化可以提高效率，同时专业化也打破了自给自足创造了有效需求。另外可以通过体制完善促使生产性和生活性的服务业快速发展，以提升整个社会的就业创造能力，以供给创造需求。从国家宏观方面来讲，在城乡一体化进程下，要注意按照优化城乡生产力和人口布局的要求，推进中型城市建设或者是中心城镇建设，促进农民就近城市化。这里要特别避免到处建小城镇，因为小城镇太多就会面临因人员少、资源集聚不够而产生有效需求不足、公共产品供给成本太高等问题。

繁荣县域经济，要特别注重发挥中小企业、民营经济在解决就业特别是农民工就业中的重大作用，必须通过创造良好的经营环境来鼓励民营企业持续发展，以此对农村劳动力跨产业流转形成有效吸纳。因此需要通过一系列扶持手段，促进中小民营企业发展。当然，在产业结构升级优化的背景下，中西部的农民工输出地还可以充分利用产业结构梯度转移的契机，通过资本引入和资本使用效率提高大力发展劳动密集型产业，为农民工的本地化就业创造有利条件。

参考文献

[1]安体富，蒋震．调整国民收入分配格局提高居民分配所占比重[J]．财贸经济，2009（7）．

[2]白重恩，钱震杰．国民收入的要素分配：统计数据背后的故事[J]．经济研究，2009（03）．

[3]曹慧．居民收入占比的决定要素与实证分析[D]．湖南大学，2011．

[4]常兴华，杨宜勇，徐振斌，等．促进形成合理的居民收入分配机制[J]．宏观经济研究，2009（05）：20-25．

[5]常兴华，李伟，我国国民收入分配格局的测算结果与调整对策[J]．宏观经济研究，2009（09）．

[6]常兴华．城乡居民收入增长变化特点及促进收入增长的政策建议[J]．领导之友，2012（06）．

[7]陈美衍．市场化收入差距变化机理与政策含义[J]．经济学家，2006（6）：5-10．

[8]陈太明．中国转型期城乡居民收入波动的福利成本分析[J]．经济科学，2008（06）．

[9]陈晓枫．影响居民财产性收入增长的因素分析[J]．中国经济问题，2010（01）：65-70．

[10]陈晓枫．中国城乡居民财产性收入的六大特点[J]．福建论坛（人文社会科学版），2010（01）：30-34．

[11]陈秀梅，韩和林．资本市场化作用于居民收入差距的机理分析[J]．经济问题，2008（10）：31-33．

[12]陈艳．我国农民收入增长的长效机制研究[D]．华中农业大学，2005．

[13]陈永志．论生产要素按贡献参与分配与居民收入差距[J]．经济评论，

2004（2）：12-15.

[14]陈永志. 生产要素按贡献参与分配及收入差距问题探讨[J]. 中国经济问题，2004（02）：1-15.

[15]程国栋. 我国农民的财产性收入问题研究[D]. 福建师范大学，2005.

[16]崔健平. 经济转轨以来俄罗斯居民收入变化趋势[J]. 俄罗斯中亚东欧研究，2011（5）.

[17]邓娜. 增加我国居民财产性收入的理论探析[D]. 吉林大学，2009.

[18]邓舒平. 略论当前我国城乡居民财产性收入的主要特点及增长对策[J]. 法制与社会，2009（12）：263-263.

[19]杜辉. 我国居民财产性收入动态演化：结构与差距研究[D]. 西南财经大学，2011.

[20]樊纲. 市场中的政府[J]. 中国改革，2000（08）.

[21]樊纲，王小鲁，朱恒鹏. 中国市场化指数[M]. 北京：经济科学出版社，2011.

[22]房宏琳. 居民收入构成来源对城乡差距的影响差异分析[J]. 求是学刊，2010（11）.

[23]付敏杰. 什么影响了居民的财产性收入？——兼论城市化的首要功能[J]. 经济与管理研究，2010（10）：18-23.

[24]高晓慧. 俄罗斯经济增长中的结构问题[J]. 俄罗斯中亚东欧研究，2005（4）.

[25]高志仁. 农民财产性收入与城乡差距[J]. 经济科学，2008（04）：124-128.

[26]顾海兵，王亚红. 中国城乡居民收入差距的解构分析：1985—2007[J]. 经济学家，2008（06）：77-83.

[27]郭庆旺，吕冰洋. 论要素收入分配对居民收入的影响[J]. 中国社会科学，2012（12）：46-62.

[28]郭熙保. 从发展经济学观点看待库兹涅茨假说——兼论中国收入不平等扩大的原因[J]. 管理世界，2002（3）.

[29]郭彦卿. 居民收入增长与经济增长的互动关系：理论与实证[J]. 经济论坛，2012（11）：5-11.

[30]郭志仪. 区域金融发展与农村居民收入关系的实证[J]. 统计与决策，

2012（24）.

[31]郭连成．俄罗斯经济增长和发展问题辨析[J]．世界经济与政治，2004（12）.

[32]国家发展改革委宏观院考察团．对俄罗斯收入分配情况的考察[J]．中国经贸导刊，2006（01）.

[33]国家统计局城市司广东调查总队课题组，程学斌，陈铭津．城镇居民家庭财产性收入研究[J]．统计研究，2009（01）：11-19.

[34]侯利利．河南省城乡居民财产性收入差距的实证分析与对策[D]．信阳师范学院，2012.

[35]黄世贤，鄢立新．提高居民收入的关键是提高劳动报酬[J]．求实，2010（11）.

[36]黄思宁，纪宏．居民收入与经济发展的适度性协调增长测算——以北京市城镇居民收入为例[J]．经济研究参考，2012（25）：55-65.

[37]黄思宁，刘立功，谢黎．北京市城镇居民收入与经济发展的适度性协调增长研究[A]．北京市统计学会．北京市第十六次统计科学研讨会获奖论文集[C]．北京市统计学会，2011：16.

[38]纪晓丹．我国居民收入及收入结构变动研究[D]．上海师范大学，2009.

[39]靳贞来．城乡居民收入差距变动及其影响因素的实证研究[D]．南京农业大学，2006.

[40]居民收入与经济增长存在四大不协调[N]．上海证券报，2005-03-24.

[41]贾利军．俄罗斯经济增长因素实证分析[J]．东北亚论坛，2006（2）.

[42]康书生，李灵丽．增加居民财产性收入的金融支持[J]．河北大学学报（哲学社会科学版），2010（02）：28-31.

[43]库兹涅茨．各国的经济增长[M]．北京：商务印书馆，1985.

[44]库兹涅茨．现代经济增长[M]．北京：北京经济学院出版社，1989.

[45]李冰．从提高家庭经营性收入的角度来思考扩大农民消费[J]．消费经济，2010（02）.

[46]李秉强．经济增长与国民收入地区差异的关联度[J]．改革，2006（11）：19-23.

[47]李秉强．我国居民收入增长及其影响因素研究[D]．华中科技大学，2007.

[48]李丹．金砖国家：世界的希望[M]．北京：北京工业大学出版社，2012：177．

[49]李晖，陈全润，潘德婧．基于投入产出方法的中国城乡居民收入分析[J]．数学的实践与认识，2011（04）．

[50]李洁．从增加农村居民财产性收入角度探析缩小城乡居民收入差距的措施[J]．广西青年干部学院学报，2011（06）：78-81．

[51]李丽．俄罗斯经济发展的新阶段[J]．俄罗斯中亚东欧市场，2007（09）．

[52]李金良．财产性收入与贫富差距——基于城乡收入差距视角的实证研究[J]．北京邮电大学学报（社会科学版），2008（03）：49-52．

[53]李庆华．提高劳动收入增长率拉动经济增长[J]．经济体制改革，1999（05）：10-13．

[54]李邵荣，耿莹．中国税收结构、经济增长与收入分配[J]．经济研究，2005（05）．

[55]李实，赵人伟，张平．中国经济转型与收入分配变动[J]．经济研究，1998（04）：43-51．

[56]李实，赵人伟．中国居民收入分配再研究[J]．经济研究，1999（04）：4-17．

[57]李文，李毅．印度经济数字地图2011[M]．北京：科学出版社，2012：9-11．

[58]李文．改革开放以来中国居民的收入与消费[A]．当代中国研究所．当代中国研究所第三届国史学术年会论文集[C]．当代中国研究所，2003：12．

[59]李小丽．经济转型中的城镇居民收入问题研究[J]．学习与探索，2012（11）．

[60]李晓．财产性收入的马太效应研究[D]．山西师范大学，2009．

[61]厉以宁．当代西方经济学说[M]．北京大学出版社，1989：381-383．

[62]梁达．努力促使居民收入与经济同步增长[N]．上海证券报，2010-11-01011．

[63]林木西．政治经济学[M]．西安：陕西人民出版社，2009．

[64]林艳艳．从城乡居民财产性收入差异看提高农民财产性收入问题[J]．科技经济市场，2008（10）：51-52．

[65]林艳艳．我国城乡居民的财产性收入差距研究[D]．福建师范大学，

2009.

[66]林跃勤，李毅．俄罗斯经济数字地图 2011[M]．北京：科学出版社，2012：126-131.

[67]林跃勤，周文．金砖国家经济社会发展报告[M]．北京：社会科学文献出版社，2011：77-183.

[68]林跃勤．新兴经济体经济增长方式评价——基于金砖国家的分析[J]．经济社会体制比较，2011（05）.

[69]刘富华．收入分配与经济发展方式转变分析[J]．山西财经大学学报，2009（09）.

[70]刘江会，唐东波．财产性收入差距、市场化程度与经济增长的关系——基于城乡间的比较分析[J]．数量经济技术经济研究，2010（04）：20-33.

[71]刘丽萍．国内外居民收入分配理论研究的综述与评价[J]．中国市场，2013（06）.

[72]刘灵芝，肖邦明，王雅鹏．农村居民工资性收入与生活消费支出的长期均衡与短期动态关系检验[J]．统计与决策，2012（17）.

[73]刘源源．印度的金融改革及其对中国的借鉴意义[D]．中国人民银行金融研究所，2007.

[74]卢嘉瑞．论按劳分配与按生产要素分配相结合[J]，河北经贸大学学报，2000（01）.

[75]罗斯托．经济增长的阶段：非共产党宣言[M]．郭熙保，王松茂，译．北京：中国社会科学出版社，2001：4-8.

[76]马丰收．试论按生产要素分配对个人收入差距的影响[J]．金融经济，2007（14）：74-75.

[77]马蔚云．俄罗斯居民的收入与消费问题[J]．国外理论动态，2004（01）.

[78]马蔚云．俄罗斯收入分配政策评析[J]．俄罗斯中亚东欧研究，2012（11）.

[79]马歇尔．经济学原理[M]．北京：商务印书馆，1965：208.

[80]马岩，刘勇．新兴经济体当前宏观经济运行分析[J]．国际经济合作，2013（01）.

[81]申健．俄罗斯金融市场研究[D]．黑龙江大学，2003.

[82]宁智平．资本形成金融深化与经济发展[J]．世界经济文汇，1993（04）.

[83]欧阳煌．居民收入与国民经济协调增长的国际经验及我国现状[J]．经济研究参考，2012（25）：24-54．

[84]彭爽，叶晓东．论1978年以来中国国民收入分配格局的演变、现状与调整政策[J]．经济评论，2008（02）．

[85]任碧云，王智茂．从中国国民收入增长路径看居民收入长效增长机制的建立[J]．中国特色社会主义研究，2009（2）．

[86]任碧云．居民收入形成机制的区域结构分析[J]．中国经济问题，2010（2）．

[87]任碧云．从贫富差距的扩大看我国收入分配中公平与效率关系的调整[J]．财经理论与实践，2004（01）．

[88]任碧云，姚博．城镇化进程中农村金融发展与农民财产性收入关系实证研究[J]．现代财经，2013（11）．

[89]任碧云，张彤进．移动支付能够有效促进农村普惠金融发展吗?——基于肯尼亚M-PESA的探讨[J]．农村经济．2015（05）．

[90]宋健．我国收入分配与内外需互动关系的研究[J]．经济研究参考，2012（17）：41-45．

[91]苏雪串．论按生产要素分配与居民收入差距[J]．现代经济探讨，2002（6）：24-26．

[92]苏振兴．巴西金融形势评述[J]．世界经济与政治，1999（04）：07-08．

[93]苏振兴．拉丁美洲的经济发展[M]．北京：经济管理出版社，2007：251-266．

[94]孙浩进．中俄收入分配制度变迁比较研究——兼论对于中国的启示[J]．西伯利亚研究，2008（10）：34-37．

[95]孙华臣．城镇化进程中的城乡收入差距演变及其对经济增长的门限效应[D]．山东大学，2012．

[96]孙景宇．经济转型进程测度：比较与研究方向．经济科学[J]，2004（05）．

[97]孙娜娜．基于联立方程的北京市城乡收入差距影响因素分析[A]．北京市统计学会．北京市第十六次统计科学研讨会获奖论文集[C]．北京市统计学会，2011：8．

[98]谭燕芝．农村金融发展与农村收入增长之关系的实证分析[J]．上海经

济研究，2009（4）.

[99]陶兢强，胡国柳．农民家庭经营纯收入影响因素分析：基于岭回归的实证研究[J]．热带农业科学，2010（06）.

[100]王春艳．中国经济增速和农民收入增速动态关系的统计研究[D]．内蒙古财经学院，2011.

[101]王鹏.从经济增长方式角度探讨我国居民收入差距扩大的原因[J].科技情报开发与经济，2010（08）.

[102]王歧红．城乡居民财产性收入的比较分析[J]．粤港澳市场与价格，2008（08）：33-34.

[103]王为，杜建菊．按生产要素分配与我国居民收入差距研究[J]．现代经济信息，2013（05）.

[104]王先柱，余吉祥．人力资本积累与中国农村居民收入增长——来自农村劳动力市场化进程的作用[J]．农业技术经济，2012（01）：74-82.

[105]王信，丁少群.工业化城市化进程中增加农民财产性收入的研究——以工业化进程中的厦门市为例[J].西北农林科技大学学报（社会科学版），2010（01）：23-26.

[106]王亚红．中国城乡居民工资性收入差距及解决[J]．湖南社会科学，2010（04）.

[107]王永兴．转型期俄罗斯收入分配演进研究[J]．俄罗斯中亚东欧研究，2006（2）.

[108]王远鸿，施发启．居民收入增长应与宏观经济增长相匹配[J]．财会研究，2010（07）：23-24.

[109]王志平．中美居民财产性收入比较及启示[J]．上海市经济管理干部学院学报，2010（04）：7-13.

[110]威廉·配第．赋税论[M]．北京：商务印书馆，1972：43.

[111]卫兴华．马克思主义政治经济学原理[M]．北京：中国人民大学出版社，2003.

[112]温桂荣．促进农民收入增加的财政政策研究[D]．湖南大学，2004.

[113]温涛，冉光和，熊德平．中国金融发展与农民收入增长[J]．经济研究，2005（9）.

[114]温新德，高顺成．农业生产与农民家庭经营性收入[J]．南阳师范学

院学报，2005（05）.

[115]吴义刚．刘易斯模型——劳动力价值与农民工工资决定[J]．内蒙古社会科学，2009（05）.

[116]吴振鹏．财政支农支出与农民收入关系的实证研究[J]．江汉论坛，2013（1）.

[117]夏华．从收入的来源结构分析我国实现收入倍增计划措施[J]．中央财经大学学报，2014（02）.

[118]夏华．我国的市场化收入与非市场化收入研究[J]．现代经济探讨，2013（04）.

[119]先静，马智利．城镇化背景下增加农民财产性收入途径的分析[J]．湖南农业科学，2011（19）：147-150.

[120]谢・尤・格拉济耶夫，谢・格・卡拉—穆尔扎，谢・阿・巴奇科夫．1991—2003年俄罗斯经济改革白皮书[M]．济南：山东大学出版社，2009：24.

[121]徐红梅．按生产要素分配缩小收入差距的有效途径[J]．理论探讨，2004（4）：15-17.

[122]徐泽民，隋云鹏，李红梅．经济增长与居民收入增长问题及其对策研究——以黑龙江省为例[J]．经济社会体制比较，2012（06）：70-77.

[123]杨欢进．马克思逻辑中的按生产要素分配[J]．当代经济科学，2004（1）：54-59.

[124]杨俊，张宗益，李晓羽．收入分配、人力资本与经济增长：来自中国的经验（1995-2003）[J]．经济科学，2005（5）：5-17.

[125]杨新铭．城镇居民财产性收入的影响因素——兼论金融危机对城镇居民财产性收入的冲击[J]．经济学动态，2010（08）：63-66.

[126]杨宜勇．城镇居民个人收入分配调节机制的研究报告[J]．经济研究参考，1995（15）：3-25.

[127]尹恒，龚六堂，邹恒甫．当代收入分配理论的新发展[J]．经济研究，2002（08）：84-95.

[128]于国安．我国现阶段收入分配问题研究[M]．北京：中国财政经济出版社，2010：8-23.

[129]于瑾．俄罗斯金融市场的发展及对我国的启示[D]．对外经济贸易大

学，2003.

[130]余陶生．按生产要素分配不是真正的按劳分配[J]．江海学刊，1994（04）.

[131]曾国安．20 世纪 70 年代末以来中国居民收入差距的演变趋势、现状评价与调节政策选择[J]．经济评论，2002（05）：35-46.

[132]曾国安．论国民收入分配进一步改革的难点、重点及路径[A]．中国经济规律研究会、武汉大学经济与管理学院．“财富的生产和分配：中外理论与政策”理论研讨会暨中国经济规律研究会第 22 届年会论文集[C]．中国经济规律研究会、武汉大学经济与管理学院，2012：13.

[133]曾燕南．我国居民收入分配发展策略研究[J]．上海经济研究，2005（07）.

[134]张琛琛．基于要素市场的我国收入分配差距分析[D]．中南民族大学，2012.

[135]张东生．国民收入结构调整与消费增长[A]．中国国际经济交流中心．第一届全球智库峰会演讲集[C]．中国国际经济交流中心，2009：2.

[136]张启良，张弛．我国居民收入与财富增长特征研究[J]．统计与管理，2010（02）.

[137]张曙光，程炼．中国经济转型过程中的要素价格扭曲与财富转移．世界经济，2010（10）.

[138]张义博，付明卫．市场化改革对居民收入差距的影响：基于社会阶层视角的分析[J]．世界经济，2011（03）.

[139]张占贞，王兆君．我国农民工资性收入影响因素的实证研究[J]．农业技术经济，2010（2）.

[140]赵人伟，李实．中国居民收入差距的扩大及其原因[J]．经济研究，1997（09）：19-28.

[141]赵人伟．从收入分配和财产分布看中国渐进式改革的成绩与问题[J]，经济社会体制比较，2008（04）：1-4.

[142]赵人伟．我国居民收入分配和财产分布问题分析[J]．当代财经，2007（07）：5-17.

[143]中华人民共和国国家工商行政管理总局，2012 年全国市场主体发展总体情况，http：//www.saic.gov.cn/zwgk/tjzl/.

[144]周红利，和荣．巴西收入分配研究[J]．金融在线，2010.

[145]周为民，陆宁．按劳分配与按要素分配——从马克思的逻辑来看[J]．中国社会科学，2002（4）：4-12.

[146]周阳敏，轩会永．基于包容性的农民收入增长路径研究[J]．四川理工学院学报（社会科学版），2013（01）.

[147]朱琛，赵帝．中国城乡居民财产性收入差距与消费差距相关性的实证研究——基于1992—2009年经验数据的考察[J]．社科纵横，2012（04）：28-33.

[148]朱欢．中国金融发展对企业技术创新的效应研究[D]．中国矿业大学，2012.

[149]邹燕．中国所有制结构变迁与收入分配的相关性分析[J]．经济理论研究，2007（02）.

[150] Aghion, Philippe and Patrick Bolton, 1997.A Trickle - Down Theory of Growth and Developmen with Debt Overhang, Review of Economic Studies 64, 151- 72.

[151] Banerjee Abhijit V, Andrew F Newman. Occupational Choice and process of Developments[J]. Journal of Political Economy, 1993, 102(2):274-298.

[152] Beck, k. & R. Levine. Finance, Inequality and Poverty: Cross-country evidence. World Bank Policy Research Working Paper, 2004:33-38.

[153] Bourguignon F, Da Silva L. The Impact of Economic Policies on Poverty and Income Distribution: Evaluation Techniques and Tools[M]. Washington, D.C.: World Bank, 2003.

[154] Bourguigon, DaSilva. The Impact of Economic policies on poverty and Income Distribution: Evaluation.

[155] Dayal-Gulati A, Husain A M. Centripetal Forces in China's Economic Take- off[R] IMF Working Paper, WP/00/86, 2000.

[156] Galbraith, Lu.Inequality and Financial Crises[R]. Some Early Findings, UTIP, Working Paper NO. 91999.

[157] Galor Oded, Joseph Zeira.Income Distribution and Macroeconomics[J]. Review of Economic Studies, 1993, 60(1):35-52.

[158] George Clark, Lixin Xu, Zou. Finance and Income Inequality: Test of Alternative Theories. World Bank Policy Research Working. 2003(3): 2984.

[159] Iyigun,Murat F., Ann L.Owen.Income Inequality, Financial Development, and Macroeconomic Fluctuations[J]. The Economic Journal, 2004, 114(4):352-376.

[160] Jalilian Hossein,Colin Kirk Patrick. Financial Development and Poverty Reduction in Developing Countries[R], WorkingPaper, University of Manehester, 2001:31-45.

[161] Jeremy Greenwood and Boyan Jovanovic. 1990, Financial Development, Growth, and the Distribution of Income[J]. Journal of Political Economy, 1998, 1076-1107.

[162] Kiminori Matsuyama, 2000.Endogenous In-equality , The Review of Economic Studies, Vol. 67, No. 4, 743- 759.

[163] Maurer Noel, Haber Stephen.Bank Concentration,Related Lending and Economic Performance:Evidence from Mexico[M]. Stanford University Mimeo, 2003.

[164] Murphy, Andrei Shleifer, Robert Vishny.Income Distribution,Market Size and Industrialization.Quarterly Journal of Economics, 1988,August.

[165] Philip Arestis,Asena Caner. Financial Liberalization and Poverty; Channels of Influence[R]. Working Paper No.41l,The Levy Economics Institute of Band College,2004.

[166] Piketty,Thomas.The Dynamics of the Wealth Distribution and the Interest Rate with CreditRationing[J].Review of Economic Studies, 1997,64:173-189.

[167] Shankha Chakraborty,Tridip Ray.Bank-based versus Market-based Financial Systems: A Growth-theoretic Analysis[R]. University of Oregon Ecomomics Department Working. 2003:6-31.

[168] The World Bank: The case of Brazil Bolsa Familia Program, Washington D.C,April 17,2009.

[169] Townsend,Robert Ml and Kenichi Ueda. Financial Deepening, Inequality, and Growth: A Model-Based Quantitative Evaluation[N]. IMF Working Paper, 2003, 03.

南开大学出版社网址：http://www.nkup.com.cn

投稿电话及邮箱：022-23504636 QQ：1760493289
QQ：2046170045(对外合作)
邮购部：022-23507092
发行部：022-23508339 Fax：022-23508542

南开教育云：http://www.nkcloud.net 

App：南开书店 app 

南开教育云由南开大学出版社、国家数字出版基地、天津市多媒体教育技术研究会共同开发，主要包括数字出版、数字书店、数字图书馆、数字课堂及数字虚拟校园等内容平台。数字书店提供图书、电子音像产品的在线销售；虚拟校园提供 360 校园实景；数字课堂提供网络多媒体课程及课件、远程双向互动教室和网络会议系统。在线购书可免费使用学习平台，视频教室等扩展功能。